DE LA

# COMPÉTENCE

## DES TRIBUNAUX FRANÇAIS
## A L'ÉGARD DES ÉTRANGERS

ET DE

## L'EXÉCUTION DES JUGEMENTS ÉTRANGERS EN FRANCE



*Étude de la Convention franco-belge du 8 juillet 1899*

PAR

**Maurice BERNARD**

Avocat à la Cour d'appel

Lauréat de la Faculté de droit de Paris et du Concours général.

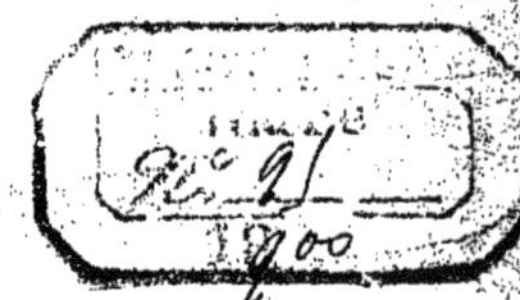

PARIS

LIBRAIRIE DE LA SOCIÉTÉ DU RECUEIL GÉNÉRAL DES LOIS ET DES ARRÊTS

FONDÉ PAR J.-B. SIREY, ET DU JOURNAL DU PALAIS

Ancienne Maison L. LAROSE & FORCEL

*22, rue Soufflot, 22*

L. LAROSE, Directeur de la Librairie

1900

# DE LA COMPÉTENCE

## DES TRIBUNAUX FRANÇAIS À L'ÉGARD DES ÉTRANGERS ET DE L'EXÉCUTION DES JUGEMENTS ÉTRANGERS EN FRANCE

**Convention franco-belge du 8 juillet 1899.**

Châteauroux — Typ. et Stér. A. Majesté et L. Bouchardeau. A. Mellottée, suc.

DE LA

# COMPÉTENCE

## DES TRIBUNAUX FRANÇAIS

## A L'ÉGARD DES ÉTRANGERS

ET DE

## L'EXÉCUTION DES JUGEMENTS ÉTRANGERS EN FRANCE



---

*Étude de la Convention franco-belge du 8 juillet 1899*

PAR

**Maurice BERNARD**

Avocat à la Cour d'appel

Lauréat de la Faculté de droit de Paris et du Concours général.

---

PARIS

LIBRAIRIE DE LA SOCIÉTÉ DU RECUEIL GÉNÉRAL DES LOIS ET DES ARRÊTS

FONDÉ PAR J.-B. SIREY, ET DU JOURNAL DU PALAIS

**Ancienne Maison L. LAROSE & FORCEL**

*22, rue Soufflot, 22*

L. LAROSE, Directeur de la Librairie

1900

# DE LA COMPÉTENCE

## DES TRIBUNAUX FRANÇAIS

## A L'ÉGARD DES ÉTRANGERS

ET DE

## L'EXÉCUTION DES JUGEMENTS ÉTRANGERS

## EN FRANCE

**Étude de la Convention franco-belge du 8 juillet 1899.**

---

## INTRODUCTION

« Entre la vie des individus et celle des peuples, il existe, dit Carle[1], cette ressemblance : de même que toute la vie des individus peut se ramener à une lutte continuelle entre l'égoïsme et l'amour de ses semblables, de même la vie entière des nations peut se résumer dans une lutte constante entre l'intérêt particulier d'une seule et l'intérêt général de toutes. Le grand problème qui s'est imposé aux politiques de tous les temps, a toujours été celui-ci : vaut-il mieux, pour le bien de son propre État, faire le mal des autres ou s'unir à eux dans un travail commun? La question a été agitée, tant au point de vue des rapports politiques et économiques des divers États qu'à celui des relations privées des individus appartenant à des nations différentes.

1. Carle, la *Faillite dans le droit international privé*, Introduction historique.

On la retrouve dans toutes les parties du droit international. »

A la base de toute question de droit international, il y a un conflit, qui n'est pas toujours un conflit de lois, mais qui est toujours un *conflit de souverainetés*[1]. Prenons, par exemple, la matière de la compétence des tribunaux d'un pays à l'égard des étrangers et celle de l'exécution des jugements dans un pays autre que celui où ils ont été rendus. Il s'agit de savoir, d'une part, si les étrangers jouiront, dans un pays, des mêmes droits que les nationaux, de l'autre, si les jugements étrangers pourront être exécutés dans un pays de la même manière que les jugements nationaux, y auront la même force. Il n'y a pas conflit entre deux lois, mais entre deux souverainetés. Il importe de préciser l'une et l'autre de ces souverainetés en conflit, et sur quels intérêts elles s'appuient pour soutenir la lutte.

Et tout d'abord, l'une des deux souverainetés dira, par l'organe de ses représentants : je suis indépendante ; j'ai le droit de régler mes intérêts comme je l'entends. Libre à moi d'empêcher les tribunaux de mon ressort de statuer sur des litiges entre étrangers. Ils n'ont pas été institués pour eux. Pour ce qui est des litiges où mes nationaux sont en cause, — n'ayant pas confiance dans les tribunaux étrangers, — je les autorise à attirer devant les tribunaux de mon ressort des étrangers, même ne se trouvant pas sur le territoire soumis à leur juridiction (art. 14, C. civ.) et je m'oppose, par tous

1. « Le conflit des lois » dit M. Lainé (*Introduction au droit international privé*, t. I, p. 11), « forme l'objet essentiel du droit international privé »... Mais ce n'en est pas l'objet exclusif, comme le montre bien la matière que nous nous proposons d'étudier.

les moyens qui sont en mon pouvoir, à ce que mes sujets soient traduits efficacement devant des tribunaux étrangers, alors même qu'ils seraient établis dans le ressort de ces tribunaux (art. 15, C. civ.)[1]. Il y va de leur intérêt, je m'y conforme, et je n'ai pas à me préoccuper des droits d'une souveraineté étrangère que je ne veux pas connaître. Partant aussi de là, je refuse tout effet aux jugements étrangers, ou, du moins, je prescris à mes tribunaux d'exercer sur eux le plus large contrôle, avant de permettre de les exécuter. — Si ce raisonnement est fondé de la part de l'une des deux souverainetés en présence, il l'est aussi émanant de l'autre, et l'on se heurte alors à un conflit aigu, engendré par l'identité des législations. Un pareil conflit existait entre la France et la Belgique, avant le traité du 8 juillet 1899. Mais, nous pouvons supposer que l'autre souveraineté tienne le raisonnement suivant : je réclame que justice soit rendue à ceux de mes sujets qui se trouvent sur le territoire soumis à votre empire, sinon c'est, en fait, refuser de les laisser participer aux bienfaits du commerce international. Sur le même fondement, je demande qu'ils soient soustraits à toute compétence exceptionnelle que vous prétendriez attribuer à vos tribunaux à leur égard. Si, donc, ils ne sont pas domiciliés sur votre territoire, vos juges sont incompétents... J'entends aussi que les décisions des juridictions soumises à mon autorité soient respectées par vous. Il en résulte des droits légitimement acquis que vous n'avez pas le pouvoir de méconnaître. Vous devez per-

1. Le moyen employé pour servir de sanction à l'art. 15, C. civ. est le refus d'*exequatur* au jugement rendu à l'étranger contrairement à cette disposition. Il ne peut s'agir, en effet, de donner des ordres à une autre souveraineté. Ce jugement produira ses effets dans le pays où il a été rendu, mais non en France.

mettre à ces droits de s'exercer sur votre territoire. Si j'adopte à votre égard cette ligne de conduite, vous ne pouvez pas ne pas vous y conformer envers moi.

Ces prétentions sont contradictoires. L'une des deux souverainetés[1] doit-elle l'emporter sur l'autre, ou ne doit-il pas plutôt s'établir entre elles une transaction? Examinons les mérites respectifs de chacune d'elles. Il en est une qui doit être, dès maintenant, écartée : c'est la prétention qu'a la souveraineté d'un pays de se dire indépendante, en ce qui concerne les relations internationales d'ordre privé. Si, au début de leur existence, les nations ont vécu d'une vie interne, et comme repliées sur elles-mêmes[2], ce qui explique, dans une certaine mesure, cette prétention de ne vouloir rien connaître de tout ce qui émane d'une souveraineté étrangère, aujourd'hui la situation est bien changée ; elles ont entre elles un commerce incessant, leur vie s'est extériorisée, elle est à la fois nationale et internationale. Une communauté d'intérêts s'est établie entre elles, sorte de *solidarité* basée sur le droit à une égale participation aux bienfaits du commerce international. Désormais souveraineté et indépendance ne sont plus synonymes. « Nous pouvons admettre, dit M. Pillet[3], bien que cette vue ne soit pas philosophique-

1. Cf. M. Lainé, *op.* et *loc. cit.* : « Il y a plus, le conflit des lois et la souveraineté des états sont intimement liés : si le conflit des lois tient à leur diversité et aux combinaisons de faits qui les mettent en présence, c'est la souveraineté des Etats qui donne à cette situation cette gravité. Cela est si vrai que, de la manière de concevoir la souveraineté des Etats dépend en grande partie la solution du conflit des lois. En un mot, le même principe, la souveraineté des Etats, domine le droit public et le droit privé international. »

2. Le dogme de la territorialité des lois n'en a été qu'une manifestation.

3. *Droits fondamentaux des États et de la solution des conflits qu'ils font naître* dans la *Revue de droit international public* (1898), 1er article, p. 66 et s.

ment très exacte, que l'État est indépendant, souverain dans l'élaboration de son droit national. Mais, dans la sphère du droit international, il n'en est certainement pas de même. Ce droit est le résumé des intérêts communs aux États dans leurs mutuelles relations, il est la loi de la société internationale, et, dans cette société, l'État cesse d'être le maître pour devenir un simple membre de l'association, un sujet. Sujet de qui? dira-t-on, puisque cette société est une réunion d'égaux et n'a pas de souverain. L'État est le sujet des intérêts communs de cette société. » « La véritable situation des États dans le commerce international, ajoute M. Pillet, est, on l'a dit avec raison, une situation d'interdépendance. » On ne peut donc dire qu'un État a le droit de prendre telle mesure qu'il lui plaît à l'égard des sujets ou des actes d'une souveraineté étrangère, parce qu'il est indépendant. La question est précisément de savoir s'il l'est.

Par suite de cette communauté d'intérêts, résultant pour les nations de leur participation au commerce international, un nouveau devoir s'est imposé à chaque État : celui de veiller à ce que ses sujets puissent y prendre part utilement. A ce devoir de chaque État correspond, chez les autres, l'obligation de ne pas entraver l'exercice de sa participation au commerce international, obligation d'autant plus stricte qu'eux-mêmes ont la prétention d'y prendre part et d'en recueillir les bénéfices.

Mais, d'autre part, l'État est souverain. Lui seul a le droit de commander sur son territoire, et, si cette souveraineté ne doit pas aller, sans motifs, à l'encontre des droits d'une autre souveraineté qui invoque l'intérêt du commerce international, si, même, elle doit s'employer à en faire recueillir tous les bénéfices aux autres États, à charge de réciprocité, il est bien certain, d'un autre côté, qu'elle aura le droit, le devoir de prendre toute mesure que nécessiteraient les besoins de sa conservation. Quelles que soient les nécessités invoquées, on ne peut demander à un État de se suicider. Ce devoir de préservation, qui incombe à l'État, prime tous les autres.

Comment ces éléments vont-ils se combiner en notre matière? Un État réclame pour ses nationaux résidant en France le droit de porter leurs litiges devant les tribunaux français. Comme base de sa prétention, il invoque l'intérêt des relations internationales, que la reconnaissance par nos tribunaux de leur compétence rendra plus commodes, et son devoir d'obtenir pour ses sujets l'entière participation aux bénéfices du commerce international, à laquelle ils ont droit. La souveraineté française peut-elle interdire à ses juridictions de dire le droit entre ces étrangers ? Nous ne le pensons pas. Elle ne peut pas invoquer, pour justifier son refus, le moindre intérêt de préservation. Elle doit donc accéder aux demandes de la souveraineté étrangère, puisqu'aussi bien elle n'a pas le droit d'opposer purement et simplement, son veto en invoquant son indépendance.

Un État réclame que le droit commun de la compétence, que la règle *actor sequitur forum rei* soit observée à l'égard de ses sujets en litige avec des Français. Il invoque à l'appui de cette prétention l'utilité, et aussi le caractère d'équité que s'accordent à reconnaître à cette règle les diverses législations internes, les pertes de temps, d'argent, qui résulteraient de sa méconnaissance dans les relations internationales; donc, au fond, l'intérêt même de ces relations internationales. La souveraineté française n'ayant, sauf une réserve que nous ferons tout à l'heure, aucun intérêt de préservation à objecter, doit accéder à cette demande.

Enfin, un État réclame que les jugements de ses tribunaux produisent en France leurs effets. Il se prévaut du droit qu'a sa souveraineté d'être respectée par les autres souverainetés, et aussi de ce qu'il résulte de ces jugements des droits acquis, qu'on ne doit pas méconnaître. Il s'appuie aussi sur l'intérêt qu'il y a à ce que les relations internationales soient, le plus possible, facilitées. Tout ce qui y mettrait obstacle doit être écarté. Mais, ici, la souveraineté française entre en conflit avec la souveraineté étrangère. Elle invoque un intérêt de conservation. L'un des effets possibles des jugements est de pouvoir être mis à exécution. L'État français émet la prétention de donner seul l'ordre d'exécuter sur son territoire. De plus, les jugements étrangers peuvent, par leur contenu, mettre en jeu l'existence même de l'État, ou troubler son bon ordre. La souveraineté française a le devoir de prendre des mesures de préservation. Comment se règlera le conflit? Par une transaction. C'est la souveraineté française qui délivrera le permis d'exécuter. Elle aura aussi un droit de contrôle sur tout ce qui, dans le jugement, pourrait porter atteinte à l'ordre ou au droit publics français, et aussi sur le point de savoir s'il y a eu véritablement un jugement rendu. Mais, sauf une réserve, elle abdique le droit à plus ample examen, que rien ne justifie, elle renonce à contrôler le fond même de la chose jugée. Cette transaction consistera donc en ce que les jugements étrangers auront en France l'autorité de la chose jugée mais n'y auront la force exécutoire que si elle leur est accordée après un examen, d'ailleurs limité.

En résumé, il s'agit ici de conflits de souverainetés. Les intérêts que chacune invoque étant contradictoires, une solution s'impose pour résoudre le conflit : c'est de faire prévaloir l'intérêt le plus fort, c'est-à-dire la fonction la plus essentielle[1].

Nous avons dit que les deux dernières solutions ne devaient être acceptées que sous le bénéfice d'une certaine réserve. C'est qu'en effet, elles ne peuvent être maintenues dans leur intégralité que si nous supposons la souveraineté française en rapport avec des États présentant le même degré de civilisation que l'État français, et, spécialement, où la justice soit rendue avec les mêmes garanties de science et d'impartialité. L'un de ces États réclamant le maintien de la règle *actor sequitur forum rei* à l'égard de ses sujets en litige avec des Français, il est rigoureusement exact de dire que la souveraineté française doit accéder à cette demande, n'ayant aucun intérêt de préservation à objecter. Mais si, au contraire, l'État qui émet cette prétention n'est pas arrivé au même degré de développement, si la justice y est organisée de façon rudimentaire, ou si, même ayant une organisation judiciaire analogue à la nôtre, le droit y est appliqué par des magistrats ignorants ou partiaux, la souveraineté française peut alors, sur le fondement d'un intérêt de conservation, refuser d'agréer cette prétention.

Dans cette même hypothèse, elle revendiquera, à juste titre, le droit de contrôler les jugements étrangers, non seulement quant à quelques points limités, mais quant au fond même des litiges. La justice française ne peut s'associer à un iniquité flagrante.

1. Sur la classification des fonctions de l'Etat à ce point de vue, voy. Pillet, *op. cit.*, année 1899, 3e article, p. 503 et s.

Et rien n'est plus juste que cette distinction à faire entre les États. De quel droit un État viendrait-il demander qu'on lui accorde des bénéfices, dont il est lui-même incapable de faire jouir les autres? Dans cette communauté internationale, chacun n'a que ce qu'il donne. La créance de chacun sera proportionnée à l'apport qu'il fera à la masse ; l'échange se fera sur la base de l'utilité.

Mais comment, dans les faits, réaliser cette différence dans la situation faite aux divers États ? Divers moyens de régler les conflits, en droit international privé, s'offrent à nous. Il s'agit d'en apprécier les mérites respectifs, à ce point de vue.

Un premier moyen est de procéder par voie de disposition législative ; mais ce moyen ne peut être employé dans notre matière[1] : il ne peut s'agir, en effet, de faire dans une loi une classification des nations. La loi doit être générale. Comment donc opérer cette classification indispensable ? Par des traités. Notre loi civile (art. 11 et 2123, C. civ.) nous montre un exemple de cette manière de procéder. La règle générale étant restrictive [2], on favorisera certaines nations par des traités.

1. Même lorsqu'il s'agit de conflits de lois, le procédé législatif ne rend pas tous les services que rendrait la conclusion de traités. En effet, ce n'est là qu'un moyen de règlement unilatéral : il pourra donc arriver que la règle adoptée par le législateur français, par exemple, ne soit pas suivie dans les autres pays. Aussi, l'on peut bien dire qu'à tous les points de vue l'avenir est aux conventions internationales. Cf : Renault, *Le droit international privé et la conférence de La Haye : Annales de l'école libre des sciences politiques*, 1894, p. 310 et s.

2. Certaines législations ont poussé le libéralisme jusqu'à accorder, de droit commun, le même bénéfice à toutes les nations. V. art. 10, disposition préliminaire. C. civ. Italien, et art. 941, C. proc. civ. d'Italie. La Russie a fait de même en ce qui concerne les effets du jugement : C. proc. civ. de 1864, art. 1273 et s., Clunet, 1878, p. 139 et s. Pour la législation belge, voy. *infrà*.

Mais, de quelle manière ces traités doivent-ils être conclus? Faut-il procéder par voie de conventions générales, ou ne faut-il pas, plutôt, traiter avec tel et tel État en particulier ? Par voie de convention générale, c'est-à-dire, faire appel à toutes les nations désireuses d'obtenir une amélioration. Mais, ne voit-on pas que ce procédé n'aboutit à rien moins qu'à la négation même du but que l'on poursuit? Il s'agit, en effet, de faire participer pleinement aux bienfaits du commerce international des nations présentant les mêmes garanties que l'État français, au point de vue de l'administration de la justice. Cela suppose qu'on aura examiné avec soin si la nation, avec laquelle on a l'intention de négocier, réunit bien ces conditions; si elle est à même de nous faire obtenir des bénéfices égaux à ceux que nous lui procurerons. Or, on ne peut y parvenir qu'en traitant d'État à État, et non par voie d'entente générale. « Il ne s'agit pas seulement, en effet, » dit, avec raison, M. Renault[1] « de convenir de certains principes généraux, ce qui est possible, mais *d'avoir une confiance réfléchie dans l'autre contractant*, puisqu'on doit faciliter l'exécution des décisions de ses autorités. Un pays aura beau avoir une législation et une organisation judiciaire se rapprochant des nôtres, adopter les mêmes règles de compétence ; si la justice y est rendue par des magistrats ignorants ou corrompus, nous aurons le plus grand tort de nous engager à exécuter ses jugements. Une convention de ce genre suppose donc un examen attentif et spécial à chaque pays ». Si l'on procède par voie d'entente générale, comme cela suppose la possibilité, pour un État quelconque, de participer à l'entente, nous serons forcés, ou de traiter

1. Renault, *op.* et *loc. cit.*

avec cet État, alors même qu'il ne remplirait pas les conditions qui sont le point de départ des négociations, ou de lui signifier notre volonté de l'en écarter. La première solution serait désastreuse ; la deuxième aurait pour résultat d'éveiller des susceptibilités, d'autant plus légitimes que l'appel aux nations aurait été plus général. Ces raisons sont péremptoires, et elles expliquent pourquoi le gouvernement français déclina, en 1874, l'offre du gouvernement hollandais de participer à une entente générale entre les nations, notamment au point de vue de la compétence et de l'exécution des jugements. En 1892, de nouvelles propositions du gouvernement néerlandais furent acceptées par la France ; c'est que, ainsi qu'on l'a fait très justement remarquer, « il ne s'agissait pas d'arrêter des solutions définitives, mais de voir s'il y avait un terrain d'entente [1] ».

La véritable voie, spécialement en notre matière, est donc celle de traités particuliers, où la France aura à examiner si elle peut avoir une *confiance réfléchie dans l'autre contractant.*

Aucun État, mieux que la Belgique, n'était à même de justifier cette confiance réfléchie. Une législation très analogue à la nôtre, identique sur beaucoup de points, puisqu'elle dérive de la même source, une même organisation judi-

1. Renault, *eod. loc.* Mais, en se plaçant à ce point de vue, on ne peut que rendre hommage à l'heureuse initiative du gouvernement néerlandais. Les effets des conférences de La Haye n'ont pas tardé à se faire sentir. Ces conférences préparent en effet l'opinion publique et la font s'intéresser à la solution des importants problèmes du droit international privé. Sur la conférence de La Haye du 12 au 27 sept. 1893, voy. l'analyse de M. Lainé, dans Clunet, 1894, p. 5 et s., p. 236 et s. Le gouvernement italien avait pris une initiative analogue dès 1867. Voy. Mancini, *De l'utilité de rendre obligatoires les règles générales du droit international privé* ; Clunet, 1874, p. 221 et s. *Adde*, Clunet, 1886, p. 35.

ciaire, des juges présentant toutes garanties de science et d'impartialité, des sujets parlant, pour la plupart, la même langue, des liens étroits de sympathie entre les deux pays, tout ne devait-il pas contribuer à l'établissement d'un traité entre la France et la Belgique? De Paris à Bruxelles, peut-on dire, le voyageur ne s'aperçoit pas qu'il change de pays. Il n'en était pas de même du plaideur. D'une part, les Belges, même résidant en Belgique, étaient soumis à la compétence exceptionnelle des art. 14 et 15, C. civ., et les jugements belges étaient soumis, en France, par la jurisprudence au droit de revision de nos tribunaux.

D'autre part, les Français, même résidant en France, voyaient se retourner contre eux ces mêmes art. 14 et 15 par voie de rétorsion, et les jugements français subissaient, en Belgique, la revision des tribunaux belges.

Pourtant les négociations ne s'engagèrent que tardivement. Nous avions des traités avec l'Italie (24 mars 1760-1er septembre 1860), la Suisse (15 juin 1869), le duché de Bade et l'Alsace-Lorraine (16 avril 1846-11 décembre 1871), la Russie (1er avril 1874), nous n'en avions pas avec la Belgique.

Un premier rapprochement eut lieu entre les deux pays, par suite de la convention internationale sur le transport de marchandises par chemins de fer signée à Berne, le 14 octobre 1890, entre la France, l'Allemagne, l'Autriche-Hongrie, la Belgique, les Pays-Bas, l'Italie, le Luxembourg, la Russie et la Suisse. En effet, d'après l'article 56 de cette convention: « les jugements prononcés contradictoirement ou par défaut par le juge compétent en vertu des dispositions de la présente convention, seront, lorsqu'ils sont devenus exécutoires en vertu des lois appliquées par ce juge compétent, déclarés exécutoires dans les États signataires de la convention par l'autorité compétente, sous les conditions et suivant les formes établies par la législation de cet État, *mais sans revision du fond de l'affaire...* » Le traité du 14 novembre 1896, sur la communication d'actes judiciaires ou extrajudiciaires, sur les commissions rogatoires, sur la caution *judicatum solvi*[1]..., opéra encore un rapprochement entre la France et la Belgique. Il résulta de ce traité, entre autres avantages, pour les Belges en France et les Français en Belgique, la dispense de la caution *judicatum solvi*. De plus, les communications entre tribunaux belges et français se trouvaient facilitées par des dispositions sur les commissions rogatoires. La voie était ouverte à un traité plus libéral encore. Des ouvertures faites par le gouvernement français au gouvernement belge furent agrées. Une conférence eut lieu à Paris, qui aboutit le 29 avril 1899 à un projet qu'acceptèreut les deux gouvernements, le 8 juillet 1899. C'est cette convention du 8 juillet 1899 que nous nous proposons d'étudier.

Les négociateurs du traité ont fait leur fruit des observations du passé : ils ont réuni la compétence et l'exécution des jugements[2]. Théoriquement, cette union s'impose : si des règles comme celles des art. 14, C. civ. et 15, C. civ. sont maintenues, c'est par suite d'un esprit de défiance envers les tribunaux étrangers, ce même esprit qui fait refuser à leurs juge-

1. Traité du 14 nov. 1896 entre la Belgique, l'Espagne, la France, l'Italie, le Luxembourg, les Pays-Bas, le Portugal, la Suisse (*Annuaire de droit internat. et de lég. comp.* 1896, p. 573 et s.).

2. Le mémoire rédigé par le gouvernement néerlandais en janvier 1874 faisait déjà ressortir la nécessité de régler la compétence en même temps que l'exécution des jugements.

ments l'autorité de la chose jugée, en France. Mais, de plus, la pratique a révélé les inconvénients qu'il y a à traiter sur une de ces matières et non sur l'autre. Quoique l'on accorde l'autorité de chose jugée à des jugements étrangers, en France, il est pourtant certains points sur lesquels s'exerce le contrôle de nos tribunaux : par exemple, celui de savoir si le tribunal étranger était compétent. Or, d'après quelles règles cette compétence sera-t-elle appréciée ? Si le tribunal était incompétent d'après notre loi, l'*exequatur* devra-t-il être refusé ? Bien plus, il résultera du maintien des art. 14 et 15 du C. civ. que les jugements français ne pourront être exécutés même dans un pays qui a conclu avec nous un traité sur l'exécution des jugements, l'Italie, par exemple.

Nous verrons, dans le cours de cette étude, d'autres intérêts à ce qu'un traité sur l'exécution des jugements règle en même temps la compétence.

Ce n'est pas le seul point de vue auquel le traité de 1899 est intéressant. Il sanctionne des règles de compétence rationnelle, communes à la France et à la Belgique. Il consacre, au point de vue de la compétence internationale, l'unité de la tutelle, de la succession, de la faillite, les notions de litispendance et de connexité [1]... Nous avons pensé qu'il serait utile d'étudier cette convention, en la comparant à la fois à la législation et à la jurisprudence françaises, et à la législa-

1. Les délégués du gouvernement français chargés de la rédaction du traité étaient MM. Louis Renault, professeur à la Faculté de droit de l'Université de Paris, jurisconsulte du ministère des affaires étrangères ; G. de Boislisle, président de Chambre à la Cour d'appel de Paris ; Ch. Lachau, avocat à la Cour d'appel de Paris. Ceux du gouvernement belge étaient MM. de Paepe, conseiller à la Cour de cassation et van den Bulcke, ministre plénipotentiaire, directeur général au ministère des affaires étrangères.

tion et à la jurisprudence belges. On pourra mieux se rendre compte, ainsi, des progrès accomplis. Nous avons tenu aussi à comparer, au moins succinctement, le traité franco-belge à deux de nos plus importants traités en ces matières : le traité franco-italien, et le traité franco-suisse. Nous espérons qu'il ressortira de cette étude l'impression qu'une revision de ces deux traités est indispensable [1].

1. Voyez aussi les observations que nous faisons à propos de la convention franco-badoise, sous le traité franco-italien (IVe Partie).

# PREMIÈRE PARTIE

## DE LA COMPÉTENCE A L'ÉGARD DES ÉTRANGERS

## CHAPITRE PREMIER

### PRINCIPES GÉNÉRAUX. LÉGISLATIONS ET JURISPRUDENCES

## SECTION PREMIÈRE

### LÉGISLATION ET JURISPRUDENCE FRANÇAISES

#### § 1er. — *Contestations entre étrangers.*

Quelle est la règle de compétence à suivre à l'égard des étrangers? Le principe est-il — sauf à le tempérer par des exceptions — que les tribunaux français sont incompétents pour connaître des litiges entre étrangers? Ne doit-on pas décider, au contraire, que leur nationalité ne crée pas pour les étrangers une cause d'incompétence des tribunaux français, que ceux-ci devront connaître des contestations s'élevant entre ces personnes de la même manière qu'ils en connaîtraient entre Français? Et, si l'on adopte la première opinion, quel est le caractère de cette incompétence? Est-elle absolue ou relative, ou bien n'a-t-elle pas plutôt un caractère mixte?

Les réponses à ces questions ont été et sont encore diverses. La jurisprudence n'est pas toujours uniforme. Il n'y a pas toujours, dans les motifs invoqués, une raison de décider[1].

Tout d'abord, il y a une idée essentielle à dégager : il s'agit, ici, de résoudre un problème de droit international privé ; nous n'en pouvons trouver la solution que dans les principes mêmes de cette science. Or, toute question de droit international privé peut et doit, à notre avis, se décomposer en plusieurs questions successives : 1° A quelle nationalité appartient la personne[2] au sujet de qui le conflit

1. Cf. sur cette question, pour le droit français actuel : Rodière, *Revue critique de législation et de jurisprudence*, t. I, p. 70. — Despagnet, *Précis*, 2e édit., p. 308. — Féraud-Giraud : Clunet, 1880, p. 137 et s. p. 225. — Aubry et Rau, 4e édit., t. VIII, § 748 *bis*, p. 143. — Fœlix et Demangeat, *Droit international privé*, t. I, nos 146 et s., p. 306 et s. — Massé, *Le droit commercial dans ses rapports avec le droit des gens et le droit civil*, t. I, nos 654 et s. — Bonfils, *Compétence des trib. franç. à l'ég. des étrangers*, n° 192, p. 163 et s. — Glasson : Clunet, p. 105 et s. — Laurent, *Principes de droit civil*, t. I, n° 440, p. 548 et s. ; *Droit civil international*, t. IV, n° 20, p. 46 et s. — Weiss, *Traité*, p. 933. — Bertauld, *Quest. pratiques*, t. I, p. 147 et s. — Portalis, *Rapport sur l'ouvrage de Rocco*. Séances de l'académie des sciences morales et politiques, t. I (1842). p. 474-478.

Pour l'ancien droit : Merlin, *Quest. de droit*, v° *Etranger*, § 2, n° 4 ; Répertoire, v° *Etranger*, § 2. — Bacquet, *Traité des droits de justice*, chap. VIII, n° 6. — Fœlix et Demangeat, *op. cit.* t. I, n° 149.

Pour le droit des gens européens : Vattel, *Le droit des gens* (complété par Pradier-Fodéré), t. II, § 84, p. 61 et § 103, p. 83, note 1. — de Martens, *Précis du droit des gens moderne de l'Europe*, annoté par Pinheiro-Ferreira, t. I, §§ 92 et 93, p. 219-220. — Wheaton, *Eléments de droit international*, t. I, p. 144, § 19, al. 3. — Laurent, *Principes*, t. I, p. 549, texte et notes 3 et 4, p. 558 ; et Clunet, 1877, p. 496. — Mittermaïer, *Principes du droit privé allemand*. Trad. Lardy, § 109, note 5. — Bluntschli, *Droit international codifié*. Trad. Lardy, 3e édit., n° 386, p. 234. — Haus, *Du droit privé qui régit les étrangers en Belgique*, voy. p. 270. — Weiss, *op. cit.*, p. 936. — Fœlix et Demangeat, *op. cit.*, t. I, n° 148.

2. Il y a des cas où la question ne se posera pas de savoir à quelle nationalité appartient telle personne, mais de quelle autorité émane tel acte sur lequel s'élève

s'élève ? 2° Étant reconnu qu'il s'agit d'un étranger, a-t-il la jouissance du droit prétendu ? 3° Si celle-ci lui est accordée, d'après quelle loi exercera-t-il ce droit, quelle est la loi applicable[1] ?

La question de la compétence des tribunaux à l'égard des étrangers n'échappe pas à cette règle. Le premier point est acquis : ceux entre lesquels s'élève le litige sont des étrangers. Mais, faut-il leur reconnaître le droit de faire trancher ce litige par les tribunaux français ? Si on le leur reconnaît quelle sera la loi applicable au point de vue de la compétence, c'est-à-dire d'après quelle loi déterminera-t-on le tribunal compétent en l'espèce ?

La question de compétence rentre donc dans cette question plus générale : quels sont les droits dont jouissent les étrangers en France? Une objection pourrait nous être faite : poser ainsi le problème n'est-ce point confondre deux choses qui doivent être soigneusement séparées, la jouissance et l'exercice des droits ? Par exemple, un étranger se prévaut d'un droit de créance à l'égard d'un autre étranger. Certes, une question de jouissance de droit se pose, qui est la suivante : un étranger peut-il être, en France, titulaire d'un droit de créance. Quant au point de savoir s'il peut agir devant les tribunaux français pour faire reconnaître son droit, c'est là une question non de jouissance, mais d'exercice d'un droit.

le conflit. La position du problème est la même : tel jugement, par exemple, émane-t-il d'une autorité étrangère ? Jouit-il en France de l'autorité de la chose jugée ? Quelle loi déterminera les effets de ce jugement ?

1. Il s'agit de la loi applicable au sujet de la question de compétence et non de la loi que le juge envisagera pour statuer sur le fond même du procès. A ce dernier point de vue, il y a également trois questions successives à résoudre (nationalité, jouissance du droit, loi applicable).

Or, ces deux points de vue sont totalement différents, et telle personne qui a la jouissance d'un droit, peut n'en pas avoir l'exercice : la situation, d'après notre Code civil, du mineur non émancipé en est le meilleur exemple. A cette objection nous répondrions — et cela nous permettra de préciser notre formule — : un étranger agit devant les tribunaux français pour faire dire qu'il est créancier de tel autre étranger? Eh bien ! il n'y a pas là, d'un côté, une question de jouissance de droit, de l'autre, une question d'exercice de droit ; mais deux droits distincts : à la juridiction des tribunaux français d'une part, à la qualité de titulaire d'un droit de créance d'autre part. Pour ces deux droits les mêmes questions se posent, et dans le même ordre que nous avons vu : il s'agit dans les deux cas d'un étranger, cette question est résolue. Il n'en est pas de même des autres : ici, l'on se demandera si l'étranger peut jouir à l'égard d'un étranger de la compétence d'un tribunal français, puis, cette question étant résolue affirmativement, quelle loi est applicable, c'est-à-dire, quelle loi déterminera le tribunal compétent. Là, il s'agira de savoir si l'étranger peut être titulaire d'un droit de créance en France, puis, si on l'admet, de déterminer quelle loi devra être appliquée à ce droit de créance. Toute la série des questions qui se posent relativement au droit de créance réclamé par l'étranger est subordonnée à la solution de la série des questions que soulève le droit, prétendu par l'étranger, de saisir d'un litige, où un autre étranger est en cause, un tribunal français.

La question de compétence des tribunaux entre étrangers dépend, avons-nous dit, de la question de la jouissance des droits privés accordée aux étrangers. Mais, nous n'entendons pas dire par là que les étrangers pourront saisir de leurs litiges les tribunaux français, au cas seulement où ces litiges porteront sur des droits dont la jouissance doit leur être reconnue en France ; que, pour prendre la formule de la jurisprudence sur les droits dont jouissent les étrangers en France, ils pourront saisir les tribunaux français des différends relatifs à des droits dérivant du *jus gentium* mais non de ceux relatifs à des droits dérivant du *jus civile*. Lorsque nous disons que la question de compétence à l'égard des étrangers rentre dans celle, plus générale, de savoir quels sont les droits dont jouissent les étrangers en France, nous voulons formuler cette idée : le droit de saisir les tribunaux français est-il un « droit civil » ou un droit appartenant au *jus gentium*? Le point de vue est tout différent.

Serrons de plus près le débat. Dans les faits, n'est-ce pas la question de compétence qui devra être tranchée la première, et alors que le juge n'aura peut-être encore aucun élément de décision quant à la question du droit pour l'étranger d'être créancier? Cela n'est-il pas évident pour ceux qui admettent que l'exception d'incompétence doit être opposée *in limine litis?* Le juge va-t-il, pour se décider, examiner si l'étranger peut prétendre un droit de créance en France, c'est-à-dire, juger toute une partie, et non la moindre, du litige? Nous croyons plus simple, et aussi plus juridique, de dire : le juge a, en premier lieu, à résoudre cette question : les tribunaux français sont-ils compétents entre étrangers? Or, cette question doit être ainsi formulée : le droit de saisir les tribunaux français est-il un droit du *jus gentium* accordé aux étrangers [1]?

1. Cpr. Glasson : Clunet, 1881, p. 107. M. Glasson, rapportant un passage de

Pourtant, nous voulons retenir de ce débat cette idée qui nous paraît fondamentalement vraie : c'est que, si l'on admet que les tribunaux français sont incompétents pour statuer sur les contestations entre étrangers, il sera faux de dire, comme le fait notre jurisprudence, que ces étrangers jouissent en France, dans tous les cas, des droits rentrant dans la catégorie du *jus gentium*. Ils n'en jouiront pas dans leurs rapports entre eux, mais seulement dans leurs rapports avec des Français (arg. art. 14 et 15, C. civ.). Que si, l'on nous objecte que nous confondons, ici encore, la jouissance et l'exercice d'un droit, et que « telle personne possède la jouissance d'un droit qui n'a pas la capacité de l'exercer[1] », nous répondrons qu'en notre matière le point de vue de la jouissance se confond avec le point de vue de l'exercice du droit. Car, si l'on n'accorde pas à l'étranger la faculté d'exercer un droit du *jus gentium* devant les tribunaux français, il se trouvera n'en pas jouir, personne ne pouvant l'exercer à sa place. Nous voulons, par là, réagir contre la tendance qu'on a trop souvent à vouloir résoudre les questions de droit

Laurent (*Principes*, t. I, n° 435) d'après lequel « celui qui est capable d'exercer un droit doit aussi avoir la capacité d'en poursuivre l'exécution forcée ; car, que seraient les droits s'ils n'avaient pas de sanction ? » fait cette remarque : « Il nous semble pourtant », dit-il, « que, si on applique la distinction du droit des gens et du droit civil proprement dit à notre difficulté, on est conduit par le raisonnement même de M. Laurent à une solution un peu différente et moins absolue : les étrangers pourront porter devant les tribunaux français les procès relatifs à des droits dérivant du *jus gentium*, mais non ceux qui naissent du droit civil *stricto sensu* ». Nous avons vu qu'il n'en est rien. Si, dans le droit interne, on se pose, au sujet d'un droit, une seule question de jouissance et une seule question d'exercice, en droit international la question de jouissance, de même que celle d'exercice, est double.

1. Lachau, *Compétence des trib. français à l'ég. des étrang. Observ. préliminaires*, p. XXXIII.

international privé au moyen de motifs empruntés au droit interne, contre des analogies trompeuses qui font perdre de vue toute l'ampleur du sujet. Nous allons voir, à l'instant, des exemples encore plus frappants de cette fausse direction, de cette transposition injustifiée.

Certains auteurs ont, en effet, raisonné de la façon suivante : ce n'est pas dans l'art. 11, C. civ. qu'il faut chercher la solution de la question qui nous préoccupe, mais bien dans l'art. 14 C. civ. et dans l'art. 54 C. pr.[1]. De l'art. 14, C. civ. on conclut, par *a contrario*, qu'en dehors du cas prévu par cet article (litige entre un Français demandeur et un étranger défendeur), ne pouvant plus appliquer la dérogation aux principes généraux de la compétence qu'il consacre, on est contraint de s'en tenir aux règles ordinaires. Où les trouver, sinon dans l'art. 59, C. pr.[1] ? L'étranger domicilié en France pourrait donc être actionné par un autre étranger devant les tribunaux français. Ce raisonnement ne nous convainc pas ; il laisse la question intacte. Comment, de ce que le Français jouit à l'égard d'un étranger d'un privilège, déduire que l'étranger peut invoquer en France, à l'égard d'un autre étranger, les mêmes règles de compétence applicables dans les rapports des Français entre eux ? Les art. 14, C. civ. et 59, C. pr. répondent à la troisième des questions sériées par nous. Or, nous cherchons, en ce moment, une solution à la deuxième. Un Français veut-il soumettre aux tribunaux français une contestation, quelles règles détermineront la compétence ? Le défendeur est-il lui-même français, on appliquera la règle : *actor sequitur forum rei* ou toute autre disposition de l'art. 59,

1. Glasson : Clunet, 1881, p. 110.

C. pr. Le défendeur est-il un étranger, on écartera la règle *actor sequitur forum rei* et on appliquera l'art. 14, C. civ. Vouloir appliquer au cas qui nous occupe les art. 14, C. civ. et 59, C. pr., c'est faire résoudre la question générale de la compétence des tribunaux français à l'égard des étrangers par une ou plusieurs questions spéciales se référant aux règles applicables, cette compétence une fois reconnue. Nous avons ici un exemple du peu de créance qu'on doit accorder à un argument *a contrario*. Des deux questions qui nous sont posées l'une, et nous allons maintenant la résoudre, prime l'autre; c'est celle de savoir si la juridiction française est compétente à l'égard des étrangers, si, pour employer une autre formule, ceux-ci jouissent en France de la faculté de saisir les tribunaux des litiges qu'ils ont entre eux.

C'est dans l'art. 11, C. civ. qu'on trouve la réponse à la question de savoir de quels droits les étrangers jouissent en France. Rappelons brièvement les théories qui ont été soutenues sur cette question primordiale. D'aucuns soutiennent que l'étranger ne jouit en France que des droits qui lui sont concédés, soit expressément, soit tacitement, par nos lois, à moins que cet étranger ne puisse revendiquer le bénéfice d'un traité ou celui de l'art. 13, C. civ.[1]. Or aucun texte n'accorde formellement à l'étranger le droit de saisir les tribunaux français d'un litige concernant un autre étranger. On peut seulement se demander si ce droit ne doit pas lui être reconnu comme découlant implicitement des dispositions de nos codes[2]. Mais ce système est généralement abandonné.

1. Demolombe, *Cours de Code civil*, t. I, n$^{os}$ 240 à 246 *bis*.

2. « La concession des droits civils peut, dit M. Demolombe (*op.* et *loc. cit.*

Un second système, tout opposé, prétend que les étrangers jouissent en France de tous les droits qui ne leur sont pas expressément ou implicitement refusés par un texte de nos lois. Il ne jouira de ces derniers que s'il remplit les conditions exigées par l'art. 11, C. civ. *in-fine* ou par l'art. 13, C. civ.[1]. Le droit d'agir devant les tribunaux français lui est-il refusé expressément par un texte? La négative est certaine. On serait peut-être tenté de dire qu'il lui est refusé tacitement par l'art. 15, C. civ. Cet article, en effet, décide que le demandeur étranger peut appeler un défendeur français devant la juridiction française. Ne peut-on pas en déduire, par *a contrario*, qu'il ne peut user de cette faculté à l'égard d'un étranger défendeur? Un tel raisonnement ne mérite pas qu'on lui accorde créance, car l'art. 15, C. civ. est né d'un enchaînement d'idées qui n'ont pas trait à notre question et sur lesquelles nous aurons à insister. Il est le

n° 243) être tacite, c'est-à-dire que la concession d'une faculté principale peut emporter, comme conséquence virtuelle, la concession des droits civils qui sont les moyens d'exercice de cette faculté principale. » Or, il adopte (t. I, n° 261) la solution de la jurisprudence sur la compétence entre étrangers. Est-il bien logique avec lui-même ? Les étrangers peuvent contracter entre eux ; conséquence virtuelle : ils doivent pouvoir s'actionner (Cf. Massé, *Droit com.*, t. I, n° 657 et s.). M. Demolombe donne une réponse qui ne nous satisfait pas : « Nos lois, dit-il, n'ont formellement prévu, en aucun cas cette compétence ; et si on peut, si on doit l'induire de quelques dispositions, telles que les art. 3, C. civ. et 240, C. pr., on ne voit pas sur quel texte on pourrait fonder le principe de la compétence générale et absolue. » Cette réponse justifie l'appréciation donnée par MM. Aubry et Rau de ce système : « il laisse un vaste champ ouvert à la controverse, parce qu'il ne fournit, par lui-même, aucun moyen de reconnaître quels sont les droits tacitement accordés aux étrangers » (Aubry et Rau, *op. cit.*, 5e édit., t. I, § 78, p. 493).

1. Valette, *Explication sommaire*, p. 408-416. — Demangeat, *Histoire de la condition civile des étrangers en France*, n° 56. — Despagnet, *Précis*, n° 55 et 56. — M. Weiss, *Traité de droit intern. privé*, t. II, p. 189), a soutenu récemment ce second système en lui donnant une forme particulière.

pendant de l'art. 14, C. civ. Il ne statue pas sur notre problème ; il ne faut donc pas le lui faire résoudre, surtout en employant un argument *a contrario*. Dans ce second système, l'étranger jouirait du droit de porter les contestations concernant un autre étranger devant un tribunal français.

Reste une troisième théorie qui est celle de la jurisprudence française[1]. L'étranger jouit, en France, de certains droits rentrant sous la dénomination de « droits de gens ». D'autres, appelés « droits civils » dans un sens strict, lui sont, au contraire, refusés. Ces derniers, en l'absence d'un texte les lui accordant, il n'en jouira qu'en répondant aux exigences des art. 13 et 11 *in-fine* du Code civil. Il s'agira donc, si l'on adopte ce système — auquel nous nous rallions — il s'agira de savoir si la faculté pour un étranger, en procès avec un autre étranger, de s'adresser aux tribunaux français rentre dans la catégorie du *jus gentium* ou dans celle des « droits civils ». Quelle est la limite entre ces deux classes de droits? Question complexe et résolue diversement suivant qu'on est porté à se montrer parcimonieux, ou généreux à l'égard des étrangers. D'après nous, fidèle à notre système, le mieux serait de se demander, pour chaque droit, quelles sortes d'intérêts sa concession aux étrangers met en conflit. Nous reviendrons sur ce point de vue tout à l'heure. La

1. Aubry et Rau, 5e édit., t. I, § 78, p. 493 et s. — Merlin, *Répert.*, v° *Etranger* § 1, nos 7 et 9. — Proudhon, *Traité des personnes*, t. I, p. 155 et s. — Demante et Colmet de Santerre, 3e édit., t. I, nos 41 et s. — Laurent, *Principes*, t. I, nos 405 et s. — Massé, *Droit com.*, t. I, n° 503. — V. Bordeaux, 28 juillet 1863. S. 64, 2, 17; Cass. 3 juillet 1865. S. 65, 1. 441 ; Trib. Seine, 4 août 1883. Clunet, 1884, p. 179. Examen doctrinal par M. Renault, *Revue critique*, 1884, p. 705 ; Paris, 13 août 1889. D. 90, 2, 161.

question, nous le reconnaissons, est, le plus souvent, résolue différemment. Des formules générales sont mises en avant, sous lesquelles rentrent, d'un côté les droits appartenant au *jus gentium*, de l'autre les droits de la catégorie des « droits civils ».

Voici, d'après MM. Aubry et Rau[1], la formule de ce système : « Il distingue entre les facultés et avantages qui, communément envisagés par les diverses nations policées comme découlant du Droit naturel, ou qui, se trouvant, de fait, généralement admis dans leurs législations et faisant ainsi partie du *jus gentium*, ne sont point à considérer comme particuliers au Droit national de tel ou tel peuple, et les facultés et avantages dont l'établissement est plus spécialement l'œuvre du droit national qui les consacre. L'étranger jouirait des premiers de droit commun et sans aucune condition ; il ne pourrait, au contraire, prétendre aux seconds qu'exceptionnellement, et sous les conditions indiquées aux articles 11 et 13 C. civ. »

Raisonnons sur ce système qui, par la longue consécration que lui a donnée la jurisprudence, a acquis, pour ainsi dire, force de loi. Aussi bien, « la distinction sur laquelle repose ce système était » disent MM. Aubry et Rau « généralement reçue dans le dernier état de notre ancienne jurisprudence française », « et les travaux préparatoires du Code civil, notamment l'Exposé général présenté par Portalis dans la séance du corps Législatif du 3 frimaire an X (Locré, *Législ.* t. I, p. 330, n° 13) et le Rapport fait au Tribunal par Siméon, dans la séance du 25 du même mois (Locré, t. II, p. 246-247) prouvent, de la manière la plus évidente, que l'in-

1. *Op.* et *loc. cit.*

tention formelle des rédacteurs de ce Code a été de maintenir, sinon dans tous ses détails, du moins dans son ensemble la doctrine antérieurement établie[1]. »

Le droit de saisir la juridiction francaise d'une contestation est-il une de ces facultés, un de ces avantages dont l'établissement est plus spécialement l'œuvre du droit national qui les consacre ? La réponse négative ne nous semble pas douteuse. Comme le dit un arrêt de la Cour de Bruxelles du 28 mai 1867[2] : « le droit d'ester en justice n'est pas un de ces droits civils uniquement attachés à la qualité de Belge (Français), mais plutôt un de ces droits qui, comme le droit d'acheter ou de se marier, doit être rangé dans la catégorie des droits appartenant, ainsi que le dit Portalis, bien plus au droit des gens qu'au droit civil, et dont l'exercice ne pourrait être interrompu sans porter atteinte aux diverses relations qui existent entre les peuples. » Cette faculté rentre très exactement dans le cadre des droits du *jus gentium*. Elle est concédée aux étrangers par toutes les législations des pays civilisés. La conséquence que l'on tire, ici, de la distinction des droits civils et des droits du *jus gentium* est exacte. La distinction elle-même est fondée, d'après le Code, et se recommande de la tradition. Mais quelle est la base théorique de cette distinction même ? Qu'on nous permette d'insister quelque peu; les développements qui vont suivre ne seront

1. Aubry et Rau, *op.* et *loc. cit.* Pour l'ancien droit. V. Demangeat, *Condit. civ. des étrangers* ; Pothier, *des personnes*, part. I, tit. II, sect. 2. — Merlin, *Répert.*, v° *Aubaine*, n° 4. D'après MM. Aubry et Rau ce système traditionnel aurait reçu une consécration nouvelle dans la séance du Sénat du 4 février 1887, lors de l'élaboration de la loi sur la nationalité. V. Aubry et Rau, *op. cit.*, p. 493, note 2.

2. *Pasic.* 67, 2, 294.

pas inutiles, car nous touchons, ici, au cœur même de la matière du droit international privé.

Quel motif nous permettrait, d'après la jurisprudence, de classer telle faculté dans la catégorie des « droits civils » ou dans celle des « droits des gens » ? Ce motif serait, d'après sa formule même, l'adoption de cette faculté par la plupart des législations des pays civilisés. Le juge ne serait donc qu'un spectateur inerte des mouvements législatifs se produisant à l'étranger ? On ne saisit pas bien, au premier abord, quelle influence peut avoir sur cette classification une réforme législative dans un pays donné. On dit : voici une faculté reconnue aux Français en France ; mais, au contraire, la plupart des législations étrangères sont muettes sur ce point. C'est donc bien une création particulière à notre droit. Cette faculté doit être réservée aux seuls Français. Nous répondons : par cela seul que l'étranger, qui en réclamera la jouissance en France, pourrait élever, d'après sa propre loi, la même prétention dans son pays, il n'y a pas une création particulière à la loi française, et il n'y a, *a priori*, aucun motif pour décider que ce droit sera réservé aux seuls Français. En réalité, nous croyons que lorsque l'on se contente de considérer si telle faculté est ou n'est pas consacrée par la plupart des législations, on s'en tient aux apparences. Sous cette formule il y a autre chose, qui est précisément le principe qui doit servir de base à nos décisions. Dire qu'on accordera aux étrangers les droits reconnus par la plupart des législations civilisées n'est rien autre que reconnaître la nécessité de sanctionner, dans notre pays, une faculté qui, par cela même qu'elle est générale, fait partie du *commerce international.* La refuser à l'étranger serait porter le trouble dans les relations internationales. Au contraire, s'agit-il d'un droit reconnu seulement par quelques législations, ce droit ne rentre pas encore dans le commerce général ; on ne porte donc pas atteinte à celui-ci en le refusant. La classification des droits trouve donc sa base dans la théorie du conflit des souverainetés. Un étranger réclame un droit en France et il le réclame en se fondant sur l'intérêt des relations internationales ; cet étranger représente les nécessités du *commerce international.* Mais il ne les représente qu'autant que le droit dont il s'agit fait partie du *commerce international.* Comme le dit l'arrêt de la Cour de Bruxelles précité : la catégorie des droits des gens contient des droits « dont l'exercice ne pourrait être interrompu sans porter atteinte aux diverses relations qui existent entre les peuples. » On ne refuserait à l'étranger un tel droit que si, en l'accordant, on portait atteinte à un intérêt français primordial, à un intérêt d'ordre public. Voilà le vrai principe qui doit nous servir de base, dût ce principe nous entraîner plus loin que la formule d'où nous l'avons tiré, et nous conduire à faire accorder aux étrangers des droits que seules quelques législations consacrent, si le refus de tels droits devait engendrer de graves perturbations dans l'harmonie des relations nécessitées par le *commerce international.* Le rôle du juge est donc tout différent de celui qu'on nous décrivait. Il est non seulement un spectateur ; il doit discerner ; son appréciation n'est pas seulement quantitative, mais aussi qualitative. Il ne se contente pas de faire une addition, il rend un jugement. Il sera contraint de scruter le fond des choses et non pas seulement de regarder leurs contours externes. Qu'on ne nous objecte pas qu'une telle base de décision est bien chancelante, et que tel droit qui était, naguère, envisagé comme un « droit civil » sera, peut-être, avec notre principe, considéré aujourd'hui comme étant du droit des gens. C'est précisément ce qu'a voulu le législateur. Il a, par un texte vague et général, laissé cours à l'appréciation de façon que celle-ci pût suivre un mouvement parallèle à celui des idées. D'ailleurs, la formule même de la jurisprudence n'échappe pas à cette critique, qui, pour nous, n'en est pas une : les législations ne se modifient-elles pas, sans cesse, dans le temps ? Et puis, la jurisprudence n'est pas conséquente avec sa formule en considérant, par exemple, le domicile comme un droit civil. Au lieu qu'avec notre principe, elle répondrait victorieusement qu'en accordant un domicile de fait à l'étranger en France, comme elle le concède généralement, elle sacrifie aux nécessités du *commerce international*[1].

Voilà donc le principe : accorder aux étrangers en France tous les droits dont le refus engendrerait un relâchement des liens de plus en plus serrés qui relient les nations, au point de vue du *commerce international*. L'application de ce principe sera divergente selon que, avec la jurisprudence, on ne considérera comme troublant les relations internationales que le refus d'une faculté quasi-universellement reconnue, ou que, comme nous inclinerions à le penser, on doit considérer que le refus de telle faculté déterminée peut engendrer

1. Nous n'entrons pas dans les détails d'application de notre système. Nous ne nous posons pas les diverses questions qu'il soulève : quel est l'intérêt qui demande le plus impérieusement à être respecté, etc. ? Nous avons fixé les principes. L'application en est facile. Ce qui prouve bien que tel est le principe, c'est qu'on accordera à l'étranger tel droit que ne réclamerait pas la bonne harmonie des relations internationales, si la concession de ce droit est commandée par l'intérêt de l'ordre public français ; et inversement.

un pareil trouble, encore qu'elle ne serait reconnue que par un certain nombre de nations, parmi lesquelles celle dont l'étranger est originaire.

Mais, prenons même l'interprétation la moins libérale, celle de la jurisprudence. Ne doit-on pas, d'après elle, accorder aux étrangers le droit de saisir de leurs litiges les tribunaux français ? L'affirmative ne nous paraît pas douteuse. Comme nous l'avons fait remarquer, c'est là un droit reconnu par toutes les législations civilisées, et le refuser aux étrangers en France serait porter l'atteinte la plus grave aux relations qu'engendre le *commerce international*. Et pourtant, la jurisprudence pose en principe que les tribunaux français sont incompétents pour connaître des contestations entre étrangers [1]. Quelle base de décision adopte-t-elle ?

« En principe général, dit la cour de Nancy dans un arrêt du 16 mars 1878[2], les tribunaux français ont été institués pour juger les Français, en leur appliquant la loi française. Sans rechercher l'origine et la cause de l'obligation de l'État et du droit des citoyens, on comprend que la *dette de justice* ne s'impose qu'en faveur des nationaux, n'existe pas pour les étrangers, ne peut être réclamée par eux ». « Les tribunaux français, institués pour rendre justice aux Français, peuvent, sauf les cas particuliers autorisés par la loi, s'abstenir de la connaissance des contestations qui s'élèvent entre des étran-

1. Trib. civ. Lyon, 7 juin 1888 : Clunet, 1891, p. 489 ; Paris, 26 février 1891. Clunet, 1891, p. 1189 ; Paris, 31 janv. 1895 : Clunet, 1895, p. 585 ; Trib. civ. Nice, 14 juin 1897 : Clunet, 1898, p. 722 ; Dalloz, *Répert.* v° *Droit civil*, n° 314 ; Vincent et Penaud, *Dictionnaire de droit int. privé*, v° *Compétence*, n° 230 ; Fœlix et Demangeat, *op. cit.*, t. I, n° 151 ; Aubry et Rau, 4e édit., t. VIII § 748 *bis*, note 55.

2. Clunet, 1878. p. 371.

gers, et cela, lors même que ceux-ci, par leur consentement formel se soumettraient à leur juridiction, puisque l'on ne peut, l'on ne doit imposer aux juges français, par la volonté de plaideurs étrangers, une obligation de juger qu'ils ne tiennent pas de la loi », avait dit la Cour de cassation dans son arrêt du 2 avril 1833[1]. Pour nous, deux idées principales ressortent de ces motifs : 1° dans chaque État certains pouvoirs sont établis pour rendre la justice ; ces pouvoirs, ces juridictions remplissent une obligation de l'État ; mais cette obligation ne peut être invoquée que par les nationaux de cet État. Celui-ci est institué pour faire régner l'ordre entre les citoyens qui le composent. Il y a eu une sorte de contrat par lequel ceux-ci ont accepté de se soumettre à son arbitrage et par lequel l'Etat est chargé de régler leurs différends. Or, un pareil contrat n'existe évidemment, dans chaque Etat, qu'entre celui-ci et les citoyens de cet Etat. Il est, pour les étrangers, *res inter alios acta.* Ceux-ci ne peuvent donc s'en prévaloir. A cela nous répondons : à supposer, ce qui est fort contestable, qu'un pareil contrat ait jamais été conclu, il ne l'a pas été dans ces termes. L'Etat n'est pas institué pour faire régner l'ordre entre les seuls citoyens qui le composent ; mais bien pour faire régner l'ordre social sur tout le territoire qu'il occupe. Or, une contestation s'élevant, fût-ce entre étrangers, n'est-ce pas jeter le trouble dans cet ordre social que de refuser d'en connaître? Comme l'a très bien dit M. Bonfils[2] : « La justice est un devoir social ; son règne est une obligation morale pour chaque homme et pour chaque nation. La justice est la dette des nations et de

1. Dalloz, *Répert.* v° *Droit civil*, n° 314.

2. Bonfils, *op. cit.*, n° 193, p. 164. — V. également Demangeat, *op. cit.*, p. 394.

leurs gouvernements. L'obligation où ils sont de la rendre est sacrée; elle est de droit naturel. La justice est, il est vrai, un apanage de la souveraineté. Mais la souveraineté s'étend à tout le territoire, aux personnes comme aux biens qui se trouvent sur le territoire français. » Nous verrons toute la portée de cette réponse lorsque nous parlerons de la compétence en matière immobilière. Nous nous demanderons alors si les tribunaux français peuvent connaître des contestations où sont en jeu des immeubles situés en pays étranger. Pour l'instant, nous examinons le principe de la jurisprudence en tant qu'il n'est pas tempéré par des exceptions, c'est-à-dire, dans son application aux matières personnelles et mobilières de pur intérêt pécuniaire, et aussi aux matières concernant l'état des personnes. La réponse de M. Bonfils nous paraît inattaquable sur ce terrain.

Mais on pourrait essayer d'employer un faux-fuyant, et dire : l'argument de la jurisprudence a deux aspects ; l'un négatif, consistant à affirmer que les tribunaux français sont incompétents, parce qu'ils ne sont pas obligés envers les étrangers comme envers les Français ; l'autre positif, d'après lequel la juridiction française n'a pas le droit de jamais statuer sur des contestations entre étrangers. C'est ce que semble exprimer cette formule qu'on trouve souvent dans la jurisprudence : c'est un droit pour chaque individu d'être jugé par les tribunaux de son pays [1]. Si l'on suppose les tribunaux français compétents de droit commun, répondrons-nous, il est faux de dire que, *a priori*, ces tribunaux sont incompétents si on fait intervenir la question de nationalité. C'est ici le lieu d'appliquer notre principe sur le conflit des

1. Cpr. également Trib. Seine, 27 avril 1875 : Clunet, 1876, p. 362.

souverainetés, puisqu'aussi bien ce qui gît au fond de cet argument, c'est cette idée que juger des contestations entre étrangers c'est porter atteinte à la souveraineté étrangère. Or, ce n'est qu'une apparence : loin d'être froissée au cas où une décision interviendrait, c'est cette souveraineté étrangère elle-même qui réclame justice pour ses nationaux dans notre pays, ou plutôt c'est l'intérêt des relations du commerce international, que cette souveraineté particulière ne fait ici que représenter. Et qu'adviendrait-il de ces relations si l'opinion que nous combattons était adoptée dans tous les pays ? Qu'adviendrait-il encore, si l'étranger en cause n'avait conservé aucun lien avec sa patrie ? Donc, de quelque côté qu'on se tourne, on est amené à la nécessité d'accorder justice aux étrangers en France.

2° Mais, des formules de la jurisprudence se dégage un autre motif à l'appui de son incompétence : les tribunaux français sont institués pour appliquer la loi française. S'ils doivent statuer entre étrangers, ils seront forcément amenés à appliquer des lois étrangères. Comme le premier, ce point de vue peut être envisagé sous deux aspects : 1° à un point de vue négatif; les tribunaux français n'ont pas à appliquer une loi étrangère. Cette loi, ils la connaissent mal. Des erreurs sont possibles, qui compromettraient la dignité de nos magistrats. Qu'il nous suffise de répondre que, dans de nombreux cas, nos tribunaux reconnaissent eux-mêmes qu'ils devront appliquer la loi étrangère, par exemple, si un litige en matière d'état était soulevé entre un Français et un étranger (arg. art. 14 et 15 C. civ.). La difficulté d'interpréter une loi n'a jamais été pour le juge un motif suffisant pour autoriser un déni de justice (arg. art. 4 C. civ.). D'ailleurs, il incombera à celui qui invoque une loi étrangère de fournir aux juges tous les éléments nécessaires à son interprétation. La loi étrangère est, pour le tribunal français, un fait dont le demandeur doit fournir la preuve ; 2° à un point de vue positif, ne serait-ce pas, de la part du tribunal français, empiéter sur la souveraineté étrangère que d'appliquer la loi étrangère? Ce rôle appartient aux tribunaux du pays dont la loi doit être appliquée [1]. Nos tribunaux n'en doivent pas connaître.

En un mot, le respect des diverses souverainetés exigerait une corrélation entre la compétence législative et la compétence judiciaire. La jurisprudence est même allée très loin dans cette voie, en matière d'état des personnes. C'est ainsi qu'elle a décidé que les tribunaux français étaient seuls compétents pour statuer sur une question d'état concernant un Français [2]. C'était excessif, mais c'était du moins logique. La jurisprudence s'est rendu compte du mal fondé de telles sentences, et des décisions plus récentes ont accordé l'*exequatur* à des jugements étrangers statuant en matière d'état entre plaideurs français, alors que la loi française avait été respectée [3]. C'est qu'en effet, ce que le respect de la souveraineté exige, ce n'est pas que les tribunaux se déclarent incompétents, mais bien qu'ils appliquent à la cause la loi étrangère. Quoiqu'il en soit, la jurisprudence s'est fixée et s'est

1. Ceci ne se confond pas avec ce que nous avons dit précédemment. Car, tout à l'heure, il s'agissait de réserver le droit de statuer aux tribunaux du pays dont l'étranger était originaire. Il s'agit, ici, de réserver ce droit aux tribunaux du pays dont la loi doit être appliquée.

2. Seine, 30 juin 1876 : Clunet, 1877, p. 146.

3. Seine, 2 août 1887 : Clunet, 1888, p. 86 ; Cpr. Seine, 4 juin 1885 : Clunet, 1885, p. 548 et les conclusions en note.

maintenue, à l'égard des étrangers, dans le sens de l'incompétence, principalement en matière d'état des personnes[1]. Nous venons de dire que c'est faire une fausse application du principe du respect des souverainetés, d'autant plus que, comme nous l'avons vu, en vertu des art. 14 et 15 C. civ., nos tribunaux se déclarent compétents pour statuer, s'il y a lieu, sur des questions d'état. La souveraineté de l'État est respectée par cela seul qu'on applique sa loi. Pour le surplus, s'il y a un intérêt en cause, c'est celui des relations internationales qui exigent prompte justice et qui s'accommoderaient mal des lenteurs qu'entraînerait le renvoi de la procédure devant le tribunal du pays dont la loi doit être appliquée. Cette corrélation de la compétence législative et de la compétence judiciaire est la négation même de tout rapport international. C'est pour ce motif que nous avons insisté pour la repousser. Au surplus, nous verrons bientôt

1. Rennes, 16 mars 1842, avoc. génér. Foucher : S. 42, 2, 211 ; Vincent et Penaud, *Dictionn.*, v° *Compétence*, n° 238 ; Lachau, *Compétence*, p. 221 et s. ; Trib. Seine, 4 décembre 1884 : Clunet, 1886, p. 95. *contrà* : Renault, *Revue critique*, 1885, p. 579 ; Alger, 1er février 1897, Clunet, 1898. p. 352 ; Besançon, 18 décembre 1896, Clunet, 1898, p. 355 ; Seine, 28 décembre 1891, Clunet, 1893, p. 151 ; Paris, 17 févr. 1898, Clunet, 1898, p. 755. — Féraud-Giraud : Clunet, 1885, p. 225 et s., p. 375 et s. ; Aubry et Rau, 4e édit., t. VIII, § 748 *bis*, p. 144 ; Lesenne, *Revue pratique*, 1867, t. XXIII, p. 508 ; Glasson, Clunet, 1881, *loc. cit.* — Droit des gens ; Haus, *op. cit.*, p. 270 et s. ; Laurent, *Dr. civ. int.*, t. IV, n° 57, p. 122 et p. 131 et s. ; Fiore, *Droit int. privé*, p. 654 : Norsa, *Revue de Droit international*, 1876, nos 196 et s ; Clunet, 1879, p. 298 ; *Revue de jurisp.* de Dubois : Clunet, 1876, p. 213 et 215 ; Story, *Conflict of Laws*, § 205, 216, 217, 221, 230. Nous relevons cette phrase caractéristique : « *It seems to be sufficient, that the defendant, against whom the suit is brought, is domiciled in that Kingdom...* » ; Clunet, 1879, p. 288 ; Westlake : Clunet, 1881, p. 316 ; Clunet, 1879, p. 195 : compétence de la Cour de justice anglaise dans le ressort de laquelle se trouve la demeure ou résidence matrimoniale (matrimonial home or residence) ; Clunet, 1879, p. 200 ; Alexander : Clunet, 1881, p. 193. *Code de procédure. Empire d'Allemagne*, art. 13, 568.

que cette confusion de la compétence législative et judiciaire a été faite sous beaucoup d'autres rapports.

Reste un dernier argument qu'invoquent les partisans du système de l'incompétence : les travaux préparatoires et, particulièrement, la discussion, au Conseil d'État, du 6 thermidor an IX [1]. Mais, comme le dit M. Laurent [2] « le Conseil d'État n'était saisi d'aucune proposition sur la compétence des tribunaux français à l'égard des étrangers, et aucune proposition ne fut faite : cela suffit pour qu'on ne doive accorder aucune autorité à une discussion qui n'était pas une discussion. C'est une de ces conversations, comme on en rencontre trop dans les procès-verbaux de Locré, un échange d'idées, d'observations, de doutes, d'affirmations qui n'aboutissent à aucune conclusion... Le Conseil d'État n'a rien décidé, parce que, en l'absence d'une proposition, il n'était pas appelé à décider quoique ce fût ». Et, en effet, la discussion prit fin sur ces paroles de Tronchet : « L'article en discussion (art. 14) ne préjuge rien contre ce principe ; il est tout positif, on ne peut donc en tirer aucune conséquence négative ; il ne statue que sur la manière de décider les contestations entre un Français et un étranger, et ne s'occupe pas des procès entre étrangers. »

Le système de l'incompétence, adopté par la jurisprudence, s'il était appliqué avec une rigueur absolue, entraînerait de grands troubles dans les relations internationales. La jurisprudence, elle-même, s'en est rendu compte. Aussi, a-t-elle admis à son principe des exceptions et des tempéraments.

1. Locré, *Législ.*, t. II, p. 43, 44.
2. Laurent, *Droit civ. inter.*, t. IV, n° 20.

Une première exception, et la plus considérable, a été admise en matière commerciale. Nous n'essaierons pas de justifier cette règle en tant que dérogation. La jurisprudence invoque des raisons qui sont tout aussi valables en matière civile : la tradition d'abord [1], et ensuite ce motif : que les relations commerciales des peuples commandent une grande célérité dans la justice rendue. Mais, n'en est-il pas de même en matière civile ? Voici deux ventes, l'une ayant le caractère d'un acte de commerce, l'autre restant un acte civil. Elles ont, au fond, même nature, l'une n'est qu'une modalité de l'autre, et pourtant la solution diffère. Quoiqu'il en soit, la jurisprudence applique l'article 420, du Code de procédure. A notre avis, cet article ne peut pas répondre à la question de savoir si l'étranger jouit du droit de saisir une juridiction française, mais seulement à celle-ci : étant reconnu que cet étranger jouit de cette faculté, quel tribunal doit-il saisir ? Aussi bien, si l'on fait intervenir ici l'article 420 C. pr., pourquoi repousse-t-on l'article 59 du même Code ? En réalité, ni l'un ni l'autre n'ont à intervenir dans cette question de jouissance de droits. Le véritable motif de cette exception, et certains tribunaux l'ont franchement déclaré, c'est qu'elle est une faveur faite au commerce, c'est-à-dire que la jurisprudence s'est rendu compte des résultats désastreux qu'entraînerait l'application rigoureuse du principe d'incompétence en ces matières [2].

1. V. Boullenois, *Traité de la Personnalité et de la Réalité des lois*, t. 1, p. 606 et s.

2. V. Nancy, 22 novembre 1873, S. 74, 2, 13 ; Paris, 6 décembre 1889, Clunet, 1889, p. 808 ; Lachau, *Compétence*, p. 100 et s. ; Féraud-Giraud, Clunet, 1880, p. 166, note 2 ; Aubry et Rau, t. VIII, § 748 *bis*, p. 146. *Contrà* : Paris, 30 avril 1819 et Cass. 6 févr. 1822 ; Dalloz, *Répert.*, v° *Droit civil*, n° 340. *Adde* : Bonfils,

Une autre exception est admise par la jurisprudence par interprétation de l'article 59, § 2, C. pr. : un étranger pourra saisir un tribunal français d'un litige où sont en cause plusieurs défendeurs, y en eût-il qui fussent étrangers, pourvu que l'un de ces défendeurs soit valablement actionné en France, par exemple, si c'est un Français (arg. art. 15, C. civ.). Nous retrouverons cette exception en parlant de la loi de compétence applicable. Contentons-nous, ici, de reproduire la critique que nous faisions à l'instant au sujet de l'application de l'article 420, C. pr. L'article 59, C. pr. suppose la juridiction française compétente, et il n'a pour but que de déterminer quels sont ceux des tribunaux français qui pourront être saisis. Or, ce qui est en question ici c'est précisément la compétence de la juridiction française.

La même observation, la même critique, pourrait être reproduite au sujet d'une autre dérogation apportée par la jurisprudence à son principe : elle décide que les tribunaux français, valablement saisis d'une action principale, sont compétents pour juger les demandes incidentes où sont en présence deux étrangers, et cela, alors même que la décision sur la demande incidente les mettrait dans la nécessité de statuer sur une question d'état (art. 337 et suiv., C. pr.)[1]. Il en est de même au cas d'intervention. Les articles 339 et suivants Code procédure sont regardés, par la jurisprudence, comme applicables à toutes personnes, même aux étrangers.

*op. cit.*. n° 211 ; Weiss, *op. cit.*, p. 927 ; Despagnet, *op. cit.*, p. 293 ; Conclus avoc. génér. sous Paris, 8 août 1890, p. 894.

1. Trib. civ. Perpignan, 24 juillet 1893 : Clunet, 1893, p. 1158 ; Trib. Seine. 26 décembre 1894 : Clunet, 1895, p. 587 ; *Adde* : Lachau, *Compétence*, p. 99, 100.

Une autre exception est admise par la jurisprudence au principe d'incompétence. Elle doit attirer notre attention par les motifs mêmes donnés pour la justifier. La jurisprudence déclare que nos tribunaux sont compétents pour connaître entre étrangers des actions en dommages-intérêts, lorsque les délits ou quasi-délits qui en sont la source ont été commis sur le sol français[1]. Au cas où le fait dommageable est qualifié par la loi crime ou délit, et où l'action civile est intentée concurremment avec l'action publique, nous croyons qu'en se reconnaissant compétents, même entre étrangers, nos tribunaux font une exacte application des principes. La compétence sur l'action publique entraîne alors la compétence sur l'action civile (arg. art. 3, 637, 638, 640, C. inst. crim.). Mais, en est-il de même au cas où le demandeur étranger veut intenter l'action civile séparément devant les tribunaux civils? Si l'on n'attribue pas à la juridiction fran-

1. Fœlix et Demangeat, *op. cit.*, t. I, n° 165, p. 344, note *a* ; Demangeat, *op. cit.* n° 85, p. 393 ; Bonfils, n° 203, p. 175; Mangin, *Action publique*, t. I, n° 60 ; Demolombe, t. I, n° 261, p. 315; Weiss, *Manuel* (1895), p. 561 ; Despagnet, *op. cit.* n° 293; Aubry et Rau, t. VIII, 4e édit., § 748 *bis*, p. 146 ; Dalloz, *Répert.* v° *Droit civil*, n° 336 ; Nancy, 9 février 1886. D. 87, 2, 31 et la note ; Vincent et Penaud, *Dictionn.*, v° *Compétence*, nos 303 et s.

On s'est servi pour étendre la compétence des tribunaux français entre étrangers en cette matière de l'art. 3, § 1, C. civ. On l'a successivement appliqué comme attributif de compétence, en dehors des questions concernant la police et la sûreté, au sens précis, aux mesures provisoires et conservatoires, à certaines actions concernant des meubles situés en France (V. *infrà*), et même à toute question pouvant intéresser l'ordre public. Cette dernière solution est juste en elle-même : si le principe était l'incompétence, il devrait fléchir au cas où l'ordre public réclamerait la compétence d'un tribunal français. Mais la base de l'art. 3, § 1, C. civ. est injustifiée. Il ne résoud pas une question de compétence. Cpr. Aubry et Rau, *op.* et *loc. cit.* Voy. une application intéressante de ces idées dans la matière des litiges relatifs aux valeurs mobilières perdues ou volées : Lachau, *Compétence*, p. 86 et s.

çaise le droit, en règle générale, de statuer entre étrangers, où trouver dans notre cas particulier le principe d'où découle la compétence? On a invoqué, à ce point de vue, l'article 3, § 1 du Code civil. Mais il n'a pas à intervenir dans le débat. Il statue simplement sur la loi applicable, et décide qu'en ces matières on suivra la loi française : par exemple, en vertu de cet article, on appliquera les articles 1382 et suivants du Code civil, on infligera les peines édictées par nos lois pénales [1]. Supposons que les personnes en cause soient toutes deux de nationalité française. Le demandeur, si le fait est délictueux, peut, soit se porter partie civile devant les tribunaux de répression, soit intenter séparément l'action civile devant le tribunal du domicile du défendeur. S'agit-il d'un étranger demandeur contre un autre étranger, il pourra employer le premier moyen. Comme l'a fait remarquer M. Bonfils : « Compétents pour connaître du délit au point de vue de la répression publique, il est rationnel que nos juges, qui possèdent tous les éléments du procès, puissent aussi connaître de l'action civile, même entre étrangers [2]. » Mais il n'en est pas de même du second moyen, si l'on admet le principe de l'incompétence. Et que l'on n'objecte pas qu'en ce

1. Voy. sur la distinction de la compétence judiciaire et de la compétence législative. Lucques, 1er sept. 1875 : Clunet, 1876, p. 215, où la distinction est faite très nettement. Il s'agit d'ailleurs, non d'une question de quasi-délit, mais d'une question d'état. *Adde* : Bonfils, *op. cit.*, p. 167. Voy. cependant une résolution de l'Institut de Droit international (la Haye, 1875) tendant à faire dépendre la compétence de la loi applicable, mais en matière d'état des personnes seulement : cela s'expliquerait par cette raison que la souveraineté de la nation, à laquelle appartient celui dont l'état est mis en question, est plus directement en cause qu'en toute autre matière. La décision de ces questions serait donc dévolue exclusivement aux tribunaux du pays dont la loi est compétente (*Annuaire de l'Institut de Droit international*, 1877, p. 125, 126).

2. Bonfils, *op. cit.*, p. 175.

cas la compétence naît du fait même qui donne lieu à l'action. Car, ainsi que répond fort à propos M. Glasson[1] : « Alors on devrait aussi logiquement décider que le tribunal civil compétent est celui du lieu où le fait a été commis. Or, tout le monde applique ici l'article 59 du Code de procédure. » Par conséquent, si l'étranger demandeur peut intenter, en ce cas, l'action civile séparément de l'action publique, ce ne peut être que parce que les tribunaux français sont compétents pour connaître des contestations entre étrangers. En résumé, les articles 3, C. civ., 59, 420, C. pr., et même l'article 3 Code inst. cr. ne sont pas attributifs de juridiction : ils fixent seulement, le premier quelle loi sera applicable au litige, les autres quels tribunaux seront compétents parmi les tribunaux français, la compétence générale de la juridiction française ayant été reconnue. La même solution et la même critique s'appliqueraient au cas où le fait dommageable, dont se prévaudrait l'étranger contre un autre étranger, ne serait pas prévu et puni par la loi pénale.

La jurisprudence est allée très loin dans cette application de l'art. 3, § 1, C. civ. à notre matière. En vertu de cet article, elle décide que les tribunaux français sont compétents pour prendre, entre étrangers, des mesures provisoires, conservatoires et urgentes[2]. Cette solution s'imposait, en effet, à nos tribunaux ; mais, ce qui est plus contestable, c'est que le principe de cette compétence se trouve dans l'art. 3, C.

1. Glasson : Clunet, 1881, p. 118.

2. Jurisprudence constante. Voy. Féraud-Giraud : Clunet, 1880, p. 168 ; 1885, p. 392 ; Lachau, *Compétence*, p. 66 et s. ; Vincent et Penaud, *Dictionn.* v° *Compétence*, n° 302 et les renvois. *Adde* : Trib. Seine, 27 janv. 1892 : Clunet, 1892, p. 439 ; Cpr. Paris, 28 octobre 1892 : Clunet, 1893, p. 174.

civ. qui, nous le répétons, n'a en vue que de désigner la loi applicable aux mesures de police et de sûreté. Quel tribunal appliquera ces mesures? L'art. 3, C. civ. n'a pas pour but de nous le dire. Qu'un tribunal, valablement saisi, au fond, d'une contestation, soit compétent pour ordonner les mesures conservatoires et urgentes qui lui semblent nécessaires, rien de plus juridique. Mais la jurisprudence applique cette compétence à des contestations dont nos tribunaux ne doivent pas connaître au fond, en matière de divorce ou de séparation de corps, par exemple. Il y aurait ici une règle de compétence spéciale, basée sur l'art. 3, C. civ. ; nous avons vu ce que vaut ce motif.

Nous réservons la question de compétence en matière immobilière. C'est là une question très délicate par les principes qu'elle met en jeu et qui sera étudiée avec plus de fruit quand nous interpréterons le traité franco-belge.

Nous procéderons de même pour la compétence des tribunaux français en matière successorale, en matière de saisie-arrêt.

Par suite de toutes ces dérogations apportées par la jurisprudence à son principe, il reste peu de cas où nos tribunaux ne pourront connaître des contestations entre étrangers. Pourtant le principe s'appliquera : 1° en matière purement personnelle et mobilière ; 2° aux actions concernant l'état des personnes ; 3° et même en matière commerciale, en dehors des cas prévus par l'art. 420, C. pr[1]. Les actions

1. Bordeaux, 10 avril 1883, Clunet, 1883, p. 516 et 517 ; Féraud-Giraud : Clunet, 1880, p. 167 ; Aubry et Rau, t. VIII, 4e édit., § 748 *bis*, p. 147 ; Vincent et Penaud, *Dictionn.*, v° *Compétence*, n° 273 et s. Mais la jurisprudence se montre très large dans l'interprétation de l'art. 420, C. pr. C'est ainsi qu'elle décide que la succursale, en France, d'une maison de commerce est un lieu tacitement dési-

réelles mobilières ont donné lieu à une controverse [1].

Même dans ces limites restreintes, l'application du principe de la jurisprudence avait encore trop d'inconvénients. Elle s'en est rendu compte et a admis de nouveaux tempéraments à son principe : elle a admis la compétence des tribunaux français au cas où le défendeur étranger, domicilié en France, ne justifierait d'aucun domicile à l'étranger, permettant à d'autres tribunaux de statuer sur la contestation. Cette proposition demande à être expliquée.

Nous touchons ici au domaine de la loi applicable en matière de compétence. La question qui se pose est la suivante : la juridiction française ayant été reconnue compétente, soit comme règle générale, soit en vertu de nombreuses exceptions à un principe d'incompétence, quelle loi déterminera le tribunal compétent dans chaque cas? La réponse n'est pas douteuse : la loi applicable est la loi française, la règle de compétence sera tirée de nos lois de procédure. C'est une application de la règle générale sur la forme des actes : *locus regit actum* [2]. C'est ainsi qu'en principe, on appli-

gné pour le paiement et créant la compétence de l'art. 420, C. pr. : Douai, 10 novembre 1854 : D. 55, 2, 104 et la note.

1. MM. Aubry et Rau, 4e édit., t. VIII, § 748 *bis*, p. 143 se rallient à l'opinion que les étrangers peuvent saisir les tribunaux français de contestations portant sur des meubles, envisagés *ut singuli*, qui se trouvent en France. Cpr. Massé et Vergé (sur Zachariæ), t. I, § 62, note 20, p. 87. C'est la règle suivie en Belgique. V. Haus, *op.* et *loc. cit.* ; en Italie : *Revue de jurisprudence*, par C. Norsa, *Revue de droit international*, 1874, p. 263 ; 1876, p. 655. *Contrà* : Féraud-Giraud : Clunet, 1880, p. 148. Cependant il admet, dans certains cas, la compétence des tribunaux français, en pareille matière, en se basant sur l'art. 3, § 1, C. civ. (V. *suprà*). Les tribunaux français se déclarent compétents sur les questions de possession, de privilèges, de voies d'exécution concernant les meubles situés en France et pour l'application des art. 2279 et 2280. C. civ. V. Lachau, *Compétence*, p. 37 et s. Pour les meubles successoraux, voy. *infrà*.

2. Pour l'application de la loi française, on peut, en outre, invoquer le principe

quera la règle : *actor sequitur forum rei* et qu'on accordera compétence au tribunal du défendeur, à moins qu'on ne soit dans le cas des dérogations à ce pincipe, prévues par l'art. 59, §§ 2 et s. C. pr. ou par l'art. 420, C. pr. Ici l'intervention de ces articles est justifiée. Nous avons vu qu'elle ne l'était pas, au contraire, s'agissant de savoir si les étrangers jouissaient en France de la faculté de saisir de leurs contestations les tribunaux français.

Mais cette application aux litiges s'élevant entre étrangers d'une règle de compétence consacrée par la loi française n'ira pas toujours sans difficultés. Prenons, par exemple, la règle applicable de droit commun : le tribunal compétent est celui du domicile du défendeur. S'agissant d'un étranger, une question se pose : peut-il avoir en France un domicile attributif de juridiction ? La question de savoir si l'étranger peut avoir en France un domicile *légal* est controversée [1]. La jurisprudence le lui refuse ; et pourtant, la faculté d'établir son domicile en un lieu ne rentre-t-elle pas dans la catégorie

que les lois d'ordre public absolu s'imposent à tous sur le sol français. Or tout ce qui se rapporte à la détermination du tribunal compétent fait certainement partie de cette classe de lois. On doit appliquer à des litiges jugés en France les règles de compétence françaises, avec le caractère qu'elles ont d'après nos lois.

1. C'est en partant de l'impossibilité pour un étranger d'avoir un véritable domicile en France que Demangeat (*op. cit.*, p. 388 et s.) reconnaît que les tribunaux français sont incompétents entre étrangers. Mais il admet que les tribunaux français peuvent statuer si l'étranger défendeur ne décline pas leur compétence. La jurisprudence ne se place pas à ce point de vue pour décider que la juridiction française est incompétente à l'égard des étrangers.

V. sur la question du domicile des étrangers en France : pour l'ancien droit : Pothier, t. I, p. 3-6 ; Bouhier, t. I, chap. XXII, p. 417; Merlin, *Répert.*, v° *Domicile*, § 13 ; pour le droit actuel: Aubry et Rau, 5e édit., t. I, § 141, texte et note 5, p. 883, 884. *Adde* l'étude de M. Jay sur le *Domicile de l'étranger non autorisé* : *Revue pratique de droit français*, 1856, t. I, p. 228; pour le droit des gens ; Calvo, *Le droit international*, 5e édit., t. II, p. 152 et s.

des *droits des gens?* Toutes les législations sanctionnent ce droit à un domicile. Il est une nécessité du commerce juridique, nécessité qui ne se fait pas moins sentir au point de vue international qu'au point de vue interne; toutes raisons qui doivent contribuer à le faire reconnaître aux étrangers. Le leur refuser, c'est jeter le trouble dans les relations internationales. D'ailleurs, le domicile n'est que le centre de la vie juridique d'une personne. Or, l'étranger vit en France d'une vie juridique, quelque parcimonieux qu'on se montre à son égard. Il peut avoir, en France, des intérêts pécuniaires, des intérêts de famille : tout cela doit converger à un domicile.

Aussi la jurisprudence, tout en lui refusant le droit à un véritable domicile, lui accorde un domicile *de fait*, auquel sont attribués certains effets, parmi lesquels celui d'être attributif de juridiction, au cas où elle reconnaît que les tribunaux français sont compétents entre étrangers.

Que si, l'étranger défendeur n'a pas son domicile en France où il n'est que de passage, nous reconnaissons qu'il devra être actionné — sauf à appliquer l'art. 59, § 2 et s.C. pr. ou l'art. 420, C. pr. — devant un tribunal étranger. Mais cet étranger peut s'être définitivement établi en France, n'avoir conservé aucun lien avec sa patrie. Peu nous importe à nous qui décidons que les tribunaux français sont compétents. Mais la jurisprudence, dans cette hypothèse, va-t-elle maintenir rigoureusement l'application de son principe? Ici encore, le principe a fléchi. Un tempérament y a été apporté ; une jurisprudence de plus en plus ferme décide que, dans le cas où le défendeur étranger, domicilié en France, ne peut indiquer aucun tribunal étranger qui puisse, en l'espèce, être compétent, les tribunaux français retiendront l'affaire, y eût-il à juger une question d'état[1]. Cette dérogation était nécessaire, sinon, au cas où le tribunal étranger appliquerait la règle *actor sequitur forum rei*, il y aurait un déni de justice.

Désormais, nous pouvons bien dire qu'il ne reste plus grand'chose du principe admis par la jurisprudence comme point de départ. Ce principe n'en subsiste pas moins à l'état théorique et, dans tel cas, on pourra être tenté de le faire passer dans les faits. Les tribunaux peuvent être trompés par le défendeur, qui a tout intérêt à le faire, sur le point de savoir s'il existe en pays étranger un tribunal en mesure de statuer sur le litige. Y en eût-il un, pourquoi empêcher le tribunal français, en le supposant compétent de droit commun, de statuer si, par exemple, le défendeur n'a de biens, sur lesquels puisse se payer le demandeur, qu'en France? C'est obliger celui-ci à obtenir un jugement à l'étranger, puis à le faire déclarer exécutoire en France où, comme nous le verrons, les tribunaux connaîtront alors de l'affaire au fond[2]. Pourquoi ce circuit inutile[3]?

1. Dijon, 7 avril 1887 : Clunet, 1888, p. 87 ; trib. Seine, 17 juillet 1888 : *Droit*, 1er sept. 1889 ; 6 juin 1890 : *Droit*, 11 juin 1890 ; 24 mai 1897 : Clunet, 1898, p. 111 ; 8 févr. 1897 : Clunet, 1897, p. 533 Trib. com., Seine, 12 janv. 1898 : Clunet, 1900, p. 132; *Contrà*: Seine, 5 janv. 1887 : Clunet, 1889, p. 812; pour le cas où le défendeur n'a ni domicile ni résidence connus, voy. Boitard, Colmet-Daage et Glasson, 15e édit., t. I, p. 202-203. La jurisprudence a été très loin dans la voie des palliatifs : voy. Trib. com., Marseille, 8 décembre 1896: Clunet, 1897, p. 789 qui décide que l'étranger, établi en France, y faisant le commerce depuis plusieurs années, y payant les impôts, doit être assimilé à l'étranger autorisé à domicile au point de vue de la compétence, et peut invoquer l'art. 14, C. civ. Pourquoi ne pas plutôt se déclarer purement et simplement compétent, au lieu d'appliquer ainsi arbitrairement l'art. 14, C. civ ?

2. Malgré qu'ils décident devoir connaître de l'affaire au fond et, en somme, rendre un nouveau jugement, les tribunaux se reconnaissent compétents, même entre étrangers, pour rendre ce nouveau jugement. *Contrà*, Paris, 15 juin 1861, cassé le 10 mars 1863 : S. 61,2,455 ; S. 63,1,293.

3. La législation française est, sur la question de compétence entre étrangers,

Il nous reste à examiner un point : au cas où les tribunaux français se déclarent incompétents, quel est le caractère de cette incompétence ? Est-elle absolue ou relative, ou n'a-t-elle pas un caractère mixte ?

Si l'on part de l'idée que les tribunaux français sont compétents même entre étrangers, comme il ne s'agit plus que de savoir quelles règles de compétence doivent être appliquées, la réponse est simple : on applique la loi française, donc les règles de l'incompétence relative, puisqu'aussi bien l'incompétence ne tiendrait, dans notre opinion, qu'à cette circonstance que le défendeur n'a pas son domicile en France. Il en est tout autrement dans le système de la jurisprudence. Les tribunaux français sont incompétents à cause de la nationalité des plaideurs. Que décider sinon qu'il s'agit ici d'une incompétence absolue, que ne peut couvrir la renonciation des parties ? L'expression d'incompétence *ratione patriæ* a été employé ; et, lorsqu'elle ne l'est pas, la chose n'en existe pas moins. De quelque côté que l'on se tourne, on se heurte à cette impossibilité, de voir là autre chose qu'une incompétence absolue. Est-ce le respect de la souveraineté

restée en arrière des autres législations, qui ne font, à cet égard, aucune distinction entre les étrangers et les régnicoles ; Italie, C. civ., art. 3 et C. pr. civ., art. 105-107 ; Clunet, 1876, p. 215. — Belgique, loi 25 mars 1876, art. 52 ; Clunet, 1877, p. 496 et s. ; Laurent, *Droit civ. int.*, t. IV, p. 16 et s. — Angleterre, *Revue de Droit international*, 1874, p. 388 et s. ; p. 612 et s. ; Clunet, 1875, p. 24 note ; 1876, p. 189-191 ; 1879, p. 195 et p. 288 ; 1881, p. 313, 316, 317 ; 1881, p. 193 ; 1882, p. 9 et s. — États-Unis, *Revue du Droit internat*, 1874, p. 89 et s. ; Clunet, 1880, p. 311. — Allemagne, C. proc. civ. 30 janv. 1877, §§ 12-13 ; *Annuaire de législat. étrang.*, 1877, p. 83. — Autriche, Clunet, 1878, p. 386. — Espagne, Lehr, *Éléments de droit civil espagnol*, p. 26. — Hollande, Clunet, 1875, p. 318, note, p. 320 ; 1880, p. 240. — Russie, Svod, art. 2263-2295 ; Clunet, 1878, p. 142. — Suisse, art. 59, Constitution du 29 mai 1874 : Clunet, 1880, p. 398. Cf. Fœlix, *op. cit.*, t. I, p. 309 et s.

étrangère, ou bien cette raison, presque de droit public, que les tribunaux sont institués pour juger les seuls nationaux, ou bien encore, que la faculté de saisir un tribunal français est un *droit civil* au sens strict, qui nous font nous décider pour l'incompétence, la réponse est la même. La souveraineté étrangère, de même que le droit public ou que la classification des droits en *droits civils et droits des gens*, est au-dessus de la volonté des particuliers. Et pourtant, la jurisprudence n'a pas admis cette conséquence logique de son système. Elle a admis une sorte d'incompétence mi-partie absolue, mi-partie relative ; absolue, en ce sens que les tribunaux peuvent se dessaisir, en tout état de cause, de l'affaire s'ils le jugent à propos[1]; relative, car le défendeur doit, pour obliger le tribunal à se dessaisir, la proposer *in limine litis*. Quant au demandeur, il y renonce par cela même qu'il porte le litige devant un tribunal français[2]. Outre que ce

1. L'incompétence est facultative pour les tribunaux, Cpr. Boitard, Colmet-Daage et Glasson, 15e édit., t. I, p. 164, et Glasson : Clunet, 1881, p. 115.

2. Sur le caractère à la fois relatif et facultatif de l'incompétence, voy. outre les décisions citées *suprà* ; Cass. 5 mars 1879, Clunet, 1879, p. 486 ; Seine, 4 mai 1878, Clunet, 1878, p. 493. Plusieurs décisions ont prétendu que l'incompétence, à l'égard des étrangers, était absolue, surtout en matière d'état ; Metz ; 10 nov. 1818 ; 6 juin 1823. Dalloz, *Répert.* v° *Droit civil*, n° 306 ; Paris, 23 juin 1836, *eod. loco*, n° 318 ; Seine, 27 avril 1875 : Clunet, 1876, p. 362 ; Alger, 4 mars 1874 : S. 74,2,103. Mais la jurisprudence tend à assimiler les questions d'état aux autres questions au point de vue de l'incompétence. Nancy, 16 mars 1878 : Clunet, 1878, p. 371 ; Lyon, 23 février 1887 : Clunet, 1887, p. 469 ; Seine, 17 janv. 1878 : Clunet, 1878, p. 370 ; Rapport de M. Féraud-Giraud sous Cass. 5 mars 1879, précité ; conclusions de M. l'avoc. génér. Roullier sous Paris, 8 août 1890 : Clunet, 1890, p. 890 ; note de M. Meynial sous Cass. 4 févr. 1891 : S. 91,1,449 ; note dans le *Droit* du 27 avril 1890, sous Seine, 2 avril 1890 ; Féraud-Géraud : Clunet, 1880, p. 225 ; Aubry et Rau, 4e édit., t. VIII, § 748 *bis*. p. 144 ; Despagnet, *op. cit.*, n° 294 ; *adde*. Rapport de M. le comte Portalis sur l'ouvrage de Rocco (*Compte rendu des séances de l'Académie des Sciences morales et politiques*, t. I, p. 472 et s.).

système est défectueux au point de vue théorique, il offre, au point de vue pratique, de sérieux inconvénients. Certes, l'on n'admet pas que la Cour de cassation puisse refuser, en invoquant l'incompétence de la juridiction française, de connaître du pourvoi formé par un étranger contre une décision émanée de celle-ci. Mais, d'aucuns prétendent que « les tribunaux d'appel ne sont pas liés, en ce qui concerne la faculté qui leur est donnée de se dessaisir, par le fait des tribunaux de première instance d'avoir retenu la connaissance du procès [1] ». Un tel système, par conséquent, laisse les parties dans une incertitude fâcheuse sur le point de savoir si elles pourront obtenir une décision.

Malgré toutes les dérogations que la jurisprudence a dû, sous la pression des nécessités du commerce international, apporter au principe de l'incompétence, il reste, par suite de la fausseté du point de départ, beaucoup d'incertitude et même, quelquefois, des solutions que la pratique réprouve [2]. Nous croyons avoir justifié notre solution sur la compétence des tribunaux français entre étrangers. En tous cas, l'étude de cette jurisprudence nous aura permis de préciser et de séparer beaucoup de notions, souvent laissées dans le vague

1. Féraud-Giraud : Clunet, 1880, p. 231-232.

2. Sur les dénis de justice et les représailles engendrées par les décisions de la jurisprudence : Renault, *Revue critique*, 1885, p. 597 ; Fœlix, *op. cit.*, t. I, n° 157, p. 329. V. aussi les décisions intervenues dans l'affaire Garlet : Seine, 5 janv. 1887 : Clunet, 1889, p. 812 ; Bruxelles, 18 janvier 1888 : Clunet, 1889, p. 712 ; Paris, 8 août 1890 : Clunet, 1890, p. 890. Ce qui rend, en effet, les conflits possibles, c'est que les tribunaux français, n'admettant pas les étrangers à acquérir un domicile légal en France, estimeront que l'étranger a conservé son domicile dans son pays ; et, inversement, les tribunaux étrangers jugeront que cette même personne a perdu son ancien domicile pour en acquérir un nouveau en France.

et encore plus souvent confondues. Nous avons ainsi déterminé les véritables principes qui doivent servir de base en cette matière. Nous verrons bientôt qu'ils ont été consacrés par le nouveau traité franco-belge.

### § 2. — *Contestations entre Français et étrangers.*

A la différence de la matière que nous venons de traiter, celle à l'étude de laquelle nous arrivons est régie par des textes spéciaux. Ce sont les art. 14, 15, 16 du Code civil et les art. 166 et 167 du Code de procédure. Mais, encore que les solutions données par ces textes soient précises, les principes d'où elles découlent ont besoin d'être nettement posés. Nous n'aurons pas, ici, à constater de graves divergences dans l'interprétation de la loi ; mais nous aurons à nous rendre compte que les solutions légales ne sont pas en harmonie avec les principes généraux du droit international privé.

Comme nous l'avons fait remarquer, l'art. 59, C. pr. est un texte de droit interne : la compétence de la juridiction française étant établie, il détermine lequel, parmi les tribunaux français, est compétent. Au contraire, l'article 14, C. civ. est un texte de droit international. Est-ce à cette différence de point de vue qu'il faut attribuer la divergence des solutions que consacrent ces articles ?

D'après l'art. 14[1] : *l'étranger, même non résidant en France, pourra être traduit devant les tribunaux français, pour l'exé-*

1. Sur l'art. 14, voy. Baudry-Lacantinerie et Houques-Fourcade, *Traité des Personnes*, t. I, n° 616 ; Demolombe, t. I, n° 248 ; Laurent, *Principes*, t. I, n° 436 ; Despagnet, *op. cit.*, n° 282 ; Aubry et Rau, 4e édit., t. VIII, § 748 *bis*, p. 135 et s. Weiss, *op. cit.*, p. 879 et s.

*cution des obligations par lui contractées, en France, avec un Français ; il pourra être traduit devant les tribunaux de France, pour les obligations par lui contractées en pays étranger envers des Français.* Ainsi, dans tous les cas, un Français peut traduire un étranger devant un tribunal français[1]. D'après l'art. 59, § 1, C. pr., le demandeur doit intenter son action devant le tribunal du domicile du défendeur. Si, dans le cas de l'art. 14, C. civ. le défendeur étranger est domicilié en France, la solution donnée par cet article sera conforme à l'art. 59, § 1, C. pr. Il n'y aura dérogation à la règle posée par l'art. 59, § 1, C. pr. que dans le cas où le défendeur aurait son domicile à l'étranger. A vrai dire, le mot dérogation est impropre : il suppose des principes communs que l'on écarterait, dans certains cas, pour une raison déterminée, Or, nous le répétons, ces deux articles visent deux situations bien différentes, et il s'agit de savoir si, en raison, les mêmes règles devraient s'appliquer dans les deux cas.

L'art. 59, § 1, C. pr. consacre, en droit interne, en matière de compétence *ratione personæ*, c'est-à-dire, de compétence édictée en considération des intérêts et convenances des particuliers, la règle *actor sequitur forum rei*. Cette règle trouve

1. En ce qui concerne les actions relatives à des immeubles français, ces actions rentrant dans la compétence du juge français, il n'y a pas à faire application de l'art. 14, C. civ. ; le juge français est normalement compétent à l'égard du possesseur étranger. Si l'immeuble est situé à l'étranger, le Français demandeur doit porter son action devant le tribunal de la situation à l'étranger. Pourtant l'art. 14, C. civ. est applicable en matière mixte ; Nancy, 10 juin 1871 : S. 71,2,130. Cpr. Cass. 3 avril 1848 : S. 48,2,625. L'art. 14, C. civ. déroge également aux dispositions spéciales des art. 59, §§ 2 et s., C. pr. et 420, C. pr., en matière de succession, de société, de faillite, en matière commerciale ; voy. Aubry et Rau, t. VIII, § 748 *bis.*, p. 138 texte et notes. Voy. pourtant *infrà* nos observations, en matière de faillite.

sa justification dans la raison fondamentale suivante : un litige s'élevant entre deux personnes, à laquelle accordera-t-on la préférence, au point de vue de la compétence ? Au défendeur. En effet, *a priori*, ce que l'on doit supposer, ce n'est pas que le défendeur est lié envers le demandeur ; mais bien qu'il n'est tenu envers lui d'aucune obligation.

La situation juridique des personnes, de droit commun, c'est l'absence de tout lien. Aussi, est-ce au demandeur à prouver le bien fondé de sa demande. Le même motif a déterminé le législateur à attribuer compétence au tribunal du domicile du défendeur. Celui-ci n'aura pas à se déplacer, il joue un rôle passif, il se défend. C'est à celui qui agit de faire diligence, de se transporter au domicile du défendeur. C'est donc une règle posée dans l'intérêt de la bonne administration de la justice dans un pays. Faisons, maintenant, intervenir cette circonstance que le défendeur est domicilié en pays étranger. Cette complication des données du problème fait-elle intervenir un nouvel élément de décision ? La seule différence avec l'hypothèse prévue par l'art. 59, C. pr. C'est qu'ici, ce qui est en jeu, c'est non plus le règlement équitable des compétences locales, mais la bonne administration de la justice internationale, partant, un intérêt général. Car, il importe de le faire remarquer, si l'État sur le territoire duquel l'étranger est domicilié, réclame compétence pour ses juridictions, ce n'est pas en se basant sur son intérêt exclusif ; à tout prendre, cet intérêt ne serait compromis qu'au cas où le défendeur domicilié sur son territoire serait en même temps son national. Or, si la question se pose le plus souvent dans ces termes, il n'en est pas toujours ainsi. Dans le cas où le défendeur serait lui-même un étranger sur le territoire de cet État, celui-ci, en le réclamant comme son justiciable, invoque un intérêt général, qui est l'intérêt de la bonne répartition de la justice entre les nations. A cet intérêt général, que peut opposer, pour le méconnaître, la souveraineté française? De ce que le défendeur est domicilié à l'étranger, on ne peut évidemment pas conclure que la prétention du demandeur présente plus de certitude! Or, nous avons vu que c'est sur l'incertitude du lien qui unit ces deux personnes que s'établit la règle *actor sequitur forum rei*. Si l'on considère comme vexatoire d'obliger le défendeur, dont l'état de sujétion ne doit pas être présumé, à se déplacer pour répondre à la prétention du demandeur, alors que les deux parties sont domiciliées en France, à plus forte raison doit-il en être de même si le défendeur est domicilié à l'étranger.

Pour justifier la compétence exceptionnelle de l'art. 14 C. civ., on invoque plusieurs raisons : d'abord, et surtout, l'intérêt des Français demandeurs. Il ne suffirait pas de répondre que c'est là un intérêt privé, ne pouvant être opposé à un intérêt général ; car, d'intérêts privés il n'y en a point en droit international, ou plutôt l'intérêt privé met toujours en question l'intérêt, plus ou moins grand, il est vrai, soit d'une, soit de plusieurs souverainetés. Cette remarque n'infirme, d'ailleurs, nullement la qualification donnée à notre science, car le conflit de souverainetés que suppose toute question de droit international, public ou privé, prend ici sa source dans le jeu des intérêts privés. L'Etat français réclame donc compétence, pour ses tribunaux, au nom de l'intérêt de la souveraineté française. Ici encore, il ne suffirait pas de répondre que l'intérêt de la souveraineté française, qui est dans le domaine international un intérêt particulier, doit s'incliner devant l'intérêt de toutes les autres souverainetés, autrement dit, devant les nécessités du commerce international; car, nous le savons, ce qu'il faut considérer c'est la mesure dans laquelle l'intérêt de la souveraineté est compromis, et quels organes, quelles fonctions de l'État seraient atteints, s'il était lésé. Or, suivant le point de vue auquel on se place, une souveraineté peut être plus ou moins menacée. Ici, dans quelle mesure la souveraineté française serait-elle compromise si l'on décidait d'accorder la compétence au tribunal étranger du domicile du défendeur ? Serait-ce que le tribunal étranger n'apportera peut-être pas à l'examen du litige tout le souci d'impartialité qu'exige la bonne administration de la justice ? Cette raison suppose que le défendeur a la même nationalité que le juge appelé à statuer. Or, nous avons vu qu'il n'en était pas toujours ainsi. Même dans cette hypothèse, le défendeur étranger ne pourrait-il pas tout aussi bien répondre que nos tribunaux, appelés à apprécier les droits d'un Français, pourront se laisser influencer par de tout autres considérations que celles qui se dégagent du litige ? Un soupçon en vaut un autre, ou plutôt ils sont aussi injustifiés l'un que l'autre. On ne peut ainsi suspecter gratuitement les juges de partialité et d'injustice. Mais, pourrait-on dire, votre réponse est bonne s'agissant des nations civilisées où l'administration de la justice est organisée sur des bases solides et rationnelles, où l'on exige des juges de sérieuses garanties d'indépendance et de capacité ; mais elle est détestable pour les nations où l'administration de la justice est organisée d'une façon tout à fait rudimentaire et où les juges peuvent être les plus ignorants du monde. Nous répondons : ces nations ne sont pas encore entrées dans le commerce international qui ne comprend que les nations civilisées[1]. Or, c'est pour celles-ci que la question vous est posée et vous répondez en les assimilant à des nations embryonnaires.

Faites du soupçon une exception ; mais non une règle. Et qu'on ne nous dise pas qu'il y a des nations faisant partie du commerce international et pour lesquelles il est, cependant, prudent d'édicter une mesure analogue à celle de l'art. 14, C. civ. (pays d'Orient) ; car, précisément, pour ces nations de transition, on a imaginé un système protecteur donnant satisfaction aux intérêts des étrangers : juridiction des consuls, tribunaux mixtes. En tous cas, et c'est ce que nous devons retenir de ce débat, s'agissant de conclure un traité avec un État arrivé à un même degré de civilisation que la France, tel que la Belgique, l'art. 14, C. civ. doit être écarté.

On pourrait encore objecter que rejeter la disposition de l'art. 14, C. civ., c'est obliger nos nationaux à aller plaider à l'étranger, ce qui est pour eux une source de frais. Mais l'admettre, n'est-ce pas contraindre l'étranger à venir se présenter devant les tribunaux français ? Il faut donner la préférence à l'un des plaideurs, et, comme nous l'avons vu, c'est au défendeur que cette préférence doit être accordée.

D'ailleurs, il ne faudrait pas croire que l'intérêt de la souveraineté française soit toujours en conformité avec la disposition de l'art. 14, C. civ. Souvent cet intérêt est d'accord

1. Nous n'entendons pas dire que ces nations n'auront pas de commerce avec les peuples civilisés ; mais que, par suite de l'état embryonnaire de leur civilisation, elles ne seront pas admises à participer aux concessions réciproques que se font les États civilisés, concessions qui ne peuvent prendre base que sur des organisations similaires.

avec celui des autres souverainetés pour réclamer le rétablissement de la règle *actor sequitur forum rei*. Cela se comprend puisqu'il s'agit ici du commerce international auquel la France prend une large part. Or, il est arrivé et il devait arriver que, par voie de rétorsion, des mesures analogues à celle que prend l'art. 14, C. civ. à l'égard des étrangers ont été adoptées à l'encontre des Français par les nations en relation avec la France. On nous applique donc, bon gré mal gré [1], cette mesure que nous avons reconnu être tout à fait vexatoire. On pourrait transposer ici ce que disait M. Dupont dans son Rapport [2], lors de la discussion de l'art. 54 de la loi belge du 25 mars 1876, qui supprime, en principe, l'art. 14 C. civ : « Les Belges eux-mêmes sont les victimes du système que consacre l'art. 14, C. civ. Les relations commerciales avec les peuples voisins les exposent à être poursuivis devant des tribunaux situés loin de leur domicile. De plus, il arrive fréquemment que nos nationaux reçoivent leur assignation au moment où ils sont déjà condamnés, et même, parfois, quand il est trop tard pour se pourvoir contre la décision rendue. » Mais, plus loin, prévoyant le maintien de l'art. 14 C. civ. dans certaines législations, il ajoute : « Il serait injuste et impolitique de consacrer le système du projet en dehors de toute réciprocité. » Et la loi a consacré cette manière de voir. La France n'a donc pas pu bénéficier de cette suppression, en Belgique, de l'art. 14, C. civ. [3]. De même, l'Italie, par mesure de rétorsion, encore que sa législation soit des plus

1. Cpr. Rennes, 26 décembre 1879 : S. 81, 2, 81.
2. Rapport de M. Dupont à la Chambre des Représentants : Cloes, *Commentaire de la loi de 1876*, n° 218, p. 189.
3. Trib. Com. Louvain, 26 juill. 1887 : Clunet, 1889, p. 711.

libérales, retourne contre nous la disposition de l'art. 14, C. civ. (arg. art. 105, C. pr. civ. [1]).

Une autre atteinte peut-être portée à la souveraineté française par suite de cette disposition exorbitante de notre loi. Il ne suffit pas, en effet, de décider que le Français pourra traduire l'étranger défendeur devant les tribunaux de France. Il faut se demander quelle est l'efficacité réelle de cette règle. Si l'étranger a en France des biens suffisants pour le paiement du créancier français, celui-ci obtiendra facilement pleine satisfaction. Mais il se peut que le défendeur étranger n'ait en France que des biens insuffisants, ou même n'en ait aucun, que sa fortune soit tout entière en pays étranger. Il faudra alors, le jugement ayant été rendu en France, que le demandeur s'adresse aux tribunaux étrangers pour obtenir l'*exequatur* de ce jugement. Or, la règle de l'art. 14, C. civ. étant exorbitante, le juge étranger ne prêtera pas la main à l'exécution d'une décision dont le point de départ est ainsi vicié, et il s'y refusera, que le défendeur soit ou non de même nationalité que lui [2]. Dans ce cas, le jugement rendu par un

1. V. C. Norsa : Clunet, 1874, p. 174 et s. La législation autrichienne contient un principe analogue, permettant de retourner au besoin contre nous l'art. 14. V. *Bulletin de la jurisprudence autrichienne*, par M. Lyon-Caen : Clunet, 1888, p. 281 et s. (Il ne s'agissait d'ailleurs pas de la France).

2. C'est ce qui s'est produit dans nos rapports avec l'Italie. V. Cass. Palerme, 11 avril 1893 : S. 95, 4, 21 et la note ; Palerme, 4 août 1893 : Clunet, 1894, p. 918, solut. implic. ; Milan, 17 décembre 1889 : Clunet, 1892, p. 294 ; Catane, 21 avril 1890 : Clunet, 1892, p. 293. On s'est rendu compte, en France, de l'inconvénient de telles décisions et on a décidé que le Français, domicilié en France, peut, à titre de réciprocité, être cité devant un tribunal italien par un demandeur italien, et cela afin de désarmer les tribunaux italiens ; Paris, 1er déc. 1879, S. 81, 2, 145 et la note de M. Renault ; 13 févr. 1883 : Clunet, 1883, p. 286. La solution des tribunaux italiens est aussi celle des tribunaux belges : Trib. civ. Gand, 27 mars 1889, Belg. jud. 1889, p. 975. *Adde :* Vincent et Penaud : *Dictionn.*, Revue de

tribunal français restera lettre morte. Or, n'est-ce pas là une atteinte, et la plus grave, à la souveraineté française dont ce jugement n'est que l'expression? En résumé, la souveraineté française n'a aucun intérêt sérieux et avouable à maintenir la disposition de l'art. 14, C. civ. Bien plus, très souvent elle sera d'accord avec les souverainetés étrangères pour en réclamer l'abolition. C'est qu'en effet cette souveraineté n'est pas isolée, séparée, mais fait partie d'une communauté qui a des intérêts généraux. L'art. 14, C. civ., qui isole la souveraineté française, est contraire aux intérêts de cette communauté, et, partant, aux intérêts de la souveraineté française. Il doit donc disparaître et laisser place à la règle *actor sequitur forum rei*.

Sur ce terrain, la France est restée en arrière des autres nations civilisés. C'est ainsi que l'Angleterre, l'Allemagne, l'Autriche, l'Italie, la Belgique [1] écartent toute exception défavorable, résultant de l'extranéité des parties, au droit commun de la compétence. Les étrangers sont traités comme les nationaux, soit qu'on applique la règle *actor sequitur forum rei*, soit toute autre règle, comme celle qui, d'après la loi belge du 25 mars 1876, art. 52, accorde compétence au tribunal du lieu où l'obligation est née, a été ou doit être exécutée. Pourtant la législation des Pays-Bas et celle de Pologne [2] sont analogues à celle de la France.

l'année 1889, v° *Jugement étranger*, n°s 56 et 57 et Contuzzi, note sous Venise 20 févr. 1890 ; *Revue prat. de Droit Int. privé*, 1890-91, 1, 173.

1. Alexander ; Clunet, 1878, p. 34 ; 1885, p. 514 ; Code de proc. civ. de l'Emp. d'Allem., §§ 12, 13..... ; Autriche, art. 33, 34. C. civ., Clunet, 1888, p. 284 ; Italie, art. 3. C. civ., art. 105, 106, 107, C. proc. civ. ; Belgique, art. 52 loi 25 mars 1876. Voy. cependant ce que nous disons sur les mesures de rétorsion. V. pour la législation espagnole : C. civ. 1889, art. 27 ; C. proc. civ., 1881, art. 51.

2. Pays-Bas, art. 127, C. pr. civ. Mais la jurisprudence l'interprète restricti-

On peut dire que l'opinion des jurisconsultes est unanime à réclamer la suppression de ce renversement des règles rationnelles de compétence. Nous ne pouvons mieux procéder qu'en transcrivant les résolutions adoptées à ce sujet par l'Institut de Droit International dans sa session tenue à la Haye en 1875 : § A « *Le domicile (et subsidiairement la résidence) du défendeur dans les actions personnelles ou qui concernent des biens meubles, et la situation des biens dans les actions réelles concernant des immeubles, doivent, dans la règle, déterminer la compétence du juge, sauf l'adoption de « fora » exceptionnels, à l'égard d'une certaine catégorie de litiges.* » § C. « *Dans les procès civils et commerciaux la nationalité des parties doit rester sans influence sur la compétence du juge — sauf dans les cas où la nature même du litige doit faire admettre la compétence exclusive des juges nationaux de l'une des parties.* » Ces propositions ont été adoptées à l'unanimité sans discussion, sur lecture du rapport de M. Asser (V. Annuaire de l'Institut de Droit International, 1877, p. 80).

Il nous reste, pour compléter cette vue d'ensemble sur la question de compétence des tribunaux français à l'égard des étrangers, à donner quelques explications sur les art. 15 et 16, C. civ. Dans quelle mesure l'art. 15, C. civ. déroge-t-il à cette règle *actor sequitur forum rei*[1] que nous avons reconnu devoir être de droit commun, tant au point de vue du

vement au contraire de la jurisprudence française : V. Trib. Com. Anvers, 4 sept. 1893 : Clunet, 1895, p. 429 ; Pologne, C. civ., art. 13 ; il consacre une distinction, analogue à celle que faisait le projet de notre Code civil, entre les obligations contractées en Pologne et celles contractées à l'étranger.

1. Sur l'art. 15, C. civ., voy. Aubry et Rau, 4e éd., t. VIII, § 748 *bis*, p. 142-143 et les autorités citées ; Baudry-Lacantinerie et Houques-Fourcade, p. 444-446 ; Weiss, *op. cit.*, p. 902 et s. ; Demolombe, t. I, n° 253.

droit international privé qu'au point de vue du droit interne? La réponse à cette question dépend de la solution qu'on donnera à celle de savoir si un Français peut acquérir un domicile véritable en pays étranger. La négative a été soutenue sur ce fondement que « le Français est toujours présumé conserver l'esprit de retour et n'être, dès lors, que plus ou moins temporairement en pays étranger[1] ». Dans cette opinion, l'art. 15, C. civ. ne fait que consacrer l'art. 59, § 1, C. pr., en attribuant compétence au juge du domicile du défendeur français. Mais il faut écarter cette théorie dont le principe est vicié. En effet, une personne peut s'établir en un lieu avec l'intention d'y avoir son principal établissement — c'est-à-dire d'y fixer son domicile — tout en ayant conservé l'espoir de retourner dans la localité qu'elle avait quittée. Étant admis que le Français peut acquérir un véritable domicile à l'étranger, l'art. 15, C. civ. dérogera à la règle *actor sequitur forum rei* dans tous les cas où le Français aurait établi son principal établissement hors de France. Pourquoi cette dérogation? Pour nous, l'art. 15, C. civ. n'est qu'une suite logique de l'art. 14, C. civ., non pas, comme on l'a dit lors des travaux préparatoires du Code civil, en ce qu'il consacrerait au profit des étrangers une sorte de compensation des inconvénients de l'art. 14,

1. Demolombe, t. I, n° 349; voy. sur cette question : Aubry et Rau, 5e édit., t. I, § 141, p. 883, note 4. Cpr. dans ses motifs : Rennes, 26 déc. 1879, S. 81, 2, 81. On y voit un exemple de la confusion souvent commise entre la nationalité et le domicile. On sait que, suivant la jurisprudence, l'étranger ne peut avoir de véritable domicile en France sans l'autorisation du gouvernement. V. Toulouse, 22 mai 1880, S. 80, 2, 294; *Contra* : Renault, *Success. ab intestat*..... Clunet, 1875, p. 422 et s. Mais la jurisprudence décide généralement que les Français peuvent acquérir un domicile à l'étranger. Toutes ces solutions ne sont ni bien logiques, ni bien concordantes.

C. civ. ; mais en ce sens qu'il est le produit d'une même conception, du même esprit de défiance à l'égard des tribunaux étrangers. Aussi, nous appliquerions l'art. 15, C. civ. encore qu'il ne vise que le cas d'un demandeur étranger, à l'hypothèse où le demandeur est un Français. La raison de décider est la même et, tout en réprouvant une solution, on n'en doit pas moins l'adopter, si elle est conforme à l'esprit de la loi[1]. De même, nous croyons qu'il est conforme à cet esprit de décider que l'art. 15, C. civ. ne constitue pas pour l'étranger une faculté, mais une obligation[2].

Partant de ce point de vue, essayons de soumettre l'art. 15, C. civ. à l'épreuve de notre principe sur le conflit des souverainetés : nous pourrons appliquer ici, *mutatis mutandis*, toutes les raisons que nous avons indiquées comme tendant à faire considérer l'art. 14, C. civ. comme exorbitant ; et, ici, il est même bien plus sensible que le tribunal du domicile, qu'a acquis le Français à l'étranger, réclame exclusivement compétence, au point de vue de l'intérêt général d'une bonne administration de la justice internationale. A cette prétention éminemment élevée, la souveraineté française n'a rien à opposer sinon sa défiance à l'égard des tribunaux étrangers, et nous savons ce que vaut un pareil motif.

Au contraire de l'art. 15, C. civ., l'art. 16, C. civ. qui dispose que, en toute matière[3], l'étranger demandeur est tenu

1. *Sic.* Bordeaux, 7 mars 1893, Clunet, 1893, p. 525.

2. Nous rappelons qu'il ne peut s'agir, comme sanction efficace, que du refus d'exécuter le jugement rendu à l'étranger contrairement à l'art. 15, C. civ.. Cpr. *suprà*.

3. La loi du 5 mars 1895 a supprimé l'exception qui était faite en matière commerciale.

de donner caution pour le paiement des frais et dommages-intérêts résultant du procès, peut se justifier par de sérieuses raisons pratiques. Il remédie à l'inconvénient de demandes intentées sans droit contre des Français par des étrangers n'ayant aucun domicile en France, et ne présentant aucune surface, ne possédant peut-être aucun bien sur lequel le défendeur puisse s'indemniser du dommage, injustement causé par une demande intempestive[1]. Hâtons-nous d'ajouter que cette raison n'a plus, en fait, la même force lorsque l'étranger demandeur appartient à une nation où le Français aurait toutes facilités pour obtenir justice et paiement de l'indemnité qui pourra lui être due, situation qui se présentera au cas où un traité aura été conclu, en ces matières, entre la France et cet État étranger[2].

Quel caractère la jurisprudence attribue-t-elle aux art. 14, C. civ. et 15, C. civ.? Sont-ils d'ordre public ou ne rentrent-ils pas plutôt dans le domaine de l'autonomie des particuliers? Au fond, l'idée qui se dégage de l'étude que nous venons de faire de ces articles, c'est qu'ils contiennent des règles édictées dans l'intérêt, mal compris, il est vrai, des Français demandeurs ou défendeurs[3]. Les leur imposer serait souvent contraire à

1. Sur l'art. 16 voy. Baudry-Lacautinerie et Houques-Fourcade, *Personnes*, t. I, p. 447 et s. ; Demolombe, t. I, n° 254 et s. ; Aubry et Rau, 4e édit., t. VIII, § 747 *bis*, p. 127 et s.

2. C'est dans cet esprit qu'a délibéré la conférence de La Haye (25 juin-13 juill. 1894). Les délégués des puissances ont été unanimes à condamner la caution *judicatum solvi*, à condition que l'on déciderait que la condamnation prononcée contre le demandeur pour frais et dommages-intérêts serait exécutoire, dans le pays de celui-ci, sans que les juges puissent réviser le jugement. Voy. Lainé : Clunet, 1895 ; p. 724 et s. Une convention a été conclue sur ces bases entre divers Etats, parmi lesquels la France et la Belgique, le 14 nov. 1896 (Voy. *suprà*, Introduction).

3. C'est en partant de là que la jurisprudence interprète d'une façon extensive

la faveur, à la protection qu'on prétend leur procurer. Ne faut-il pas plutôt les laisser libres de comprendre leur intérêt comme ils l'entendent et, par exemple, d'actionner un défendeur étranger dans son pays, où il possède des biens et où, par conséquent, le jugement rendu pourra avoir son efficacité réelle? Et si le Français, qui a obtenu, dans ces conditions, un jugement à l'étranger, l'invoque en France afin d'obtenir pleine satisfaction sur des biens que le défendeur se trouverait avoir en France, ce jugement ne devra-t-il pas être considéré comme compétemment rendu? C'est en ce sens que ces articles ont été interprétés : le Français demandeur peut donc renoncer à l'art. 14, C. civ.[1], le Français défendeur à l'art. 15, C. civ.[2].

ces articles, et juge qu'ils ne s'appliquent pas seulement aux obligations contractuelles proprement dites, mais aussi aux obligations quasi-contractuelles, délictuelles, quasi-délictuelles : Cass. 23 fév. 1874 : S. 74,.1, 145; Paris, 7 déc. 1885 : *Droit*, 4 avril 1886; Trib. civ. Nancy, 3 juillet 1889 : *Droit*, 6 nov. 1889.

1. La renonciation peut être expresse ; Seine, 28 avril 1884 : Clunet, 1884, p. 520 ; ou tacite. Les tribunaux apprécient souverainement : Cass. 16 mars 1885 : Clunet, 1887, p. 607 ; Cpr. trib. civ. Seine, 27 fév. 1884 : Clunet, 1884, p. 390 et la note ; Trib. com. Seine, 7 mars 1896 : Clunet, 1896, p. 586 ; Trib. civ. Nantes, 25 nov. 1895 : Clunet, 1896, p. 625 ; Cass. 1er juill. 1896 : Clunet, 1896, p. 840. La Chambre des requêtes n'a même pas voulu tenir compte de la réserve faite par les demandeurs de leur droit de saisir la juridiction française, du moment qu'ils avaient « sans y être obligés fait trancher par les tribunaux étrangers le litige qu'il portent actuellement devant les tribunaux français ».

2. Voy. dans ses motifs : Rennes, 14 janv. 1892 : Clunet, 1892, p. 431 ; *Adde*, Paris, 7 déc. 1893 : Clunet, 1894, p. 307. Si le Français défendeur a renoncé à la compétence de ses tribunaux nationaux, l'étranger devra-t-il nécessairement porter son action devant un tribunal étranger ? Il faut écarter le cas où la renonciation est le résultat d'une entente entre les deux parties ; alors il y a attribution de compétence de part et d'autre à un tribunal étranger. Cette situation résultera le plus souvent des statuts d'une société. Voy. Paris, 7 déc. 1893 précité. *Quid* au cas de renonciation de la part du Français dans l'unique intérêt de l'étranger ? Nous pensons que celui-ci pourra porter son action devant un tribunal français, mais seulement si le Français a son domicile en France ; sinon il résulterait de

Mais, dans les deux cas, la renonciation doit résulter clairement des faits dont on prétend l'induire : *renontiatio non præsumitur*. Cette atténuation corrige un peu les inconvénients de ces articles, sans les supprimer toutefois, puisqu'elle est introduite dans l'intérêt des Français demandeurs ou défendeurs. La situation des étrangers reste donc, à ce point de vue, tout aussi précaire.

Nous avons ainsi parcouru les principes généraux de la compétence au point de vue du droit international. Essayons maintenant, embrassant d'un coup d'œil d'ensemble ces matières, souvent complexes, d'en dégager une conclusion. Toutes les questions de compétence en matière internationale gravitent autour de deux notions fondamentales : la notion de nationalité et celle de domicile. Chacune d'elles a son domaine propre. La notion de nationalité intervient quand il s'agit de savoir si les plaideurs ont droit à faire juger leur contestation. La notion de domicile intervient quand on se demande quel tribunal est spécialement compétent. Il importe au plus haut point de ne pas confondre leur domaine respectif. Sur le premier point, la nationalité, c'est-à-dire, l'extranéité doit-elle être une cause d'incompétence? Les principes du droit international privé répondent : les nations ayant entre elles des relations incessantes, se

l'art. 15, C. civ. une dérogation à la règle *actor*... analogue à celle de l'art. 14, C. civ., et nous avons repoussé cette interprétation. En l'absence de toute renonciation, l'art. 15, C. civ. crée une *obligation* pour l'étranger. Au cas de renonciation du Français, sans attribution de compétence à un tribunal étranger, le demandeur étranger pourrait l'actionner à l'étranger encore qu'il soit domicilié en France, mais il ne pourrait l'actionner en France, encore qu'il soit domicilié à l'étranger. V. pour les personnes qui peuvent invoquer les art. 14 et 15 : Lachau *Compétence*, p. 134 et s. et p. 178-179. *Adde*, Trib. Seine, 26 oct. 1895 : Clunet, 1896, p. 595 et la note.

pénétrant de plus en plus les unes les autres, il importe que toute personne trouve partout des juges. Sur le deuxième point, la réponse est que le tribunal compétent, en règle générale, doit être celui du domicile du défendeur, ce qui n'exclut pas, d'ailleurs, toute autre compétence qui serait reconnue répondre mieux aux besoins des relations internationales. Mais, en aucun cas, la compétence ne devra prendre sa base dans la seule qualité des parties, suivant qu'elles seraient des nationaux ou des étrangers. On doit, à notre avis, repousser toute compétence qui serait basée sur une sorte de principe des nationalités. Seule la considération du fait juridique, qui fait l'objet de la contestation, doit entrer en compte, et non celle de la personne qui en est le sujet. L'idée qui doit prévaloir, comme base de compétence internationale, est celle de *situation* et non celle d'*origine*. C'est la situation d'une personne, d'un bien, d'une société, d'une succession, d'une faillite....., au point de vue légal, qui fixe la compétence. L'origine ne doit intervenir, selon nous, que pour déterminer la loi applicable au litige. Le tribunal de la situation sera compétent, même au cas où il devrait, la question étant complexe, appliquer les lois de pays différents. Lui refuser compétence, c'est aller à l'encontre de l'idée même de rapports internationaux, qui supposent une certaine pénétration des souverainetés[1].

Au lieu de ces principes rationels, qu'avons-nous vu? Des textes, comme les articles 14 et 15 du Code civil, fixant quel est le tribunal compétent, non pas d'après le domicile, mais

1. Voy. cependant *suprà* la résolution de l'Institut de droit international tendant à rendre compétents, en matière d'état des personnes, les tribunaux dont la loi doit être appliquée au litige.

d'après la nationalité des parties en cause, accordant compétence, ici au tribunal du demandeur, là à celui du défendeur, une jurisprudence refusant de rendre justice aux étrangers, parce qu'étrangers; hésitant pourtant à consacrer toutes les conséquences logiques d'un pareil système, et accordant aux plaideurs, dans certains cas, l'accès de nos prétoires, sans plus s'inquiéter de leur qualité d'étrangers; des notions souvent confondues, comme celles de domicile et de nationalité; des motifs contradictoires, donnés dans des situations semblables; des solutions allant, le plus souvent, à l'encontre d'une équitable distribution de la justice entre les peuples. Mais, du moins, on a l'impression nette d'une tendance très particulariste, d'un esprit d'égoïsme national, si je puis ainsi m'exprimer, soit de notre législation, soit de notre jurisprudence, égoïsme poussé si loin qu'il va même jusqu'à réserver, pour nos nationaux, le temps et les lumières de nos magistrats; d'un ensemble de mesures, en apparence fortement conçues et éminemment favorables aux Français, mais qui, en réalité, vont, le plus souvent, directement à l'encontre de leurs intérêts immédiats, qui, en tous cas, jettent toujours le plus grand trouble dans l'harmonie des relations internationales.

## SECTION II

### LÉGISLATION ET JURISPRUDENCE BELGES

L'orientation des idées en Belgique, en ce qui concerne la condition des étrangers et la compétence des tribunaux pour juger leurs litiges, a toujours été sensiblement différente de ce qu'elle est en France. Certes, avant la loi du 25 mars 1876, alors que la même législation (art. 14 et 15 C. civ.) régissait les deux pays, force était bien de consacrer les dérogations à la règle *actor sequitur forum rei*, contenues dans ces articles. Mais, déjà, dans la limite où le Code civil laissait place à l'interprétation, celle-ci s'orientait dans un sens plus libéral : c'est ainsi, d'abord, que la jurisprudence belge décidait que l'étranger peut acquérir en Belgique un véritable domicile sans l'autorisation du gouvernement [1], ensuite et surtout, qu'elle a toujours reconnu que la justice est due aux étrangers comme aux régnicoles, fût-ce en matière d'état des personnes [2].

Une telle orientation des idées ne devait pas tarder à s'affirmer dans une loi : la loi du 25 mars 1876 [3] répondit à ces aspirations. Voici comment s'exprime l'article 52, dont la disposition est capitale pour l'étude de notre matière : *Les étrangers pourront être assignés devant les tribunaux du Royaume, soit par un Belge, soit par un étranger, dans les cas suivants :*

1° *En matière immobilière ;*

2° *S'ils ont en Belgique un domicile ou une résidence ou s'ils y ont fait élection de domicile ;*

3° *Si l'obligation qui sert de base à la demande est née, a été ou doit être exécutée en Belgique ;*

1. Cass. 3 août 1848 ; Requisit. de M. le Proc. gén. Leclercq, rapporté par Haus, *op. cit.* n° 106, p. 270.

2. Cass. 3 août 1848 précité ; 28 avril 1858 : Pas, 1858, 1, 217 ; 28 mai 1867 : Pas, 1867, 1, 294 ; Bruxelles, 30 juin 1873 confirmant un jug. du 5 janv. 1872, analysé par Laurent, *Droit civ. int.*, t. IV, p. 114 ; Pas, 1873, 2, 359 ; *Revue de Droit intern.* 1874, p. 279.

3. Laurent, Clunet, 1877, p. 496 et s. Applic. Bruxelles, 24 mars 1877 : Clunet 1878, p. 511.

4° *Si l'action est relative à une succession ouverte en Belgique ;*

5° *S'il s'agit de demandes en validité ou en mainlevée de saisies arrêts formées dans le Royaume, ou de toutes autres mesures provisoires ou conservatoires ;*

6° *Si la demande est connexe à un procès déjà pendant devant un tribunal belge ;*

7° *S'il s'agit de faire déclarer exécutoires en Belgique les décisions judiciaires rendues ou les actes authentiques passés en pays étranger ;*

8° *S'il s'agit d'une contestation en matière de faillite, quand cette faillite est ouverte en Belgique;*

9° *S'il s'agit d'une demande en garantie ou d'une demande reconventionnelle quand la demande originaire est pendante devant un tribunal belge;*

10° *Dans le cas où il y a plusieurs défendeurs dont l'un a en Belgique son domicile ou sa résidence.*

Ainsi donc, au point de vue de la compétence, les étrangers sont traités sur le même pied que les Belges. Ils peuvent porter leurs contestations devant les juridictions belges et, spécialement, devant le tribunal compétent d'après l'une des dispositions de l'art. 52. En dehors des cas prévus par cet article, l'art. 54 leur donne le droit de se réclamer de leurs juges naturels, de décliner la compétence des tribunaux belges, et il leur donne ce droit aussi bien à l'encontre d'un régnicole que d'un étranger. Malheureusement, les Français n'ont pu jouir intégralement en Belgique du bénéfice de ces dispositions. Lors de la préparation de la loi de 1876, la commission extra-parlementaire avait poussé très loin l'esprit de générosité en n'exigeant pour l'application de ces dispositions aucune condition de réciprocité. « La justice est due à tous, sans distinction de nationalité », disait le rapporteur, M. Allard[1], en invoquant l'article 128 de la Constitution. Mais tel ne fut pas le système adopté en définitive. « Il y a lieu, fut-il dit devant la Chambre des Représentants, d'exiger la réciprocité comme condition de l'application des dispositions nouvelles. Les nations qui nous environnent maintiennent, au profit de leurs nationaux, la faculté d'assigner les Belges devant les tribunaux de ces pays, sans aucune distinction, sans aucune réserve. La France conserve l'art. 14, C. civ. Les Pays-Bas, lors de la revision du Code de procédure civile, y ont inscrit la disposition suivante : « *Un étranger, même non résidant dans les Pays-Bas, peut être cité devant le juge néerlandais pour l'exécution des obligations par lui contractées envers un Néerlandais, soit dans les Pays-Bas, soit en pays étranger.* » Un Belge est donc exposé à être poursuivi et condamné devant des tribunaux français ou hollandais pour des opérations commerciales qui ont été traitées, soit en Belgique, soit dans d'autres pays. Enlever aux Belges cette même faculté à l'égard des Français et des Hollandais serait une véritable injustice[2] ». Le législateur de 1876 ne voulut pas ainsi désarmer les Belges à l'égard des étrangers et la condition de la réciprocité fut introduite dans l'art. 54, § 1 : « *Dans les cas non prévus à l'art.* 52 *ci-dessus, l'étranger pourra, si ce droit appartient au Belge dans le pays de cet étranger, décliner la juridiction des tribunaux belges ; mais à défaut par lui de ce faire dans les premières conclusions, le juge retiendra la cause et y fera droit.* »

1. § LXII, Cloes, *Comment.*, n° 95, p. 72.
2. Rapport de M. Dupont : Cloes, *Comment.*, n° 237, p. 198, 199.

Les Français sont donc, à partir de 1876, soumis en Belgique à un régime exceptionnel. Passons en revue rapidement quelques conséquences de ce régime. Il en résultait que les Français, en Belgique, et les Belges, en France, pouvaient être soustraits à leurs juges naturels. De plus, ce renversement des règles ordinaires de la compétence avait une profonde répercussion sur la matière de l'exécution des jugements : s'agissait-il d'un jugement rendu par un tribunal dont la base de compétence était uniquement dans l'art. 14, C. civ., et le Français qui l'avait obtenu demandait-il l'*exequatur* de cette décision à un tribunal belge, ce permis d'exécuter lui était refusé. Le même *veto* atteignait le jugement belge rendu dans des conditions analogues. D'où un arrêt dans le cours de la justice, une atteinte portée de part et d'autre à la souveraineté des deux États dont les décisions étaient ainsi considérées comme inopérantes.

Au surplus, dans les relations de la France et de la Belgique, les nationaux de ces deux pays n'étaient pas dans une situation tout à fait identique : les Français, pour les contestations qu'ils avaient entre eux, voyaient s'ouvrir pour eux l'accès des tribunaux belges, au lieu que les Belges, en France, quant aux litiges les concernant, continuaient à subir l'interprétation restrictive de notre jurisprudence. Un changement dans la législation française aurait pu abolir cet état de choses puisque l'art. 54, § 2 de la loi de 1876 se contentait de la réciprocité législative. Ce changement ne se produisit pas.

Le traité de 1899 a mis fin à ces différents inconvénients et consacré les véritables principes du droit international privé en matière de compétence. En outre, les négociateurs de ce traité ne se sont pas enfermés dans les limites que leur traçaient ces inconvénients pratiques immédiats. C'est ainsi qu'après avoir supprimé toute distinction entre les régnicoles et les étrangers, dans les rapports des deux pays, ils n'ont pas arrêté là leur tâche et ont voulu poser des bases rationnelles de compétence. Poussant plus loin l'application des principes généraux, ils en ont consacré toutes les conséquences et ont été amenés à fixer des règles de compétence communes aux deux pays. Ils ont ainsi introduit une plus grande certitude et une plus grande unité dans la matière de la compétence. Nous nous proposons d'étudier dans deux sections distinctes ces deux ordres de solutions.

# CHAPITRE II

## LES SOLUTIONS DU TRAITÉ

## SECTION PREMIÈRE

### PRINCIPE D'ASSIMILATION AUX NATIONAUX

### § 1er. — *Contestations entre Belges en France et entre Français en Belgique.*

L'art. 1er, § 1, du traité dispose : « *En matière civile et en matière commerciale, les Belges en France et les Français en Belgique sont régis par les mêmes règles de compétence que tes nationaux.* » Telle est la règle fondamentale du traité, celle dont l'esprit en domine toutes les dispositions : assimilation complète des Belges aux Français, et inversement, au point de vue de la compétence ; suppression de toute distinction tirée de l'extranéité des parties en cause. Le tribunal saisi d'un litige ne pourra, soit refuser de connaître de l'affaire, soit se déclarer compétent sur le seul fondement de la nationalité des parties. Ce qu'il devra considérer ce sont les règles du droit commun, ou celles qui résultent du traité.

Du point de vue de la compétence, quelle est la différence de traitement, résultant de cette disposition, en ce qui concerne les litiges s'élevant entre Français en Belgique? Au premier abord, il semble que la situation soit restée ce qu'elle était avant le traité. En réalité, il n'en est rien. Il suffit, pour s'en rendre compte, de se rappeler l'interprétation que l'on donne de l'article 15, C. civ., interprétation que nous avons reconnue conforme à l'esprit dans lequel cette disposition a été édictée. Nous avons vu, en effet, que, pour respecter l'intention du législateur, il fallait décider que la compétence accordée par l'art. 15, C. civ. au défendeur français à l'encontre du demandeur étranger devait être étendue au profit du Français défendeur à l'encontre du demandeur également Français. Il en résultait que toute cause concernant les Français en Belgique devait, aux yeux de la loi française, être soumise aux tribunaux français. Certes, les tribunaux belges pouvaient être compétents, même à l'égard de la loi française, en vertu du consentement des parties, — résultat possible puisque la Belgique a toujours reconnu que ses tribunaux étaient compétents à l'égard des étrangers — ; mais, ce cas mis à part, les juges de ce pays ne pouvaient retenir l'affaire et être compétents qu'aux yeux de la loi belge[1]. Le jugement rendu avait pleine efficacité en Belgique ; mais, si le demandeur s'adressait à un tribunal français à fin d'*exequatur*, il s'exposait à se voir refuser le permis d'exécuter, sous prétexte que la décision avait été rendue par des juges incompétents. De toutes ces conséquences, de toutes ces répercussions, aucune ne pourra plus avoir lieu désormais.

1. En effet, ainsi que nous l'avons déjà fait remarquer, l'art. 15, C. civ. ne peut contenir un ordre que pour les tribunaux français et non pour les tribunaux étrangers.

Quant aux Belges, entre qui s'élèveraient des contestations en France, un changement plus notable encore, par rapport à l'état antérieur, s'est produit dans leur situation. Nous savons que le principe admis par la jurisprudence, en ce qui concerne la compétence à l'égard des contestations entre étrangers, est que nos tribunaux n'en doivent pas connaître. Certes, nous avons vu ce principe rigoureux tempéré par des dérogations de plus en plus nombreuses et notables, dérogations dont le but évident, quoique souvent caché sous l'apparence de motifs juridiques, était de sacrifier aux nécessités du commerce international. Néanmoins le principe subsistait et pouvait à tout instant, nous en avons vu des exemples, sous l'empire de circonstances plus ou moins aléatoires, passer dans les faits. Désormais, ce danger n'existe plus pour les Belges entre qui s'élèveraient des litiges en France. Les tribunaux français devront connaître de ces litiges, dans tous les cas où ils seraient compétents entre plaideurs français, — et en tenant compte aussi des règles inscrites dans la convention —, par exemple, si le défendeur belge est domicilié en France.

L'art. 1$^{er}$, § 1, entraîne même une autre conséquence, indirecte il est vrai, mais non une des moins importantes au point de vue pratique. Ce n'est pas seulement des contestations entre Belges en France que nos tribunaux devront connaître, mais aussi de celles qui pourraient s'élever entre des Belges et d'autres étrangers. La situation de ceux-ci se trouve donc, par répercussion, améliorée dans une certaine mesure. C'est là une conséquence toute naturelle du principe de l'assimilation des Belges aux Français au point de vue de la compétence. Mais nous verrons que cette assimilation ne va pas jusqu'à autoriser le demandeur belge à invoquer l'art. 14, C. civ. Il ne pourra donc traduire en France un étranger d'une autre nationalité que s'il y est domicilié.

Nous avons, en critiquant notre jurisprudence sur la compétence des tribunaux français entre étrangers, soit dans ses solutions, soit dans les motifs qu'elle donne à leur appui, nous avons, par là même, apprécié les décisions du traité de 1899. Au point de vue des faits : désormais, il ne sera plus permis à nos tribunaux de se déclarer incompétents pour cette seule raison que les plaideurs sont de nationalité belge. Nous n'aurons plus à assister à ce que l'on pourrait appeler ces tribulations d'un plaideur, faisant successivement appel à la justice française et à la justice belge, et se voyant refuser l'une et l'autre, ici parce que le défendeur n'a pas un domicile ou une résidence pouvant justifier la compétence d'un tribunal, là parce que, demandeur et défendeur étant étrangers, s'agissant d'appliquer une loi étrangère, seule la juridiction étrangère est compétente.

Au point de vue des principes, nous devons, tout d'abord, faire une constatation importante : c'est que l'art. 1er, § 1 ne fait aucune exception pour les litiges concernant l'état des personnes. Ceux-ci sont compris dans cette dénomination très générale : *en matière civile*... et, partant, soumis à la règle commune de la suppression de toute distinction entre régnicoles et étrangers.

Pour ce qui est de cette suppression elle-même, il ne peut y avoir de dissentiment. Comme le faisait fort justement remarquer l'Exposé des motifs du projet de loi présenté à la Chambre des Députés le 6 mars 1890 : « Dans un pays qui a toujours attiré, à raison même de ses institutions libérales, un grand nombre d'étrangers, le droit d'obtenir justice ne peut être réservé aux seuls nationaux. Aussi l'art. 10 du projet dispose-t-il que les tribunaux français pourront être saisis des contestations entre étrangers comme s'il s'agissait de contestations entre Français. Il est seulement fait réserve de l'application de l'article 16 du Code civil[1]. »

Depuis 1804, époque de la rédaction du Code civil, les rapports entre les diverses nations du monde civilisé sont devenus de plus en plus fréquents. Nous assistons à un phénomène de pénétration réciproque de plus en plus visible. La nécessité se fait de plus en plus vivement sentir de rendre ces relations plus faciles ; et l'un des moyens les plus efficaces est d'adopter des règles de compétence permettant d'arriver à une bonne administration et répartition de la justice internationale. Pour que celle-ci soit bien administrée, pour qu'il n'y ait pas de dénis de justice, de litiges sans solution, il faut que tous ceux qui se livrent au commerce international puissent être assurés de trouver des juges partout où leur compétence sera justifiée par les nécessités de la pratique, sans que ces juges aient à comparer leur propre nationalité avec celle des plaideurs. Si, au lieu de ce principe de large compétence, on trace entre les différentes nations, on oppose aux diverses souverainetés, qui se partagent le monde civilisé, une sorte de séparation artificielle dont le résultat serait de faire refuser justice à tous autres qu'à ceux qui relèvent de ces souverainetés respectives, on aboutit à des dénis de justice, et comme à des arrêts de la vie internationale.

En un mot, les règles de compétence qui doivent être

1. *Journal officiel*, 2 mai 1890, *Documents parlement.*, p. 452 et Clunet, 1890, p. 772, 773. Ce projet a été successivement déposé à nouveau en 1894 et en 1898.

suivies pour les rapports privés internationaux sont des règles de compétence internationale et non des règles de compétence nationale[1]. Certes, cela conduira les juges des divers pays à connaître de lois, à appliquer des dispositions émanées d'une souveraineté différente de celle de qui ils tiennent leurs pouvoirs. Mais, n'est-ce pas l'essence même du droit international privé ? Et même, en suivant les principes de ce que nous avons appelé la compétence nationale, c'est-à-dire, exclusive, ces mêmes juges ne devront-ils pas connaître d'autres lois que de la leur? à moins qu'on ne se décide pour l'adoption d'une corrélation complète entre la loi à appliquer et le tribunal qui est chargé de l'interpréter, l'une et l'autre devant être l'expression d'une même souveraineté ? Cette solution même ne serait pas bonne. Cette corrélation entre la loi à appliquer et le tribunal chargé de l'appliquer séduit, au premier abord, par l'unité qu'elle semble devoir apporter dans l'administration de la justice. Mais, ce n'est là qu'une apparence. Cette unité ne pourra être réalisée qu'autant qu'une seule loi régira le litige en question. Or, ce n'est pas là le cas ordinaire. Tout au contraire, comme nous l'avons déjà fait remarquer, plusieurs lois, émanant de souverainetés diverses, devront, la plupart du temps, être appliquées. Or, on ne peut songer à scinder le litige et à le répartir en autant de compétences qu'il y a de lois à appliquer[2]. On ne peut songer, non plus, à accorder la préférence, pour connaître de l'affaire, à l'une d'elles sur

1. Nous parlons ici, bien entendu, de la question de jouissance du droit à la compétence et non de celle de savoir quelle est la loi applicable au point de vue de la détermination du tribunal spécialement compétent.

2. Nous devons reconnaître que ce raisonnement n'a pas autant de force en matière d'état des personnes où une seule loi est applicable. C'est précisément ce

les autres ; toutes étant également en jeu et y ayant, par conséquent, un intérêt égal. Il faut donc chercher à arriver par une autre voie à la réalisation de cette unité, si désirable. Toutes ces souverainetés trouvent un terrain d'entente commun dans ce fait que toutes doivent se soumettre aux nécessités du commerce international. Or, nous avons vu qu'à ce point de vue la règle qui devait prévaloir était, non pas une règle de compétence exclusive, mais une règle de compétence générale, quelles que soient les parties en cause ou les lois à appliquer. C'est d'après cette règle et en s'inspirant des nécessités du commerce entre les nations, nécessités toutes pratiques, qu'on fixera le tribunal compétent. Mais, d'autre part, le principe du respect des souverainetés exige que l'on applique telle ou telle loi émanée de telle ou telle souveraineté : le tribunal compétent devra donc tenir compte de cette loi reconnue applicable.

Une autre considération justifie cette règle de compétence générale que nous avons reconnue être la plus apte à simplifier la solution des litiges d'intérêt privé international : l'attribution de compétence d'après la loi à appliquer suppose que l'on connaît cette loi et qu'une entente s'est établie à ce sujet. S'agissant donc de conclure un traité sur la compétence, il faudrait, au préalable, résoudre les difficiles problèmes que soulève le *Conflit des lois*. Or, l'on sait combien cette tâche est lourde. Pour toutes ces raisons, nous approuvons la solution de principe donnée, par le traité de 1899, au problème de la compétence à l'égard des étrangers.

Nous devons cependant convenir qu'en matière d'état des

qui a engendré le mouvement d'opinion, que nous avons relaté, en faveur de la compétence du tribunal national.

personnes ces diverses considérations n'imposent pas notre solution avec la même nécessité : la loi à appliquer à un litige concernant l'état d'une personne est une loi unique ; d'autre part, cette loi est connue, et c'est précisément la loi nationale de cette personne, toutes bonnes raisons, semble-t-il, pour nous faire accorder compétence à sa juridiction nationale. Nous reconnaissons, au point de vue rationnel, que la question est délicate, et, sans aller jusqu'à dire avec la Cour d'Alger [1] « qu'il s'agit du respect dû au principe de la souveraineté et des conflits et des dangers que pourrait faire naître son oubli » — en effet, ce que réclame seulement le respect de la souveraineté étrangère, c'est, non pas qu'on attribue compétence à tel ou tel tribunal, mais que ce tribunal, quel qu'il soit, applique la loi émanée de cette souveraineté — sans donc aller jusque là, nous comprenons qu'on hésite, et qu'on soit tenté d'attribuer compétence aux tribunaux de la nation dont la loi fixera l'état et la capacité en litige. En tous cas, nous nous refuserions à voir, dans cette attribution de compétence, autre chose qu'une mesure exceptionnelle, autre chose qu'une réponse à cette question : quel est le tribunal rationnellement compétent ? Dans notre pensée il ne pourrait y avoir là un principe général d'incompétence des tribunaux d'un pays à l'égard des étrangers. Sous le bénéfice de cette observation, cette attribution de compétence serait d'une utilité pratique incontestable. En effet, d'une part, ces questions d'état et de capacité des personnes sont très importantes, et, envisagées sous un certain aspect, mettent en jeu des intérêts généraux, d'autre part, elles sont très délicates et, souvent, il y a entre les diverses législations

1. Alger, 4 mars 1874 : S. 74, 2, 103.

de profondes divergences. Les tribunaux ordinairement chargés d'appliquer ces dispositions seront mieux à même de juger. D'autres juridictions seraient exposées à des erreurs, qui auraient pour effet de faire refuser tout crédit à leurs décisions dans le pays où elles devraient être appliquées.

Mais ces raisons ne s'appliquent pas aux relations de la France et de la Belgique : en effet, les législations de ces pays, touchant l'état et la capacité des personnes, reposent sur les mêmes bases. Il n'y avait donc pas lieu de préférer une juridiction à l'autre pour l'interprétation de dispositions similaires et, partant, d'introduire une exception au principe général. Les négociateurs du traité s'en sont tenus, avec raison, à la règle de l'art. 1er, § 1.

### § 2. — *Contestations entre Français et Belges.*

L'art. 1er, § 1 de la convention franco-belge emporte, à ce nouveau point de vue, une autre conséquence, non moins importante que les précédentes. De l'assimilation des étrangers aux régnicoles dans les rapports des deux pays il résulte, en effet, que le demandeur français ne pourra plus traduire un Belge défendeur devant les tribunaux français que dans les conditions où il pourrait y attirer un défendeur français. C'est l'abrogation de l'art. 14, C. civ. Pourtant, si cette solution est certaine, étant donné l'esprit du traité, la disposition si générale de l'art. 1er, § 1 aurait pu prêter à des divergences d'interprétation. En effet, nous savons que l'art. 15, C. civ. doit être entendu comme donnant au Français défendeur le droit d'être cité par le demandeur, même français, devant un tribunal de notre pays, encore que ce défendeur fût domicilié hors de France au moment du procès. Poser simplement le principe de l'assimilation aux nationaux aurait pu conduire à cette interprétation, bien évidemment contraire à l'esprit du traité, que le Français demandeur peut traduire devant un tribunal français le Belge défendeur, celui-ci n'eût-il aucune résidence en France. Mais cette interprétation est rendue impossible par la disposition du § 3 de l'art. 1er, ainsi conçu : « *L'art.* 15 *du Code civil cesse d'être applicable dans les rapports entre Français et Belges.* »

Inversement, il est encore un autre point de vue, en matière de compétence, auquel il serait inexact de dire que les Belges, en France, sont assimilés aux Français. L'assimilation complète aurait engendré, en effet, cette conséquence rigoureuse que le demandeur belge aurait pu lui-même invoquer la disposition de l'art. 14, C. civ. et traduire, devant un tribunal français, un autre étranger n'ayant ni domicile, ni résidence en France. Cet accroissement du nombre des personnes pouvant ainsi invoquer la disposition exorbitante du droit commun, qui gît dans l'art. 14, C. civ., était certainement contraire à l'esprit dans lequel le traité était conçu, esprit qui consiste à rétablir des règles rationnelles de compétence. Aussi, le § 2 de l'art. 1er dispose-t-il que « *Toutefois les Belges ne peuvent invoquer en France l'art.* 14 *du Code civil pour traduire d'autres étrangers devant les tribunaux français que s'ils ont été autorisé par le gouvernement français à établir leur domicile en France, et tant qu'ils continuent d'y résider* ». Cette dernière disposition fait allusion à l'art. 13, C. civ. qui accorde à l'étranger, autorisé par décret à fixer son domicile en France, la jouissance de tous les *droits civils*. La concession du bénéfice de l'art. 14, C. civ. au Belge, qui se trouve dans les conditions de l'art. 13, C. civ., est conforme à l'opinion généralement admise. La plupart des auteurs et la jurisprudence décident, en effet, que, la faculté concédée au Français demandeur par l'art. 14, C. civ. étant un *droit civil* au sens strict, l'étranger, autorisé à fixer son domicile en France, doit en avoir la jouissance. Quant à nous, nous faisons sur ce point toutes nos réserves, et nous eussions préféré que le § 2 de l'art. 1er se contentât de décider que les Belges ne pourront invoquer l'art. 14, C. civ., sans ajouter qu'ils pourraient en bénéficier s'ils réalisaient les conditions de l'art. 13, C. civ. Nous pensons, en effet, que l'art. 14, C. civ. est un bénéfice de compétence tout à fait exorbitant, qui doit être restreint aux seuls Français et dont ne jouissent pas même les étrangers admis à domicile. Il est vrai que la fixation d'un domicile en France dans les termes de l'art. 13, C. civ. n'est qu'un stage préliminaire de l'obtention de la naturalisation, et que le bénéfice de l'autorisation cesse au bout de cinq ans, si l'étranger n'obtient pas sa naturalisation ; mais il n'en reste pas moins ceci : que cet étranger, qui n'a pas voulu ou pu obtenir sa naturalisation, et qui, désormais, retombera dans la situation de droit commun des étrangers, aura, pendant cinq années, bénéficié d'une disposition, qui n'est pas précisément un *droit civil,* mais bien plutôt une faveur très particulière accordée aux personnes de nationalité française. Quoi qu'il en soit, le texte du traité est formel. Il faut s'y conformer et accorder au Belge qui réalise les conditions de l'art. 13, C. civ. la faculté d'invoquer l'art. 14, C. civ.

Quant aux Français, en Belgique, ils bénéficieront désormais des dispositions de l'art. 52 de la loi du 25 mars 1876, c'est-à-dire, du droit commun de la compétence, sans plus être soumis à la restriction introduite par mesure de rétorsion dans l'art. 54. En dehors, donc, des cas prévus par l'art. 52, le Français pourra décliner la juridiction des tribunaux belges.

D'autre part, nous avons vu que, d'après l'art. 1er, § 3, la disposition de l'art. 15, C. civ. cesse d'être applicable dans les rapports entre Français et Belges. Un Français ne pourra donc être actionné par un demandeur belge devant le tribunal français que si celui-ci est compétent d'après le droit commun, c'est-à-dire, d'après les règles fixées par le Code de procédure civile et par le traité de 1899.

En résumé: les art. 14, C. civ. et 15, C. civ. sont supprimés dans les rapports entre Français et Belges et remplacés par les règles de compétence ordinaires sous réserve de l'application des dispositions du traité.

Il ne nous reste plus qu'à apprécier cette suppression. Tout d'abord, au point de vue du juste, il est certain que cette suppression était nécessaire. C'est là un premier pas dans la voie de « l'égalité absolue de l'étranger et du national, qui devrait être un dogme en matière de droit international privé, car notre science ne peut avoir d'autre objet avouable que de la réaliser pratiquement aussi pleinement que possible [1] ».

Et que l'on ne cherche pas à établir une opposition entre ce qui est juste et ce qui est utile, car, pour nous, les deux points de vue coïncident. Il n'en serait autrement que si l'on se faisait de l'utilité une idée étroite, consistant à ne consi-

1. Pillet, *Ordre public en droit internat. privé*, 1890. Extrait des *Annales de l'enseignement supérieur de Grenoble*, t. II, n° 2, p. 209. L'Italie a réalisé ce vœu.

dérer que les intérêts immédiats de ceux que l'on veut protéger, en fermant les yeux sur les répercussions, sur les incidences des mesures proposées. Au lieu d'envisager ainsi l'utilité directe, il faut considérer l'utilité réelle. Or, sur ce terrain, le juste et l'utile tendent de plus en plus à se confondre, le premier entraînant l'autre. Et nous n'en voulons pas d'autre exemple que celui du traité franco-belge, dont l'une des dispositions principales a précisément pour but de mettre fin à des mesures de rétorsion, engendrées par des dispositions exceptionnelles, qu'a fait prendre, à l'égard des étrangers, cette étroite conception de l'intérêt de nos nationaux, contre laquelle nous nous élevions à l'instant. On pourrait appliquer ici ce qu'écrivait M. Demangeat, à propos de la loi du 14 juillet 1819, et dire des législateurs qui ont inscrit dans le Code civil les dispositions des art. 14 et 15 : « Quant à réaliser autant que possible, quant à faire passer dans le domaine des faits l'idée abstraite du juste, personne n'y songeait : ici encore, ce principe libéral et philosophique, qui fécondait tous les travaux de l'Assemblée Constituante, et qui en a fait la grandeur, ce principe qui est, en définitive, la seule base sur laquelle puisse reposer une législation civilisatrice, et sans lequel on peut dire qu'il n'y a point, à proprement parler, de droit, ce principe est demeuré tout à fait étranger à la loi [1]..... » Désormais, du moins en ce qui concerne nos rapports avec la Belgique, ce reproche ne pourra plus être adressé à notre législation [2].

1. Demangeat, *Condit. civile*, p. 279.

2. Ce reproche ne pourrait, non plus, nous être adressé dans nos rapports avec aucune autre nation, si le projet de loi du 6 mars 1890 avait été voté. En effet, l'art. 9 de ce projet décide que les mêmes règles de compétence, posées pour les actions entre Français, seront applicables aux actions dirigées contre les étran-

## SECTION II

### DÉTERMINATION DU TRIBUNAL COMPÉTENT

Nous entrons maintenant dans ce que nous avons appelé la troisième phase de tout litige international. La question de savoir si les personnes en cause ont droit à la juridiction d'un pays ayant été résolue affirmativement, il s'agit maintenant de préciser quel tribunal sera spécialement compétent, en l'espèce. A la base de ce nouveau problème est une question de conflit des lois de procédure. Par exemple, à un litige concernant des Belges, en France, quelle loi appliquera-t-on pour déterminer la compétence ? La réponse à cette question n'est pas douteuse : en principe on appliquera la *lex loci*, dans notre exemple la loi française, c'est-à-dire, le Code de procédure civile. Inversement, le litige s'élevant en Belgique, on appliquera la loi belge du 25 mars 1876. Les négociateurs du traité auraient donc pu limiter à ces dispositions de l'art. 1er les décisions concernant la compétence, et ils n'auraient plus eu qu'à inscrire dans le traité une règle ana-

gers (*Journal officiel*, 2 mai 1890, *Docum. parlement.*, p. 452 et Clunet, 1890, p. 772, 773). Pourtant le projet admettait deux tempéraments : l'un fondé sur la nécessité d'une bonne administration de la justice, et consistant en ce que l'étranger, non résidant en France, pouvait y être assigné devant le tribunal du domicile du demandeur lorsque, d'après sa loi nationale, les tribunaux de son pays seraient incompétents pour connaître de l'action ; l'autre, à titre de mesure de rétorsion : la même règle s'appliquait si, d'après la loi nationale de l'étranger, il était permis d'enlever un Français à ses juges naturels pour le citer devant un tribunal étranger. Comme le disait l'Exposé des motifs : « Cette double disposition dont les motifs apparaissent d'eux-mêmes, n'enlève rien à la générosité du principe proclamé par l'article 9. »

logue à la disposition finale de l'art. 10 : la compétence est réglée, dans chaque pays, par la législation qui lui est propre, — avant d'aborder la matière de l'autorité et de l'exécution des jugements. Mais ils n'ont pas voulu ainsi abréger leur tâche. Cette solution simpliste aurait eu un grave défaut : elle aurait maintenu entre les deux nations, qu'il s'agissait d'unir par les dispositions d'un traité, une séparation trop profonde. Un traité, touchant les intérêts privés, a pour but d'établir entre deux ou plusieurs États une communion plus intime en vue d'un but commun. Et ceci est plus vrai encore en matière de compétence qu'en toute autre. Ce que l'on doit donc avoir en vue, en principe, c'est d'établir des règles communes aux États contractants. On préviendra ainsi des conflits, toujours possibles quand chacun se place à son point de vue particulier, et il y aura plus d'unité dans les décisions rendues et, partant, dans les relations juridiques de ces États. Autant que possible, il ne faut pas qu'une personne soit soumise, en passant d'un pays dans un autre, à des règles de compétence différentes. D'ailleurs, s'il y a diversité de règles, il en est une qui est rationnellement préférable ; car, ici, l'on ne peut invoquer, en faveur du maintien de cette diversité, des intérêts ou des tendances différant de nation à nation. L'intérêt est le même : c'est celui d'une prompte administration et d'une équitable répartition de la justice, et la règle qui la réalise doit être une. Les tendances ne peuvent être divergentes que dans les détails ; car, nous supposons des peuples arrivés à un égal développement de civilisation, donc, animés des mêmes désirs, obéissant aux mêmes besoins. Si cette règle de compétence, rationnelle et unique, n'est observée par aucun des pays, futurs contractants, ceux-ci devront examiner s'il ne serait pas à la fois juste et utile de l'adopter dans leurs relations. Si elle est, au contraire, consacrée par la législation d'un pays et non par celle de l'autre, ils devront consacrer la règle qui sera reconnue la meilleure. Sinon, les sujets de l'État, où cette règle est observée, pourraient, à bon droit, se dire lésés par ce fait qu'en quittant leur pays, ils devraient se soumettre à une règle de compétence contraire à une bonne administration de la justice. Que si ces législations, quoique divergentes, se réclament toutes deux de bonnes raisons, comme il n'y a aucun motif pour préférer l'une plutôt que l'autre, les États contractants devront se faire des concessions réciproques, adopter ce qu'il y a de meilleur dans leurs législations respectives et sacrifier le reste. De cette façon, les nationaux de chaque pays trouveront et pourront réclamer, dans l'autre pays, l'application de la meilleure partie des règles, auxquelles ils sont soumis dans leur pays.

Les négociateurs du traité de 1899 ont suivi cette voie et aboli, dans la mesure du possible, les frontières qui, au point de vue de la compétence, séparaient la France et la Belgique. Dans tous les cas où il leur a été donné de le faire, ils ont adopté des règles de compétence communes aux États qu'ils représentaient. Ils ont, pour cela, dû faire aux législations des deux pays des concessions réciproques. Il est, cependant, des cas où l'adoption d'une règle commune n'a pas été possible. C'est pour ces hypothèses que l'art. 10 statue : « *Pour tous les cas où la présente convention n'établit pas de règles de compétence commune, la compétence est réglée, dans chaque pays, par la législation qui lui est propre.* » A ces hypothèses, on applique la règle que nous posions en commençant ces développements : la *lex loci* détermine le tribunal spécialement compétent. Nous citerons deux exemples de l'application de cette règle, outre ceux que nous verrons en étudiant les règles communes de compétence ; — car ces dispositions communes n'ayant pas prévu toutes les situations, force est bien, tout traité devant être interprété restrictivement, de se référer à la loi du lieu, pour les cas non prévus[1].

Le premier exemple concerne la répartition des litiges entre les diverses juridictions. Le principe d'assimilation aux nationaux s'applique à toutes les juridictions civiles ou commerciales : tribunaux civils, tribunaux de commerce, justices de paix, conseils de prud'hommes. Mais il n'en résulte nullement que, dans les deux pays, la répartition des litiges se fera de la même façon entre ces diverses juridictions.

C'est ainsi qu'en vertu de l'art. 10 du traité, la répartition des affaires entre les tribunaux civils et les juges de paix sera faite d'une façon différente dans les deux pays (Compar. la loi belge du 25 mars 1876 et la loi française du 25 mai 1838). Le maintien de la législation propre à chaque pays se justifie ici par les raisons suivantes : tout d'abord, ce sont là des règles dont le changement eût entraîné un trop grand bouleversement dans la législation belge ou française ; d'autre part, les plaideurs n'ont pas d'intérêt à être jugés par une juridiction plutôt que par l'autre. Dans chacune on doit reconnaître qu'il y a des juges

1. Nous ferons d'ailleurs remarquer que, si l'on a ainsi réservé un domaine à la législation propre à chaque pays, c'est à fin de laisser à chacune d'elles une certaine part d'autonomie, nécessaire à son développement.

instruits et intègres, puisque cette considération est le principe même de la conclusion du traité. De même, en ce qui concerne la solution à donner à la question de savoir si les tribunaux civils ont, ou n'ont pas, la plénitude de juridiction. La jurisprudence belge leur refuse, au lieu que la jurisprudence française leur accorde cette prérogative. L'une et l'autre jurisprudences, en vertu du même art. 10, conserveront toute latitude sur ce point. Ici encore, les plaideurs n'ont pas d'intérêt à ce qu'on adopte une solution plutôt que l'autre [1].

Un deuxième cas, sur lequel nous voulons appeler l'attention, et où l'on appliquera la règle de l'art. 10, concerne la division des actions. D'après le Code de procédure civile, art. 59, les actions se divisent en réelles, personnelles et mixtes. D'après la loi belge du 25 mars 1876, les actions se répartissent en deux groupes: actions mobilières et actions immobilières (art. 39, 40, 42) [2]. Il résulte de cette disposi-

1. Sur cette question, voy. Cass. 17 juin 1884 : D. 84, 1, 416 ; Cpr. Dijon, 21 mars 1873 : S. 73, 2, 215. Les auteurs sont divisés : Dalloz, *Répert.* v° *Compétence civile des trib. d'arr.*, n°s 215 et s. ; *Suppl.*, eod verb., n°s 137 et s. ; voy. aussi v° *Compétence commerciale*, n° 20 ; *Suppl.* eod. verb., n°s 7 et s. ; Note de M. Glasson sous D. 1884, 2, 25 ; dans le sens de la jurisprudence : Lyon-Caen et Renault, *Précis de droit com.*. t. II, p. 962, 963 ; *Contrà*, Boistel, *Précis du cours de droit com.*, 3e éd., n° 1.469 ; Garsonnet, *Traité de procédure*, t. II, 2e édit., p. 38 à 41 et les notes. — Jurispr. belge. Cass. 12 mai 1888 : Pas. 88, 1, 234 ; *Sic*, de Pæpe, *Etudes sur la compétence civile*, 1re étude, n° 10, p. 20 ; Cpr. Bruxelles, 7 févr. 1883 : D. 1884, 2, 25 et la note de M. Glasson.

2. Dans son rapport à la Chambre des représentants (V. Clœs, *Comment.*, n° 459, p. 401), M. d'Anethan justifie en ces termes cette classification en actions mobilières et immobilières substituée à la division en actions personnelles, réelles et mixtes : « Nous approuvons complètement le changement proposé qui, avec une utile simplification, établit entre les actions des distinctions, à l'égard desquelles aucune difficulté ne peut surgir. » M. Dupont a dit, d'autre part (V. Clœs, *Comment.*, n° 217, p. 186 et s ) : « Les Codes nouveaux ont adopté une

tion que la loi belge ne fait pas une classe à part pour les actions mixtes[1]. La loi de 1876 a ainsi réalisé un des *desiderata* de la doctrine. On critique vivement, en effet, cette distinction des actions mixtes[2]. Quoi qu'il en soit, à ce point de vue, il existe donc une différence notable entre la législation belge et la législation française. Il ne fallait pas songer à supprimer cette différence au moyen d'une disposition insérée dans un traité. Il y a là un remaniement important de notre loi de procédure qui ne doit être fait que par une loi visant directement cette question. D'ailleurs, l'intérêt des justiciables n'est pas gravement compromis par le maintien de cette distinction. Le côté théorique l'emporte ici sur le côté pratique. Pour toutes ces raisons, ce point de vue a été, à juste titre, laissé de côté par les négociateurs du traité. On appliquera donc ici la disposition de l'art. 10. Les Français, en Belgique, n'auront donc pas le choix, en matière mixte, entre le juge de la situation de l'objet en litige et le juge du domicile du défendeur; ils devront saisir soit l'un, soit l'autre, suivant que l'action sera immobilière ou mobilière. Inversement, les Belges, en France, jouiront de cette faculté d'option que leur concède l'art. 59, C. pr. combiné avec l'art. 10 du traité.

division plus rationnelle et plus simple : on s'est attaché à l'objet de l'action ; cet objet est mobilier ou immobilier, et, d'après cette distinction, l'action est mobilière ou immobilière. »

1. *Sic.*, art. 99, Code proc. civ. d'Italie.

2. Dans son rapport, au nom de la Commission extra-parlementaire, M. Allard (§ LIV, Clœs, *Comment.*, n° 84, p. 67, 68) rappelle que, déjà, l'abrogation de cette distinction avait été proposée dans le projet présenté par M. Thouret, le 21 déc. 1789. M. Chauveau voit là « une qualité hermaphrodite impossible à réaliser » (V. au surplus ; Carré et Chauveau, *Procédure civ. et com.*, 5e édit., t. I, p. 280, 281).

Nous aurons l'occasion, au cours de l'étude, que nous allons aborder, des règles de compétence commune fixées par le traité, de noter d'autres hypothèses[1], où l'on applique, pour la fixation de la compétence, la législation propre à chaque pays. Ces règles de compétence commune primeront les règles propres à chaque législation. Plusieurs cas sont prévus par le traité. Nous aurons l'occasion de remarquer que, pour la fixation de certaines de ces règles, les législations respectives de chaque pays ont dû se faire des concessions réciproques, tandis que, pour d'autres, on a purement et simplement appliqué l'une des législations en présence; d'autres, enfin, ont été inspirées par des dispositions qui ne se trouvaient consacrées par aucune de ces législations ; mais, nous pourrons observer que, toujours, on s'est inspiré des intérêts communs des deux peuples, c'est-à-dire, de l'intétêt des relations juridiques internationales, et que l'idéal commun à toutes ces décisions a été de consacrer l'unité et la continuité au point de vue de la compétence, de supprimer, autant que possible, les barrières élevées entre les deux peuples.

### § 1er. — *Compétence du* forum contractus.

D'après l'art. 420, C. pr., en matière commerciale : *Le demandeur pourra assigner, à son choix : devant le tribunal du domicile du défendeur ; devant celui dans l'arrondissement duquel la promesse a été faite et la marchandise livrée ; devant*

1. V. aussi, sur une autre différence, qui subsistera après le traité, entre la législation belge et la législation française, à propos de la question du cumul ou du non cumul des demandes ayant même cause ou des causes différentes : de Pæpe, *op. cit.*, 3e étude, p. 141 et s. Cpr. art. 23, loi 25 mars 1876 et art. 1345, 1346, C. civ.

*celui dans l'arrondissement duquel le paiement devait être effectué.* Au contraire, d'après l'art. 42 de la loi belge du 25 mars 1876 : *En matière mobilière, l'action pourra être portée devant le juge du lieu dans lequel l'obligation est née, ou dans lequel elle doit être ou a été exécutée.* Et, d'autre part, l'art. 52 de cette loi dispose que: *Les étrangers pourront être assignés devant les tribunaux du Royaume, soit par un Belge, soit par un étranger, dans les cas suivants.....* 3° si *l'obligation qui sert de base à la demande est née, a été ou doit être exécutée en Belgique.* Si l'on avait appliqué la règle de l'art. 10 de la convention, il en serait résulté une profonde divergence entre le régime auquel auraient été soumis les Belges, en France, et les Français, en Belgique. L'art. 42 de la loi de 1876 consacre la compétence du *forum contractus.* Tel est le terme générique qui a été donné à cette compétence. Cette expression n'est pas rigoureusement exacte, pas assez compréhensive. Le *forum contractus* comprend non seulement le tribunal du lieu où l'obligation s'est formée ; mais encore celui du lieu où elle a été ou doit être exécutée, ce que l'on a appelé le *forum destinatæ solutionis.* Cette compétence est applicable en Belgique, aussi bien en matière civile que commerciale. Il suffit, en effet, d'après l'art. 42, qu'il s'agisse d'une matière mobilière.

Au contraire, les règles de compétence posées par l'art. 420, C. pr. n'ont d'application qu'en matière commerciale. En matière civile, c'est l'art. 59, C. pr. qui s'applique. Il en résulte une première et très importante différence entre les deux législations. D'autre part, l'art. 420, C. pr. exige, pour que le tribunal dans l'arrondissement duquel la promesse a été faite soit compétent, que la marchandise ait été livrée dans le même lieu. Au contraire, l'art. 42 scinde cette condition et attribue compétence à deux tribunaux, au choix du demandeur : 1° au tribunal du lieu où est née l'obligation ; 2° à celui du lieu où cette obligation a été ou doit être exécutée. Quant à la compétence que l'art. 420, C. pr. attribue au tribunal dans l'arrondissement duquel le paiement devait être effectué, elle est comprise, en Belgique, dans celle du lieu où l'obligation doit être exécutée. Telles étaient, outre des dissemblances plus minimes que nous signalerons plus loin, les deux grandes différences entre la législation belge et la législation française : 1° le *forum contractus* n'est admis, en France, qu'en matière commerciale ; en Belgique, il est admis aussi en matière civile ; 2° en France, le tribunal, dans l'arrondissement duquel la promesse a été faite, n'est compétent que si, de plus, la marchandise y a été livrée ; cette restriction n'existe pas en Belgique.

A ces différents points de vue, la législation belge est bien préférable à la nôtre. Tout d'abord, l'on ne peut qu'approuver l'extension, faite par nos voisins, de la compétence du *forum contractus* aux matières civiles. Si cette compétence permet une plus prompte administration, une plus équitable répartition de la justice, pourquoi en limiter le bénéfice à une certaine nature d'affaires ? Notre législation ne trouve d'explication que dans une longue tradition, avec laquelle il conviendrait, maintenant, de rompre. Nous allons voir que cette même tradition explique, et les termes de l'art. 420, C. pr., et la restriction qu'il apporte à la compétence du *forum contractus*. Cette étude nous permettra, en même temps, de bien comprendre le sens des dispositions adoptées par le traité.

Déjà les lois romaines consacraient la compétence du *forum contractus*, c'est-à-dire, du juge du lieu où l'obligation est née et de celui du lieu où elle doit être exécutée[1]. L'ancien droit français s'écarta de cette tradition, sous l'influence de la féodalité. Les seigneurs étendaient leur juridiction sur toute personne domiciliée sur le territoire de la seigneurie et, par suite de la patrimonialité des justices, cette juridiction était pour eux la source de profits. Aussi, ne permirent-ils pas que la connaissance des litiges concernant les personnes domiciliées dans leur seigneurie leur fût enlevée, et avec elle les gains qui en résultaient, au moyen de l'admission d'une compétence, d'après laquelle le juge du lieu du contrat, ou celui du lieu d'exécution de ce contrat, c'est-à-dire, peut-être, d'autres seigneurs justiciers, eussent pu connaître de l'affaire. Ces raisons firent donc prévaloir la règle : *actor sequitur forum rei.*

Mais, bientôt, les nécessités du commerce qui, au moyen âge, se faisait dans les foires amenèrent un changement dans cet état de choses. On sentit le besoin pressant qu'il y avait à régler sur place et à régler vite les différends nés à l'occasion des marchés qui s'y concluaient. D'où la création de juges spéciaux, gardes des foires, gardes conservateurs, juges conservateurs, à qui était attribuée la connaissance de ces litiges. La sphère dans laquelle s'exerçait cette juridiction était nettement circonscrite par le but qu'on s'était proposé en l'instituant. Ce qu'on avait voulu, c'était le règlement, aussi prompt

1. Loi 19 Dig. *de jud.* V. I. Voy. cep. Savigny, *Droit rom.* trad. Guenoux, t. VIII, p. 206 et s., d'après lequel le droit romain doit être interprété comme ne consacrant que la seule compétence du juge du lieu où le contrat doit être exécuté, et Loi 1 Dig. XIII. IV.

que possible, de tous les litiges nés dans les foires, à l'occasion des contrats qui y avaient été passés. Aussi, tout naturellement, cette compétence était-elle limitée aux achats et aux ventes de marchandises, et, de même, elle ne s'appliquait qu'au cas où le contrat recevait son exécution au lieu où il se formait, c'est-à-dire, en foire. Si la livraison des marchandises devait se faire, ou s'était faite en un autre lieu, la compétence privilégiée des juges des foires n'avait plus raison d'être, et l'on retombait sous l'empire de la règle commune : *actor sequitur forum rei.*

Ces règles de compétence exceptionnelles, accordées à titre de privilège primitivement aux seules foires de Champagne et de Brie (ordonnance du 6 août 1349), puis étendues aux autres foires, furent généralisées par suite de la création, d'abord à Paris, puis dans les autres grandes villes, de la juridiction consulaire. L'art. 17 du titre XII de l'Ordonnance du mois de mars 1673 décide que : *dans les matières attribuées aux juges et consuls, le créancier pourra faire donner l'assignation à son choix : ou au lieu du domicile du débiteur, ou au lieu auquel la promesse a été faite et la marchandise fournie, ou au lieu auquel le paiement doit être fait.* Conformément à la tradition, cette disposition, qui accordait compétence au juge du lieu où la promesse avait été faite et la marchandise fournie, était considérée comme ne s'appliquant qu'aux achats et ventes de marchandises et non à toute opération commerciale. Une interprétation plus large avait prévalu quant à la compétence du juge du lieu du paiement : on entendait par là le paiement devant être effectué en vertu de toute opération de commerce, ventes de marchandises ou autres[1].

1. Bornier, *Conférences des Ordonnances de Louis XIV avec les anciennes*

Cette longue tradition l'emporta lors de la rédaction du Code de procédure civile, qui se contenta de reproduire, dans son art. 420, la disposition de l'ordonnance de 1673. Ne résulte-t-il pas de cette consécration pure et simple qu'on doit, en l'état actuel de notre législation, donner à l'art. 420, C. pr. la même interprétation qui était adoptée sous l'empire de l'ordonnance de 1673 ? Il en résulterait cette nouvelle différence avec la législation belge, telle qu'elle ressort de l'art. 42 de la loi de 1876 : la compétence du tribunal du lieu où la promesse a été faite et la marchandise livrée ne s'appliquerait qu'aux litiges soulevés par des opérations commerciales portant sur des marchandises au sens propre du mot, sur ces mêmes choses qui faisaient, autrefois, l'objet du commerce des foires, c'est-à-dire, sur les choses qui se pèsent, se comptent ou se mesurent[1]. Au contraire, l'art. 42 s'applique à toutes opérations, quel que soit leur objet. Quant à la disposition de l'art. 420, C. pr., concernant le lieu où le paiement devait être effectué, on s'accorde aujourd'hui, contrairement à l'interprétation admise sous le système de l'Ordonnance, à envisager le mot paiement dans un sens large, comprenant non seulement la prestation d'une somme d'argent, mais toute exécution d'une obligation commerciale quelconque. Sur ce point, il y a identité entre les législations belge et française[2].

Toutes les conditions et restrictions apportées à la compétence du *forum contractus* ne trouvent de justification que

*Ordonnances:* sur l'art. 17 du tit. XII. Ordonn. 1673. Jousse, *Comment. sur l'Ordonn. de 1673*, tit. XII, art. 17, n° 1, *in fine*.

1. Il y a controverse sur ce point : V. Dalloz. *Répert. Suppl.*, v° *Compétence comm.*, n°s 124 et s.

2. Dalloz, *Répert. Suppl.*, v° *Compétence comm.*, n° 142. L'interprétation restrictive avait d'abord été admise : Dalloz, *Répert.*, v° *Compét. comm.*, n° 467.

dans l'empire qu'exerce par elle-même toute tradition. Tout d'abord, la limitation de cette compétence du tribunal du lieu où la promesse a été faite et la marchandise livrée aux achats et ventes de marchandises, dans le sens strict de ce mot, comme le veut une opinion, l'exigence que la marchandise ait été livrée au lieu où la promesse a été faite, ne s'expliquent que par l'origine de l'art. 420, C. pr. dans les Ordonnances sur les privilèges des foires. Contemporaines d'un état de civilisation où le commerce se faisait dans des centres commerciaux limités, ces restrictions auraient dû disparaître en même temps que le commerce s'étendait et rayonnait sur tout le territoire. D'autre part, l'exclusion, en matière civile, du *forum contractus* aurait dû disparaître avec l'abolition des justices patrimoniales, qui avaient été l'obstacle à son adoption. Comme l'a très bien dit M. Allard, dans son Rapport au nom de la Commission extra-parlementaire [1], lors de la préparation de la loi du 25 mars 1876 : « Il n'existe pas de motifs pour traiter plus favorablement, à cet égard, les matières commerciales que les matières civiles. Ce qui est bon dans celles-là est précieux dans toutes ; la célérité est impérieusement commandée par l'intérêt des justiciables. »

Déjà, le Code de procédure civile du Royaume d'Italie (art. 91) avait donné l'exemple de cette extension [2]. En France, lors de la rédaction de notre Code de procédure civile, la Commission, chargée de la rédaction du projet, proposa l'insertion d'un article d'après lequel, en matière com-

1. § LVII (Clœs, *Comment.*, n° 90, p. 70).

2. Le Code de proc. civ. allemand (1877) consacre un système un peu différent : V. art. 29 et 32.

merciale : *le demandeur pourra citer à son choix devant le tribunal du domicile du défendeur, devant celui dans l'arrondissement duquel la marchandise a été livrée, devant celui dans l'arrondissemenl duquel le paiement devait être effectué, devant celui du lieu où le contrat a été passé.* C'était l'adoption complète du *forum contractus,* en matière commerciale du moins. En effet, la condition de la livraison de la marchandise dans le lieu même où la promesse avait été faite, était supprimée. La tradition, comme nous l'avons vu l'emporta, quoiqu'il n'y eut plus lieu de suivre ses errements. Plus près de nous, le projet de loi du 6 mars 1890 sur la procédure civile, que nous avons déjà eu l'occasion de citer, décidait dans son art. 1er, au titre des *Ajournements : le défendeur est assigné devant le juge de son domicile, sauf les exceptions ci-après et celles qui résultent de dispositions spéciales... § 4, si le défendeur n'a ni domicile ni résidence connus en France, devant le juge du lieu fixé pour l'exécution de la convention; à défaut, devant celui du lieu où l'obligation a pris naissance.* Le projet admettait donc la compétence du *forum contractus* en matière civile ; mais il imprimait à cette règle de compétence un caractère subsidiaire, en ne la faisant intervenir que si le défendeur n'avait ni domicile, ni résidence connus en France. La même restriction n'existe pas en Belgique (art. 42, loi du 25 mars 1876).

Il résulte de tous ces faits un mouvement général d'opinion, poussant à l'adoption du *forum contractus* en toute matière, civile ou commerciale. Les négociateurs de la convention franco-belge ne pouvaient pas ne pas tenir compte de ces tendances. Aussi insèrent-ils, comme première règle de compétence commune à la France et à la Belgique, la disposition de l'art. 2, alin. 1, d'après lequel : *Si le défendeur n'a ni domicile, ni résidence en France ou en Belgique, le demandeur belge ou français peut saisir de la contestation le juge du lieu où l'obligation est née, a été ou doit être exécutée.* L'art. 2, alin. 1, consacre donc la compétence du *forum contractus*, et cela aussi bien en matière civile que commerciale, puisqu'il ne fait pas de distinction. C'est là une concession à la législation belge, ou plutôt à la tendance actuelle, réalisée par cette législation en 1876. L'art. 2, alin. 1, *in fine* reproduit les termes mêmes de l'art. 42 de la loi de 1876 : le demandeur a donc le choix entre le juge du lieu où l'obligation est née, a été ou doit être exécutée. On a écarté la condition que l'art. 420, C. pr. met à la compétence du tribunal dans l'arrondissement duquel la promesse a été faite : on n'exige pas que la marchandise ait été livrée dans ce même arrondissement. Mais il est un autre point, sur lequel la législation belge a été écartée : c'est en ce qui concerne la façon d'envisager la compétence du *forum contractus*.

L'art. 2 consacre, en effet, la compétence du *forum contractus* avec le caractère qu'elle avait d'après le projet de réforme de 1890, c'est-à-dire, à titre subsidiaire, pour le cas où le défendeur n'aurait ni domicile ni résidence en France ou en Belgique.

Le principe général, dans les rapports de la France et de la Belgique est donc la règle *actor sequitur forum rei.* C'est cette idée qui doit servir de point de départ dans l'interprétation de l'art. 2 de la convention, dont la rédaction pourrait donner lieu à des divergences d'interprétation. La règle étant la compétence du tribunal du domicile du défendeur, il faut, avant tout, appliquer cette règle et les conséquences logiques qui en découlent. Supposons une action intentée en France par un Belge contre un Français : si celui-ci a son domicile, réel ou élu (voy. *infrà*), en France, le tribunal de ce domicile sera compétent ; s'il a en France une simple résidence et que son domicile, son principal établissement se trouve en Belgique, c'est le tribunal belge de ce lieu qui sera compétent. S'il n'a en France ni domicile ni résidence, mais qu'il ait une résidence en Belgique, c'est le tribunal de cette résidence qui devra connaître de l'affaire. Enfin, à défaut d'un domicile ou d'une résidence en France ou en Belgique, le tribunal compétent sera celui du lieu où l'obligation est née, a été ou doit être exécutée. Le même raisonnement pourrait être fait pour l'action intentée en France par un Belge contre un autre Belge ou par un Français contre un Belge. Mais, que dire des actions intentées en Belgique ? La difficulté vient de ce que l'on doit, ici, faire intervenir la disposition de l'art. 19, alin. 3 de la convention, qui décide que le traité : « *n'enlève aux Français aucun des droits que leur confère la loi belge du 25 mars 1876, tant qu'elle sera en vigueur* ». Il résulte de cette disposition que les Français pourront assigner les Belges en Belgique devant le juge du lieu où l'obligation est née ou dans lequel elle doit être ou a été exécutée, même au cas où ceux-ci seraient domiciliés en France. Il n'est donc pas rigoureusement exact de dire que la compétence du *forum contractus* a, d'après le traité, un caractère subsidiaire. Il n'en est ainsi qu'en ce qui concerne les actions intentées en France[1], soit par des Belges, contre

1. La Commission du Sénat belge, chargée d'examiner le Projet de loi approuvant la convention franco-belge, a tenu à avoir sur ce point, qui aurait pu soulever des doutes, l'avis de l'un des négociateurs belges du traité, M. de Paepe.

des Français ou des étrangers, soit par des Français contre des Belges, et aussi, croyons-nous, en ce qui concerne les

Voici la réponse que fit celui-ci au rapporteur de la Commission : « Comme vous le dites, le dernier paragraphe de l'art. 19 de la convention franco-belge du 8 juillet 1899 conserve aux Français le droit qu'ils puisent dans les art. 42 et 52, n° 3 de la loi du 25 mars 1876, d'assigner en Belgique les Belges et les étrangers, en matière mobilière, devant le juge du lieu où l'obligation est née, a été ou doit être exécutée. Ces articles ne subordonnent ce droit à aucune condition. En France, les Belges n'ont pas le même droit, la législation française n'admettant pas le *forum contractus* en matière civile. En vertu de l'art. 2 de la convention, les Belges ne l'acquièrent en France que si le défendeur n'a ni domicile ni résidence en Belgique ou en France. Ce n'est qu'à défaut du *forum domicilii* que le *forum contractus* est ouvert en France aux Belges à l'égard des Français et des étrangers.

» Dans leur projet, les délégués belges ne soumettaient le *forum contractus* en France à aucune condition. Ils demandaient la réciprocité. Ils disaient que si le *forum contractus* était soumis en France à une condition quelconque, il devait l'être aussi en Belgique, et que partant les Français ne pourraient plus en user en Belgique comme ils le font aujourd'hui. Ils ajoutaient qu'ils ne voyaient aucune raison sérieuse de ne pas accorder le *forum contractus* en matière civile, puisqu'il est admis en matière commerciale.

» Les délégués français répondirent que les Belges devaient se contenter en France de la loi applicable aux Français, comme ceux-ci se contentaient en Belgique de la loi applicable aux Belges ; mais que cette loi ne devait pas être la même dans les deux pays.

» En un mot, ils soutenaient que les Belges ne pouvaient prétendre en France à rien de plus que d'être assimilés aux Français. Toutefois, ils consentirent à faire une concession à la Belgique. Le Projet de loi présenté le 6 mars 1890 à la Chambre des Députés, pour la revision du Code de procédure civile, soumet en matière civile au *forum contractus* le défendeur qui n'a ni domicile ni résidence en France. Les délégués français consentirent à accorder aux Belges le bénéfice de cette disposition, bien que les Français ne l'aient pas encore. Les délégués belges, voyant l'impossibilité d'obtenir la réciprocité, acceptèrent la concession qui leur était offerte. Elle assure aux Belges un droit dont les Français ne jouissent pas encore. Elle leur est très avantageuse, en leur ouvrant le *forum contractus* au cas où il leur est principalement utile, quand la personne avec laquelle ils contractent en France n'y a ni domicile, ni résidence, pas plus qu'en Belgique. Dans ce cas, les Belges ne trouvaient en France aucun tribunal compétent, si la cause n'était pas commerciale. La convention franco-belge leur concède dans ce cas le *forum contractus*, en matière civile. »

actions intentées en Belgique par des Belges contre des Français. Au contraire, à l'égard des actions intentées en Belgique par des Français contre des Belges, la compétence du *forum contractus* n'est pas subsidiaire.

En présence des termes de l'art. 2, alin. 1, on aurait pu croire que l'art. 420, C. pr., fixant la compétence en matière commerciale, ne devait plus avoir d'application au profit des Belges. Mais cette déduction eut été erronée ; car c'eut été faire aux Belges en France une moins bonne condition que celle faite, non seulement aux Français, mais même aux autres étrangers, à qui la jurisprudence permet d'invoquer les règles de compétence de l'art. 420, C. pr. Aussi, appliquant le principe de l'art. 1er, alin. 1, sur l'assimilation aux nationaux, l'art. 2, alin. 2, dispose : *Les Belges conserveront en France les droits que leur confère, en matière commerciale, l'art. 420 du Code de procédure civile, aussi longtemps que cette disposition restera en vigueur*. Cette disposition finale a été insérée afin qu'il fût bien établi que nous avions le droit de modifier ou même d'abolir cet art. 420, C. pr. Nous avons ici un autre exemple d'un cas où l'on applique la législation propre à l'un des deux pays contractants. Les Belges, en France, pourront avoir intérêt à invoquer l'art. 420, C. pr. qui, lui, n'a pas un caractère subsidiaire par rapport à la règle *actor sequitur forum rei*.

L'adoption de cette règle de compétence commune concernant le *forum contractus*, dans les rapports de la France et de la Belgique, mérite d'être approuvée. Au point de vue des relations entre ces deux peuples, elles seront singulièrement unifiées, donc facilitées. Au point de vue du mérite même de cette règle de procédure, il n'est pas non plus douteux qu'on doive lui donner son assentiment. Le système né de la règle *actor sequitur forum rei* est par trop simpliste. Il concentre toutes les actions concernant une personne en un lieu unique : son domicile. Toute question de compétence, nous l'avons fait remarquer, est une question de *situation*. Il s'agit seulement de savoir de qui, ou de quoi on envisagera la situation. Doit-on considérer la situation de l'individu, c'est-à-dire, cette fiction légale qu'on nomme le domicile, centre autour duquel on groupe tous ses intérêts, et accorder, pour toutes les actions personnelles qui le concernent, compétence au tribunal de ce lieu? Ou ne doit-on pas, plutôt, établir entre ces actions une différenciation, permettant de tenir compte de la diversité des sources où elles ont pris naissance, de la manière dont les obligations, sur lesquelles elles prennent base, se sont formées, et aussi des circonstances qui doivent accompagner leur extinction ? L'action est la manifestation externe du droit ; elle doit donc refléter les caractères du droit qu'elle renferme et non pas s'appliquer, telle qu'un moule unique, aux droits les plus variés. Dans la pratique, cette différenciation, ce passage de l'homogène à l'hétérogène se traduira par ce fait que le juge sera mieux à même, étant sur place, pouvant plus facilement interroger soit des documents, soit des témoins, de rendre une décision appropriée à la cause. On peut seulement se demander pourquoi, devant les avantages d'une telle réforme, on ne l'a opérée que partiellement, subsidiairement. Le motif doit être cherché dans le projet de réforme du 6 mars 1890. Du côté de la France, on a voulu faire une réforme restant dans les limites dans lesquelles on prévoyait que notre législateur aura à se mouvoir. Les négociateurs du traité ont donc fait là œuvre de prudence.

Il ne nous reste plus qu'à fixer de quelle manière devra être interprétée la compétence du *forum contractus*, c'est-à-dire ce qu'il faut entendre par ces mots : le juge du lieu où l'obligation est née, a été ou doit être exécutée. Sur ce point, il faut s'en référer aux règles admises en Belgique, puisque c'est dans la législation belge que se trouvent et l'origine et les termes mêmes de l'art. 2, alinéa 1.

L'art. 42 de la loi du 25 mars 1876, que reproduit l'art. 52, 3°, attribue, comme nous l'avons vu, compétence à deux sortes de tribunaux : 1° au tribunal du lieu où l'obligation s'est formée, au *forum contractus* proprement dit. Un contrat peut avoir, soit comme but (contrat synallagmatique parfait), soit comme résultat (contrat synallagmatique imparfait), de faire naître plusieurs obligations à la charge des parties. Le plus souvent, ces obligations prendront naissance au même lieu. En ce cas, le même tribunal sera compétent pour connaître de toutes ces obligations. Mais, il se peut que ces obligations prennent naissance en des lieux situés dans des arrondissements judiciaires différents. C'est ce qui se produit dans les contrats par correspondance. Dans cette hypothèse, il résulte des termes de la loi belge qu'on doit envisager séparément les différentes obligations dont se compose le contrat. Chacune sera attributive de juridiction à un tribunal différent, celui du lieu où elle s'est formée. S'il s'agit d'une vente conclue entre absents, par exemple, l'acheteur devra actionner le vendeur, pour tout ce qui concerne son obligation, devant le juge du lieu où est née cette obligation. Et, inversement, le vendeur devra actionner l'acheteur au lieu où a pris naissance l'obligation de celui-ci. Le législateur belge a donc donné, dans une très large mesure, satisfaction à ce besoin de spécialisation des compétences, qui, nous l'avons dit, se fait de plus en plus vivement sentir.

2° La loi belge accorde compétence au tribunal du lieu où l'obligation a été ou doit être exécutée, soit que les parties aient désigné ce lieu, soit qu'elles aient laissé ce soin à la loi (art. 1247, C. civ.). C'est le *forum destinatœ solutionis*. La même observation, que nous faisions à l'instant, doit être ici reproduite. Souvent, il arrivera que les obligations des parties auront été ou devront être exécutées dans des arrondissements différents. Le demandeur devra traduire le défendeur devant le juge du lieu où l'exécution de l'obligation de celui-ci a été ou doit être faite ; mais non devant le tribunal dans l'arrondissement duquel il a lui-même exécuté ou devait exécuter son obligation.

Mais la différenciation ne doit pas être poussée à l'extrême, jusqu'à penser que le *forum contractus*, proprement dit, ne serait compétent que pour les actions concernant le contrat indépendamment de son exécution, celles, par exemple, ayant trait à son existence, à sa forme, tandis que le *forum destinatœ solutionis* connaîtrait de celles que fait naître son exécution. Le demandeur a le choix entre ces deux tribunaux, sous la réserve des deux observations précédentes, sans distinction tirée de la nature des questions soulevées. La solution inverse donnerait lieu à de sérieux inconvénients dans la pratique. En effet, les diverses questions que soulève un contrat sont intimement liées, et, par exemple, le demandeur qui réclamera l'exécution d'une obligation se verra, très souvent, opposer des objections qui mettent en jeu l'existence même du contrat. On ne pouvait imposer au demandeur d'avoir recours à un autre tribunal, celui du lieu où l'obligation a pris naissance, en le supposant différent de celui où elle doit être exécutée.

Ces diverses solutions, admises en Belgique [1], doivent être également données par interprétation de l'art. 2 du traité.

Ces diverses règles de compétence, et l'interprétation que nous venons d'en donner, se justifient par d'importantes considérations pratiques. Elles ont aussi un fondement rationnel : la compétence du *forum contractus*, au sens large, repose, la plupart du temps, sur l'intention des parties [2]. On est, en effet, en droit de présumer que chaque contractant a, pour les litiges qui pourront naître à l'occasion de l'obligation qu'il assume, fait une sorte d'élection de domicile, attributive de juridiction, au lieu où il s'est obligé, et au lieu où il doit se libérer. Cette intention peut très bien être supposée chez les parties, parce que cela facilitera à chacun d'eux le règlement des questions que soulèvera le contrat qu'elles ont passé. Et cela explique pourquoi le tribunal compétent sera différent suivant qu'il s'agit de l'obligation de l'une ou de l'autre des parties. On ne peut, en effet, supposer que chacun des contractants a élu un domicile, attributif de juridiction, non seulement au lieu où il s'oblige, ou dans celui où il doit remplir son engagement, mais encore au lieu où son co-contractant s'est obligé, ou doit s'exécuter. Cependant, il ne

1. Cf. Liège, 7 juin 1888 : *Pasic*, 1888, 2,363.

2. Cpr. Allard, Rapport, § LVII (Clœs, *Comment.*, n° 90, p. 70). Il en résulte que cette compétence disparaît devant une volonté contraire résultant, par exemple, d'une élection de domicile.

faut pas attacher trop d'importance à cette question de présomption de volonté ; sinon, il en résulterait que cette compétence n'aurait pas d'application en matière de délits ou quasi-délits.

On admet, en Belgique, par interprétation des travaux préparatoires de la loi de 1876 [1], que le tribunal du lieu de la formation de l'obligation est compétent pour connaître des actions qui naissent d'un quasi-contrat, d'un délit ou d'un quasi-délit [2]. C'est là un nouveau pas dans la voie de la spécialisation au point de vue de la compétence. On admet même que cette compétence est applicable aux actions dont le titre est dans la loi même [3]. Ces solutions doivent être aussi admises sous l'empire de l'art. 2 du traité. D'ailleurs, ici encore, il y a conformité avec le projet de réforme de 1890. En effet, dans son art. 1er, § 5, il disposait : *les actions résultant de délits ou quasi-délits peuvent être portées devant le juge du lieu où le fait qui donne naissance à l'action est survenu.* Voici comment l'Exposé des motifs justifiait cette disposition : « N'est-il pas rigoureux de contraindre la victime d'un accident à rechercher et à poursuivre dans une contrée lointaine celui qui, par sa faute, a causé le dommage, et dont l'éloignement semble, parfois, assurer l'impunité ? [4] » Désormais, cette rigueur est abolie dans les rapports entre Français et Belges.

1. Rapport de M. Allard, § LVII (Clœs, *Comment*, n° 90, p. 70).
2. V. notamment, Cass. 12 mai 1881, *Belg. jud.* 1881, p. 1145.
3. V. notamment, Trib. civ., Bruxelles, 16 juin 1888, *Journ. des Trib.*, 1888, p. 967. Au surplus, pour toutes les questions soulevées par le *formum contractus*, voy. de Paepe, *Études sur la compétence civile*, 2e étude.
4. *Journal officiel* du 2 mai 1890, *Documents parlementaires*, p. 451.

### § 2. — *Compétence du tribunal du domicile élu.*

D'après l'art. 3, § 1er du traité : « *Lorsqu'un domicile attributif de juridiction a été élu dans l'un des pays pour l'exécution d'un acte, les juges du lieu du domicile élu sont seuls compétents pour connaître des contestations relatives à cet acte.*

» *Si cependant le domicile n'a été élu qu'en faveur de l'une des parties contractantes, celle-ci conserve le droit de saisir tout autre juge compétent.* »

Sous le régime antérieur au traité, l'élection de domicile, faite, par un Belge, dans un contrat pour son exécution en France, n'était pas dépourvue d'effet. Si le contrat avait été passé avec un Français, cette élection de domicile attribuait compétence au juge du domicile élu, de préférence à tout autre. S'il s'agissait d'un contrat entre Belges, cette élection de domicile en France était considérée comme une renonciation à se prévaloir de l'incompétence des tribunaux français. Ceux-ci conservaient, d'ailleurs, le droit de se dessaisir d'office de cette affaire qui sortait de leur compétence [1]. On décide, en effet, que la faculté d'élire un domicile en France appartient aux étrangers aussi bien qu'aux Français [2]. En Belgique, le principe étant la compétence des tribunaux belges entre étrangers, cette élection de domicile faite dans un contrat pour son exécution en Belgique avait des effets plus étendus. Elle attribuait compétence, pour connaître de

1. Cf. Féraud-Giraud : Clunet, 1880, p. 226 et les autorités citées.

2. Cass. 29 juill. 1890, S. 91,1,16. — Aubry et Rau, t. I, § 146, 5e édit., p. 898, texte et note 1 *bis*.

l'affaire, au tribunal du domicile élu, même entre Français (arg. art. 52, 2°, loi du 25 mars 1876).

Le principe d'assimilation aux nationaux, posé par l'art. 1er, § 1 du traité, devait, en matière d'élection de domicile, entraîner par lui-même l'adoption d'une règle de compétence commune à la France et à la Belgique. En France, par exemple, par la seule application de ce principe, on aurait dû décider qu'on appliquerait aux Belges les dispositions de l'art. 111, C. civ. et de l'art. 59, alin. 9, C. pr. (Cpr. art. 43 loi du 25 mars 1876). Il en eût été de même en Belgique ; et l'identité de règles applicables aurait été d'autant plus grande que l'interprétation de l'article 111, C. civ. est la même en Belgique qu'en France [1].

L'art. 3 n'a donc fait que constater l'état de choses devant résulter de l'application du principe de l'art. 1er. Le § 1er de l'art. 3 consacre même expressément une des solutions admises par interprétation de l'art. 111, C. civ. Il décide que si l'élection de domicile n'a été faite qu'en faveur d'une des parties, celle-ci peut renoncer à s'en prévaloir et saisir tout autre juge compétent. Si, au contraire, ce domicile a été élu en faveur des deux contractants, il faudrait leur double consentement pour attribuer compétence à un autre juge que celui de ce domicile.

Le § 2 de l'art. 3 consacre une autre solution, également admise sous l'empire de l'art. 111, C. civ. On admet, en effet, que le fait pour une société d'établir une succursale dans un lieu emporte élection de domicile en ce lieu pour toutes les opérations de cette succursale, et, partant, compétence du tribunal de ce lieu pour connaître des contestations

1. V. Beltjens : *Encyclopédie du droit civil belge*, Code civil, art. 111, n° 9 ; Aubry et Rau, t. I, § 146, 5e édit., p. 898, 899.

que ces opérations peuvent faire naître[1]. L'art. 3, § 2 ne fait que consacrer cette jurisprudence, dans les rapports de la France et de la Belgique, lorsqu'il décide que : *tout industriel ou commerçant, toute société civile ou commerciale de l'un des deux pays, qui établit une succursale dans l'autre est réputé faire élection de domicile, pour le jugement de toutes les contestations concernant les opérations de la succursale, au lieu où celle-ci a son siège*[2].

1. Cass. 16 janv. 1861, D. 61, 1, 126. Voy. aussi divers arrêts de Cours d'appel dans S. 58, 2, 257.

2. C'est ici le lieu de rappeler la loi du 30 mai 1857 (D. 57,4,75), et les circonstances dans lesquelles elle est intervenue. A la suite de certaines décisions de la jurisprudence belge, refusant aux sociétés anonymes françaises le droit d'ester en justice devant les tribunaux belges, une loi belge du 14 mars 1855 autorisa ces sociétés à exercer leurs droits en Belgique toutes les fois que les associations belges de même nature auraient, en France, les mêmes droits, ce qui serait établi soit par des traités, soit par la production de lois ou actes propres à établir l'existence de ce droit. D'où notre loi du 30 mai 1857, qui autorise les sociétés anonymes et autres associations..... qui sont soumises à l'autorisation du gouvernement belge et qui l'ont obtenue, à exercer leurs droits et à ester en justice en France. Mais une question se pose, par suite de la suppression de l'autorisation préalable pour les sociétés anonymes, en France par la loi du 24 juillet 1867, en Belgique par la loi du 18 mai 1873. Les sociétés anonymes belges peuvent-elles plaider en France ? Voy. sur cette question : Thaller, *Journal des sociétés*, 1881, p. 50 et s., 106 et s., 312 et s. ; Lyon-Caen, note sous Paris, 8 juillet 1881, S. 81,2,169 : il s'agissait d'une société anonyme espagnole ; mais la solution devrait être la même pour une société anonyme belge, car les sociétés anonymes espagnoles ne sont plus soumises à l'autorisation préalable du gouvernement et, d'autre part, elles ont obtenu de pouvoir exercer leurs droits en France par un décret du 5-24 août 1861, rendu en exécution de l'art. 2 de la loi du 30 mai 1857. Contrairement à M. Thaller, M. Lyon-Caen pense que ces sociétés, qui bénéficient d'un décret ou d'une loi, peuvent agir en France « dès l'instant où elles sont constituées conformément aux lois de leur pays d'origine, alors même que ces lois ne les soumettraient pas au régime de l'autorisation préalable ». Dans le même sens : Renault, *Du droit des sociétés anonymes belges d'ester en justice en France* ; *Journal des sociétés* 1880, p. 152 et s., nous nous rallions à cette opinion. Le § 2 de l'art. 3 du traité, par les termes très généraux qu'il emploie

De droit commun, on admet, par interprétation de l'art. 111, C. civ., que l'élection de domicile peut être soit expresse, soit implicite ; mais qu'elle ne doit pas être présumée, en cas de doute. C'est ainsi que l'on décide généralement qu'une élection de domicile ne peut résulter, du moins en matière civile, de la simple indication d'un lieu de paiement, pour tout ce qui ne concerne pas ce paiement lui-même [1]. Il faut, sous l'empire du traité de 1899, donner à cette question une solution différente : en effet, l'art. 2 de ce traité consacre la compétence du *forum contractus*, c'est-à-dire, du tribunal du lieu où l'obligation est née, a été ou doit être exécutée ; et nous avons vu que le tribunal du lieu d'exécution de l'obligation était compétent même pour connaître de questions ne concernant pas, à proprement parler, l'exécution de cette obligation. Rappelons, d'ailleurs, que cette compétence n'est consacrée par le traité qu'à titre subsidiaire.

L'art. 3 nous donne un exemple très net d'un cas où on a pu réaliser pleinement cet idéal auquel on doit tendre sans cesse en matière de compétence internationale : la suppression des frontières, la fusion de plusieurs pays en un seul territoire, soumis aux mêmes règles. En effet, le juge belge ou français ne devra pas seulement envisager l'hypo-

(« toute société civile ou commerciale de l'un des deux pays ») semble bien corroborer notre manière de voir. Cpr. *Contrà* : Rouen 4 mai 1898, Clunet 1899, p. 836.

1. Aubry et Rau, t. I, § 146, 5e édit., *loc. cit.* Voy. cepend : Rouen, 25 mai 1857, S. 58,2,48 ; d'après cet arrêt, l'indication d'un lieu de paiement dans un billet à ordre souscrit pour une cause purement civile peut être, suivant les circonstances, et d'après l'intention des parties, considérée comme emportant élection de domicile dans ce lieu. Il y avait là, en quelque sorte, comme un moyen détourné pour arriver à consacrer la compétence du *forum contractus* en matière civile ; ce qui prouve combien, dans la pratique, le besoin de cette compétence se fait sentir.

thèse d'une élection de domicile dans l'un des deux pays ; il devra aussi considérer si cette élection de domicile n'a pas été faite dans l'autre. C'est seulement après avoir résolu cette question qu'il pourra, selon les cas, se déclarer compétent ou incompétent. Car, la compétence du tribunal du domicile élu l'emporte sur toute autre règle de compétence, *ratione personæ* du moins. Tout ceci résulte des termes de l'art. 3, § 1 : lorsqu'un domicile attributif de juridiction a été élu *dans l'un des deux pays*...... les juges du lieu du domicile élu sont *seuls* compétents...

§ 3. — *Compétence à raison du lien qui unit plusieurs actions* (forum connexitatis causarum).

Rentrent sous ce chef divers cas : litispendance, connexité, demandes reconventionnelles ou en garantie, qui sont prévus par l'art. 4 du traité, ainsi conçu :

§ 1. — *Les tribunaux de l'un des États contractants renvoient, si l'une des parties le demande, devant les tribunaux de l'autre pays les contestations dont ils sont saisis quand ces contestations y sont déjà pendantes ou quand elles sont connexes à d'autres contestations soumises à ces tribunaux. Ne peuvent être considérées comme connexes que les contestations qui procèdent de la même cause ou portent sur le même objet.*

§ 2. — *Le juge devant lequel la demande originaire est pendante connaît des demandes en garantie et des demandes reconventionnelles, à moins qu'il ne soit incompétent à raison de matière.*

Nous nous proposons d'étudier séparément chacune des hypothèses que résoud l'art. 4.

A. — **Litispendance et connexité.**

On dit qu'il y a litispendance lorsqu'un même procès, déjà débattu devant un juge, est soumis à la décision d'un autre juge. Le défendeur à ce second litige peut, en opposant l'exception de litispendance, demander le dessaisissement du juge saisi en second lieu. Cette exception suppose qu'il y a identité entre les deux procès : *eadem res, eædem personæ, eadem causa petendi*[1]. On peut remarquer que ce sont là les mêmes conditions qui sont exigées pour l'exception de chose jugée. Et, en effet, ces deux sortes d'exceptions, quoique opposées dans des circonstances différentes, jouent le même rôle. Par l'exception de litispendance, on arrête le cours d'une instance qui, si l'action introduite la première avait reçu une solution, n'aurait pu être entreprise, comme mettant en question une affaire sur laquelle une décision est déjà intervenue. Le but de l'exception de chose jugée est précisément d'empêcher que la même question soit soulevée une deuxième fois. L'exception de litispendance est donc une exception de chose jugée avant la lettre, c'est-à-dire, avant qu'il y ait chose jugée. Toutes deux ont pour but de faire que des décisions contradictoires ne puissent être rendues sur un même litige. L'exception de litispendance repose sur cette considération, qu'un jugement rendu dans une instance, actuellement pendante, aura l'autorité de la chose jugée dans une instance future. La question de savoir si cette

1. Cass. 2 déc. 1879, D. 80, 1, 363 ; Dalloz, *Répert.*, v° *Exceptions*, n°s 169 et s.; Liège, 28 juillet 1887, *Belg. jud.*, 1888, p. 142 ; Bruxelles, 10 déc. 1884, *Pas.* 85, 2, 58.

exception peut produire effet d'un pays à un autre dépend donc de celle de savoir si, dans l'un de ces pays, on accorde l'autorité de la chose jugée aux jugements rendus dans l'autre. Or, avant la conclusion du traité de 1899, il était admis par la jurisprudence, en France et en Belgique, que les jugements rendus dans l'un des deux pays, n'avaient pas l'autorité de chose jugée dans l'autre. Il en résultait qu'il ne pouvait y avoir litispendance entre un tribunal français et un tribunal belge. En France par exemple, l'art. 171, C. pr. n'a pas d'application en droit international [1]. Mais, la convention franco-belge accordant l'autorité de la chose jugée, en France ou en Belgique, aux jugements belges ou français, a dû admettre aussi, logiquement, que l'exception de litispendance produirait effet d'un pays à l'autre. Désormais, à ce point de vue, la France et la Belgique doivent être considérées comme ne formant qu'un seul pays. Cet idéal a donc, ici, pu être réalisé.

La notion de connexité n'est pas aussi nette que celle de litispendance. Il n'y a plus identité entre les deux actions, dites connexes, il y a seulement entre elles un certain lien. Quel est ce lien? La loi sur ce point est d'un laconisme regrettable : *Si la contestation est connexe à une cause déjà pendante en un autre tribunal, le renvoi pourra être demandé et ordonné*, dit l'art. 171, C. pr. En présence de ce laconisme,

1. Trib. com., Seine, 26 sept. 1859 : P. 1860, p. 449, confirmé par Paris, 24 déc. 1859 ; le litige était pendant devant le tribunal civil de Bruxelles. V. aussi : Cass. 11 déc. 1860, S. 61, 1, 331 ; Dreux, 20 juin 1877, Clunet, 1881, p. 256 ; Paris, 25 juillet 1877, Clunet, 1878, p. 163 ; Clunet, 1878, p. 372. Cpr. Milan, 11 avril 1894, Clunet, 1898, p. 783 ; Trib. com., Anvers, 28 janv. 1895, Clunet, 1896, p. 897 ; Trib. com., Liège, 31 oct. 1896, Clunet, 1897, p. 844 ; Bordeaux, 30 nov. 1896, Clunet, 1897, p. 554.

la Cour de Cassation a cru pouvoir décider que, « en ne définissant pas la connexité, ni dans l'art. 171, C. pr., ni ailleurs, la loi a nécessairement laissé aux tribunaux l'appréciation des circonstances qui doivent contribuer à l'établir[1] ».

Cette opinion a été adoptée par un certain nombre d'auteurs[2]. Des définitions ont pourtant été données et, par exemple, la suivante: « Les deux demandes (connexes) sont différentes, mais elles sont l'une avec l'autre dans un rapport si intime, dans une liaison si étroite qu'il est utile, qu'il est nécessaire de débattre toutes deux devant les mêmes juges, parce que, deux décisions, deux sentences différentes venant à être rendues, l'exécution des deux pourrait se contredire[3] ». Il n'y a pas là, à proprement parler, une définition, puisque l'on n'indique pas à quels caractères précis on reconnaîtra que deux causes sont connexes ; mais, du moins, ce qui ressort clairement, c'est le but que le législateur s'est proposé en introduisant la notion de connexité : il a voulu empêcher deux décisions contradictoires. Or, cela suppose que ces décisions ont toutes deux une égale force, plus précisément, qu'elles jouissent toutes deux de l'autorité de la chose jugée, qu'elles pourraient, si aucun obstacle n'était opposé, être toutes deux mises à exécution. Indépendamment de toute autre raison, celle-là suffit pour faire exclure l'exception de connexité dans les rapports des tribunaux français avec ceux d'un autre pays. En effet, notre loi, d'après la

1. Cass. 23 mars 1864, D. 64, 1, 479.

2. Rodière, *Cours de compétence et de procéd. civ.*, 5e édit., t. I, p. 331 ; Garsonnet, *Cours de procédure*, 2e édit., t. II, p. 556; Dalloz, *Répert.*, v° *Exceptions*, n° 202.

3. Boitard, *Leçons de Procéd. civ.* 15e édit., par M. Glasson, t. I, n° 357.

jurisprudence, n'accordant pas aux tribunaux étrangers l'autorité de la chose jugée en France, un jugement rendu en France ne pouvait être contredit par une décision considérée dans notre pays comme n'existant pas. La jurisprudence, qui aime à invoquer le principe de l'indépendance des États, aurait pu ajouter qu'une souveraineté étrangère n'a pas le droit, sous peine de s'immiscer dans l'administration de la justice, telle qu'elle est organisée par la souveraineté française, de réclamer de celle-ci qu'une de ses juridictions se dessaisisse au profit d'une juridiction étrangère ; ou encore, que la souveraineté française doit bien prendre souci que des conflits et des contradictions ne se produisent pas entre les juridictions et les décisions françaises, mais qu'elle n'a pas à faire régner l'ordre et l'harmonie dans l'administration de la justice, en dehors du territoire soumis à son autorité [1].

En Belgique, les art. 50 et 52 de la loi du 25 mars 1876 statuent sur cette matière de la connexité. L'art. 50 dispose qu'*en cas de litispendance ou de connexité, la connaissance de la cause sera retenue par le juge qui en a été saisi le premier*. Et l'art. 52 décide que *les étrangers pourront être assignés devant les tribunaux du Royaume, soit par un Belge, soit par un étranger...... 6° si une demande est connexe à un procès déjà pendant devant un tribunal belge*. Le premier de ces articles, ne statuant qu'en matière de droit interne, ne pouvait, pas plus que l'art. 171, C. pr., être étendu aux rapports internationaux. Quant à l'art. 52, 6°, il pouvait bien avoir pour effet, en cas de connexité, d'attribuer compétence à un tribunal belge à l'égard d'un étranger, mais

1. Cf. Paris, 15 juin 1883, Clunet, 1884, p. 65.

non d'imposer à un tribunal étranger l'obligation de se dessaisir d'un litige, sous prétexte de connexité avec un litige déjà pendant en Belgique. Au surplus, il y avait, en Belgique, les mêmes raisons de ne pas admettre la connexité dans les rapports des tribunaux belges avec des tribunaux d'un autre pays, que nous avons données à l'égard de la France. S'il était besoin, les art. 14, C. civ. et 15, C. civ. viendraient aussi empêcher que les tribunaux français tiennent compte de l'exception de litispendance et de connexité ayant pour base une instance pendante à l'étranger.

La conclusion d'un traité entre la France et la Belgique, certaines solutions admises par ce traité, et, surtout, l'esprit dans lequel il était conçu, devaient faire aboutir l'adoption de principes tout opposés en pareille matière. Tout d'abord, le traité admet pour les jugements belges ou français l'autorité de chose jugée en France ou en Belgique. Un premier argument, invoqué pour refuser de tenir compte de la connexité des actions dans les rapports des deux pays, disparaissait donc. Ensuite, et surtout, nous avons vu que le but que s'étaient proposé, dans la mesure du possible, les négociateurs du traité de 1899, c'était l'unification des deux pays au point de vue de la compétence. Il n'était donc plus vrai de dire que les juridictions de chaque pays ne devaient considérer que ce qui se passait sur le territoire où elles exerçaient leur empire.

Aussi, le traité a-t-il décidé que la question de la litispendance et celle de la connexité des actions devraient être envisagées en se préoccupant, non seulement des rapports des tribunaux français entre eux, ou de ceux des tribunaux belges, mais aussi des rapports entre les tribunaux belges et les juridictions françaises. Ici encore la Belgique et la France ne forment plus, en quelque sorte, qu'un seul pays.

Nous avons eu l'occasion de faire remarquer que la notion de connexité était insuffisamment précise. Les abus qui peuvent en résulter, dans l'application de cette notion, ne présentent pas autant de gravité en droit interne qu'en droit international. S'agissant, en effet, de compétence internationale, il s'ensuivra le dessaisissement de la juridiction d'un pays en faveur de celle d'un autre État. Il importait donc au plus haut point de fixer les limites d'application de cette notion. Le traité franco-belge n'a pas failli à cette tâche. L'art. 4, § 1 décide, en effet, que *ne peuvent être considérées comme connexes que les contestations qui procèdent de la même cause ou portent sur le même objet*. En adoptant cette manière de voir, les négociateurs de la convention se sont inspirés des solutions admises généralement soit par la jurisprudence française [1], soit par la jurisprudence belge [2]. Ne seront donc pas suffisantes pour créer entre deux causes le lieu de connexité, soit l'identité des parties, soit la similitude des faits et des questions de droit soulevées [3].

D'après l'art. 59, § 2, C. pr., reproduit par l'art. 39, § 2 de la loi du 25 mars 1876 (Cpr. art. 52,10° loi du 25 mars 1876), en matière personnelle (mobilière), le défendeur sera assigné, *s'il y a plusieurs défendeurs devant le tribunal du domicile de l'un d'eux, au choix du demandeur*. Cette disposition se place dans le même ordre que celles des art. 171,

1. V. notamment Cass. 19 juill. 1887, D. 88, 1, 147 ; 13 févr. 1888, D. 88, 1, 150.

2. V. de Pæpe, *op. cit.*, 4e étude, nos 4 et s., p. 262 et s., et les arrêts cités.

3. Gand, 4 nov. 1882, *Pas.* 83, 2, 79 ; Cpr. Cass. fr., 11 mars 1872, S, 72, 1, 384. La solution de l'art. 4 est aussi celle du Code de proc. civ. du roy. d'Italie (art. 98).

C. pr. et 50 de la loi belge de 1876 : on accorde au demandeur le droit de citer plusieurs défendeurs devant le juge du domicile de l'un d'eux dans les mêmes cas où les défendeurs, cités devant des tribunaux différents, pourraient demander leur renvoi devant un juge unique, celui qui a été saisi le premier à l'égard de l'un d'eux; c'est-à-dire, soit lorsqu'il s'agit d'une action unique, démembrée entre plusieurs défendeurs, soit lorsque, s'agissant d'actions différentes, elles sont unies entre elles par un lien de connexité [1]. Il résulte de ce rapprochement, et de la disposition de l'art. 4, § 1 *in fine*, que, dans les rapports de la France et de la Belgique, un défendeur ne pourra être cité devant le tribunal du domicile d'un autre défendeur que du chef de la connexité, telle qu'elle est définie par le traité, tenant soit à l'identité de cause, soit à l'identité d'objet. Telle était, d'ailleurs, la solution généralement admise en France et en Belgique avant la conclusion du traité, quoique avec moins de netteté [2].

Sous l'empire de l'art. 4 du traité de 1899, diverses questions se posent touchant l'exception de litispendance ou de connexité. Et d'abord, qui peut l'opposer? Il résulte des termes de cet article que l'une ou l'autre des parties peut opposer cette exception. Sur ce point la solution est différente de celle qui était admise en vertu des dispositions des

1. V. sur cette question : Boitard, Colmet-Daage et Glasson, *op. cit.*, 15e édit., t. I, p. 129; Garsonnet, *op. cit.*, t. II, p. 139, 2e édit. ; Dalloz, *Répert.*, vº *Compétence civ. des trib. d'arr.*, nos 38 et s. ; Cass. 24 févr. 1875 : S. 75, 1, 119 ; Bruxelles, 8 mars 1886 : *Pas.* 86, 2, 162 ; Cass. 14 mars 1883 : Clunet, 1883, p. 498 ; Bruxelles, 30 janv. 1889, *Belg. jud.*, 1889, p. 645 ; de Pæpe, *op. cit.*, 9e étude, p. 334 et s. V. cep., Paris, 8 mai 1863 : D. 63, 2, 73.

2. V. la note précédente. *Adde* : Cour d'Orléans, 1er août 1888 : D. 89, 2, 204. La jurisprudence déduit même de l'art. 59, § 2 une dérogation à son principe de l'incompétence entre étrangers. Cf. Féraud-Giraud : Clunet, 1880, p. 171-172.

art. 171, C. pr. et 50 de la loi belge de 1876. On décide, en effet, par interprétation de ces articles, que le défendeur seul peut opposer cette exception [1].

L'exception de litispendance ou de connexité peut-elle être proposée en tout état de cause, on seulement *in limine litis ?* Aucun des termes de l'art. 4 ne peut faire présumer une solution à cette question ; en réalité, cet article a voulu la réserver au domaine de la loi particulière à chaque pays [2]. Il résulte des termes de l'art. 4 que le renvoi pour litispendance ou connexité ne peut être prononcé d'office [3]. L'article dit, en effet, que le renvoi sera prononcé *si l'une des parties le demande.*

Deux autres questions doivent être résolues : celle de savoir si le renvoi est obligatoire pour le juge, lorsque le défendeur oppose l'exception, et celle de savoir quel tribunal devra se dessaisir. La solution de ces questions se trouve dans l'art. 4 : il nous semble ressortir des termes employés par cet article, d'abord que le renvoi est obligatoire pour le juge, lorsqu'il est demandé par l'une des parties, ensuite qu'il doit s'opérer au profit du tribunal saisi le pre-

1. Dalloz : *Répert.*, v° *Exceptions*, n° 170 ; de Pæpe, *op. cit.*, 4e étude, n° 21 *in fine.*

2. La plupart des auteurs, en France, admettent qu'on peut opposer cette exception en tout état de cause : Dalloz, *Répert.*, v° *Exceptions*, n° 188 ; Boitard, Colmet-Daage et Glasson, *op. cit.*, 15e édit., t. I, n° 359 ; Garsonnet, *op. cit.* 2e édit., t. II, p. 545. Mais il a été jugé qu'elle ne peut être présentée pour la première fois en appel : Cass. 17 août 1865, S. 65, 1, 399 ; *a fortiori* devant la Cour de Cass. ; Cass. 14 févr. 1888, D. 88, 1, 225. Jugé même qu'elle doit être proposée avant toutes autres exceptions et défenses : Alger, 6 déc. 1893, D. 94, 2, 518. En Belgique, on admet que l'exception de litispendance ou de connexité ne peut être proposée pour la première fois ni en cassation : Cass. 23 juill. 1858, *Pas.* 58, 1, 241 ni même en appel : *Contrà*, Bruxelles, 10 déc. 1884, *Pas.* 85, 2, 58. Mais le défendeur n'est pas tenu de la proposer *in limine litis* : Bruxelles, 6 déc. 1880, *Pas.* 81, 2, 238.

3. *Sic.* Cass. 17 août 1865, S. 65, 1, 399 ; de Pæpe, *op. cit.*, 4e étude, n° 22.

mier du litige (arg. des mots : *renvoient... devant les tribunaux de l'autre pays* [1]...)

Un point est hors de doute : la compétence pour cause de connexité ne saurait aller à l'encontre des règles de la compétence d'attribution, ou *ratione materiæ*. Cette restriction n'a pas d'intérêt au cas de litispendance, où, s'agissant d'une même cause, le tribunal premier saisi est certainement compétent *ratione materiæ* pour en connaître [2]. La question peut, au contraire, se poser au cas de connexité. Mais la réponse est certaine : la restriction que le § 2 de l'art. 4 apporte à la connaissance des demandes en garantie ou reconvention-

1. Sur ces deux points, l'art. 4 consacre la solution admise en Belgique, par interprétation de la loi de 1876. V. de Pæpe, *op. cit.*, 4e étude, n° 21. *Sic.* Bruxelles, 10 déc. 1884, *Pas.* 85, 2, 58. V. cepend. Liège, 30 mars 1885, *Pas*, 85, 2, 290. Sur le premier point, les opinions sont divisées en France : Dalloz, *Répert.*, v° *Exceptions*, n° 213. La jurisprudence semble faire une distinction entre le renvoi pour connexité, qui serait facultatif, et le renvoi pour litispendance, qui serait obligatoire : Cass. 22 janv. 1862, D. 62, 1, 172 ; Douai ; 1er mai 1868, D. 70, 2, 35. D'après certaines décisions, le renvoi serait toujours facultatif ; Montpellier, 31 janv. 1874, D. 76, 2, 94. Sur le deuxième point, il y a également controverse. Dans le sens indiqué au texte, voy. : Boitard, édit. Glasson, *op. cit.*, t. I, n° 357 ; *Contrà*, Cass., 22 janv. 1862 précité ; Cass., 27 févr. 1888, D. 89, 1. 24. Cette deuxième question n'a d'intérêt qu'en matière de connexité. En matière de litispendance, en effet, c'est toujours le juge premier saisi qui connaîtra du litige. V. cep. Glasson sur Boitard, 15e édit., t. I, n° 156, *in fine* ; Dalloz, *Répert.*, v° *Exceptions*, nos 192 et 193 ; Cass., 8 août 1864, D. 64, 1, 465 ; Trib. com., Bruxelles, 1er févr. 1886, *Pas.* 86, 3, 63. Le traité nous paraît décider que, dans tous les cas, le renvoi sera obligatoire de la part du deuxième juge saisi au premier.

2. Il y aurait, semble-t-il, un intérêt, même au cas de litispendance, si, par exemple, un tribunal de commerce belge était saisi d'une affaire déjà pendante devant un tribunal civil français (Cpr. *infrà*) ; mais la solution ne fait pas de difficulté : la compétence devant être appréciée d'après la loi du lieu où siège le tribunal premier saisi, le tribunal de commerce belge devra se dessaisir au profit du tribunal civil français ; en effet, l'interprétation donnée à la loi, dans chaque pays, doit être respectée par les tribunaux de l'autre pays.

nelles, au cas où le juge serait incompétent à raison de la matière, doit évidemment être appliquée à la connaissance des demandes connexes, que prévoit le § 1er du même article. Seulement, c'est ici le lieu de rappeler que l'art. 10 maintient une certaine sphère d'application de la loi particulière à chaque pays, et que, par exemple, en Belgique, les tribunaux de première instance sont considérés comme n'ayant pas la plénitude de juridiction, au lieu que celle-ci leur est reconnue en France. Le juge belge de première instance ne pourra donc connaître d'une cause, rentrant dans les attributions d'un tribunal de commerce français, sous prétexte de connexité; partant, celui-ci ne devra pas la lui renvoyer, sous peine d'exposer le demandeur à ne pouvoir nulle part obtenir justice. Mais, nous pensons qu'inversement un tribunal de commerce belge devrait se dessaisir au profit d'un tribunal civil français pour cause de connexité [1].

Nous passons sous silence d'autres questions qui n'ont qu'une moindre importance et qui pourront être résolues facilement à l'aide des principes que nous avons posés. Il est pourtant un point que nous devons mentionner ; nous voulons parler du *règlement de juges*.

Cette question n'est pas spéciale à la théorie de la litispendance et de la connexité. Mais c'est ici que cette institution peut trouver le plus fréquemment application. La raison de décider n'est, d'ailleurs, pas différente en notre matière, et la solution que nous donnerons, dans ce cas particulier, devra être étendue aux cas similaires. La question se pose dans les termes suivants : un défendeur oppose devant un tribunal une exception d'incompétence alors qu'il se trouve

1. Cpr. Cass. 13 janv. 1869, D. 72, 1, 198.

encore dans le délai utile pour le faire ; nonobstant, le tribunal retient l'affaire. Si ce défendeur est un Français, il puise dans l'art. 19 du titre II de l'ordonnance du mois d'août 1737 qui, d'après la jurisprudence, n'a pas été abrogé par les art. 363 et s., C. pr., le droit, en dehors de la voie de l'appel, de saisir, *omisso medio*, la Cour de Cassation d'une demande en règlement de juges [1]. Si le défendeur est un étranger, la jurisprudence lui accorde le même droit, mais au cas seulement où il demande son renvoi devant un juge français. La voie de l'appel lui sera seule ouverte s'il se réclame d'un tribunal étranger [2]. Cette solution ne doit pas, à notre avis, être maintenue, du moins dans ces termes absolus, sous l'empire du traité de 1899. L'art. 1er de ce traité posant en principe l'assimilation des Belges aux Français sur notre territoire, on doit accorder aux uns comme aux autres les mêmes privilèges. Quant à l'argument tiré du principe de l'indépendance des nations, que l'on invoquait à l'appui de la distinction que nous venons de voir, il n'a plus aucune force s'agissant des rapports de la France et de la Belgique, qui concluent un traité précisément sur les bases du respect réciproque de règles de compétence, soit communes, soit spéciales à leur législation propre. Donc, le Belge ou le Français plaidant en France pourra s'adresser directement à la Cour de Cassation française, par voie de règlement de juges, pour obtenir son renvoi devant un tribunal belge, particulièrement en invoquant les règles de la litispendance ou de la

1. *Recueil génér. des anc. lois franç.*, t XXII, p. 33. — Cass., 15 déc. 1874, D. 75, 1, 384 ; 23 janv. 1888, D. 88, 1, 405 ; 4 déc. 1888, D. 89, 1, 384 ; 27 févr. 1888, D. 89, 1, 24. — Boitard, Colmet-Daage et Glasson, 15e édit., t. I, n° 358.

2. D. 1847, 1, 183 ; Glasson : Clunet, 1881, p. 114 ; Demangeat sur Fœlix, t. I, n° 164, p. 344, note *a*.

connexité [1]. Inversement, la même règle sera applicable en Belgique, où la voie du règlement de juges est aussi admise [2]. En Belgique, tous les règlements de juges sont portés devant la Cour de Cassation. En France, au contraire, le règlement de juges peut, dans certains cas, être demandé au tribunal de première instance ou à la Cour d'appel. Mais c'est là une règle de compétence interne qui n'aura pas d'application dans les rapports de la France et de la Belgique. Il s'agit, en effet, de départir des tribunaux appartenant à des ressorts de Cours d'appel différentes. La Cour de Cassation, même en France, sera donc seule compétente (Cpr. art. 363, C. pr.). On nous objectera qu'il s'agit ici de départir des tribunaux de pays différents, et que, n'y ayant aucun tribunal commun, supérieur à la fois aux juridictions françaises et belges, le règlement de juges est inadmissible [3]. Certes il ne peut s'agir du droit, pour la Cour de Cassation française par exemple, d'ordonner à un tribunal belge de se dessaisir, sous prétexte qu'un tribunal français est seul compétent. En ce sens, il ne peut y avoir règlement de juges entre la France et la Belgique. Mais, rien n'empêche, selon nous, les parties de s'adresser, *omisso medio*, à la Cour de Cassation française, pour faire dire que le tribunal français doit se dessaisir, à la Cour de Cassation belge, pour faire prononcer le dessaisissement du tribunal belge (conflit positif) ; ou encore pour demander à l'une ou à l'autre qu'elle décide que le tribunal

1. Et cela, non seulement au cas de rejet du déclinatoire, mais même alors que le tribunal n'a pas encore statué sur sa compétence. Cpr. Cass., 23 janvier 1888, D. 88, 1, 405.

2. Cpr. art. 19, loi du 25 mars 1876 ; de Pæpe, *op. cit.*, 4e étude, n° 25, p. 298-299.

3. Cf. : Boitard, 15e édit., par Glasson, t. I, n° 551.

s'est déclaré incompétent à tort et qu'il doit statuer (conflit négatif). La Cour de Cassation française, comme la Cour de Cassation belge devra statuer en s'inspirant, d'abord des dispositions du traité, puis des dispositions de la loi de procédure propre à chaque pays. En aucun cas, l'une ou l'autre Cour ne pourra critiquer l'interprétation donnée à cette loi. Les conflits seront, ainsi, rendus très rares. Ils ne sont pourtant pas impossibles. Il se peut, en effet, que les articles de la convention soient interprétés en France et en Belgique d'une façon différente par les Cours de cassation, que chacune décide que le tribunal, qui lui est subordonné, doit rester saisi... Qui les départira ? Le conflit ne pourra être résolu que par voie d'entente ; car, aucune juridiction supérieure et commune n'a été créée, à cet effet, par le traité. Cette création eût été désirable ; elle eût rendu plus complète encore l'unification entre les deux pays, au point de vue de la compétence. C'est seulement en ce sens qu'on peut dire qu'il n'y aura pas règlement de juges.

### B. — **Compétence en matière de garantie.**

On définit la garantie : « l'obligation, soit légale, soit conventionnelle, d'indemniser quelqu'un de certains préjudices, ou de le protéger contre certaines attaques[1] ».

Il s'agit, dans l'art. 4, § 2 du traité, de la demande en garantie incidente. C'est pour elle seulement qu'il y a dérogation à la règle *actor sequitur forum rei*. Si, au contraire, la garantie est demandée par voie d'action principale, on revient au droit commun de la compétence.

1. Boitard, 15e édit., par Glasson, t. I, n° 377.

Nous pourrions répéter, à propos des motifs qui justifient cette dérogation au droit commun en matière de garantie incidente, ce que nous disions au sujet d'une autre dérogation dont nous avons pris connaissance en matière d'actions connexes. Dans les deux cas, le but est de fondre en une seule deux instances qui, théoriquement, devraient être distinctes. Il en résulte, d'abord, une économie de temps et de frais; mais, surtout, cette unité de procédure met obstacle à une contrariété de jugements, ici, entre le jugement sur la demande originaire et le jugement sur l'action en garantie. Cette règle prend donc sa source dans le désir d'arriver à une meilleure administration de la justice. On peut ajouter que, dans notre cas, le garanti, en appelant son garant devant le juge saisi de la demande originaire, échappe à ce danger, qui résulterait d'une instance distincte : que ce garant ne lui objecte qu'il s'est mal défendu, car il existait des moyens suffisants pour faire rejeter la demande originaire (Cpr. art. 1640, C. civ.).

Mais, l'analogie de motifs existant, en matière de garantie et de connexité, pour justifier une dérogation à la règle *actor sequitur forum rei*, ne fait pas que les actions en garantie ne forment qu'une catégorie des actions connexes. Entre la demande originaire et la demande en garantie, il n'y a jamais connexité à raison de la cause. Il peut y avoir connexité résultant de ce que le même objet est réclamé au défendeur à l'action principale par le demandeur et au garant par le garanti — par exemple en matière de cautionnement — ; mais, même cette espèce de connexité peut ne pas exister, par exemple, si le garant n'est tenu que d'indemniser le garanti du dommage qu'il aura éprouvé de la part du demandeur originaire. Néanmoins, entre l'action en garantie et l'action principale, il y a un lien, une connexité au sens large du mot, résultant de ce que l'une est dans la dépendance de l'autre, et qui justifie la réunion des deux instances.

S'il en est ainsi en matière de droit interne, ne doit-il pas en être de même en droit international? où trouve-t-on la raison de distinguer? Il faut se rappeler, pour résoudre cette question, ce que nous avons dit au sujet de l'autorité accordée aux jugements étrangers en France. Nous savons que la jurisprudence ne reconnaît pas cet effet à ces jugements. S'agissant donc d'une action en garantie, intentée par voie principale à l'étranger, à la suite d'une décision rendue en France contre le garanti, la décision intervenue sur cette action en garantie sera soumise à revision par les tribunaux français, qui ne laisseront pas subsister la contradiction, qui peut en résulter, avec le jugement français précédemment rendu. De plus, d'après les idées qui dominent notre jurisprudence, la loi française est destinée à réaliser une bonne administration de la justice en France, mais non pas en dehors du territoire sur lequel s'exerce la souveraineté française. S'agissait-il d'une action principale intentée à l'étranger, et le défendeur se prévalait-il du lien résultant de la garantie pour traduire devant le tribunal originaire étranger un garant qui, de droit commun, aurait pu se réclamer d'une juridiction française, ce dernier pouvait invoquer, pour refuser de comparaître à l'étranger, ce motif que la loi française n'a pas à obéir aux injonctions de la loi étrangère, et, s'il était condamné par défaut à l'étranger, ce jugement ne pouvait produire effet en France, comme ayant été rendu par un tribunal incompétent.

La question se pose de savoir si, en dehors de toute stipulation d'un traité, le tribunal français, compétent pour juger une demande principale, aura aussi compétence à l'égard d'une action en garantie, qui mettrait en cause deux étrangers. En règle générale, la jurisprudence résoud cette question par la négative[1]. Étant admis le principe de l'incompétence des tribunaux français à l'égard des étrangers, cette solution s'explique — encore que la jurisprudence n'ait pas toujours déduit avec autant de logique les conséquences de son principe. En effet, on ne peut invoquer les articles 181, C. pr. et 59, § 8, C. pr. pour attribuer compétence au tribunal français sur l'action en garantie. Ces articles supposent résolue la question de principe : les tribunaux français sont-ils compétents ? et ont pour but de déterminer lequel, parmi les tribunaux français, sera compétent. Ils ne peuvent donc être invoqués, alors qu'il s'agit de personnes à l'égard desquelles aucun tribunal français n'est compétent. Qu'on ne dise pas que cette solution pourra engendrer des contrariétés de jugements ; car nous avons vu que cette contrariété ne peut exister, à cause de la solution donnée par cette même jurisprudence sur la question de savoir si les jugements étrangers ont autorité en France. Qu'on ne dise pas, non plus, que c'est contraire à une bonne administration de la justice ; car la jurisprudence répondra que la loi française n'est pas faite pour régler l'administration de la justice à l'égard du monde entier. Cette solution était donc, étant donné le point de départ, rigoureusement exacte.

1. Féraud-Giraud : Clunet, 1880, p. 172 ; Cass. 15 janv. 1878, S. 78, 1, 300 et les renvois. — *Contrà* : Demangeat : Clunet, 1877, p. 109 et s. ; Glasson : Clunet, 1881, p. 128.

La jurisprudence n'a pu, cependant, à cause des inconvénients pratiques qui en résultaient, la maintenir dans ces termes, et, ce qui est encore un argument pouvant infirmer son point de départ, elle a dû admettre des tempéraments. C'est ainsi qu'elle apporte une exception à la règle, lorsque l'étranger, appelé en garantie, doit être réputé avoir été partie au contrat intervenu avec le Français, et qui sert de base à l'action principale[1].

La demande en garantie met-elle en cause un Français et un étranger, les règles des art. 14, C. civ. et 15, C. civ. doivent être appliquées. Si c'est le Français qui est demandeur en garantie contre l'étranger, le tribunal français, compétent pour connaître de la demande originaire, le sera également pour statuer sur la demande en garantie ; en effet, en vertu de l'art. 14, C. civ. un tribunal français est compétent, et, pour déterminer lequel, on appliquera la loi française, l'art. 181, C. pr. Si c'est un étranger qui est demandeur en garantie contre un Français, le tribunal, en vertu des art. 15, C. civ. et 181, C. pr. combinés, sera également compétent. Mais, d'autre part, si nous supposons que l'action originaire suive son cours à l'étranger, et que le défendeur étranger veuille appeler en garantie un Français devant ce tribunal étranger, l'art. 15, C. civ. s'opposera, aux yeux de la loi française[2], à ce que ce Français garant soit traduit devant un tribunal autre qu'un tribunal français. Si le défendeur à l'action originaire

1. Douai, 10 mars 1870, S. 70, 2, 288.

2. Nous n'entendons pas dire, en effet, que l'art. 15, C. civ., pas plus que l'art. 14, C. civ., s'imposera au tribunal étranger; mais que le jugement rendu par celui-ci, contrairement à ces articles, ne pourra être revêtu de l'*exequatur* en France. Telle est la portée pratique, à l'étranger, de ces articles ; nous ne saurions trop insister sur ce point.

est un Français (qui a renoncé, par exemple, au bénéfice de l'art. 15, C. civ.), il en est de même, sauf au Français garant à renoncer au bénéfice de l'art. 15 C. civ.; mais ce Français, demandeur en garantie, pourra traduire un étranger, comme garant, devant le tribunal étranger saisi de la demande originaire, en renonçant au bénéfice de l'art. 14, C. civ.

En vertu de ces différentes règles, il peut donc y avoir dissociation de l'action en garantie et de l'action originaire, partant, des décisions contradictoires rendues. Comme nous l'avons fait remarquer, l'inconvénient est moindre, étant admis que les jugements étrangers n'ont pas, en France, l'autorité de la chose jugée. Mais le traité de 1899 admet que les jugements belges en France et les jugements français en Belgique ont l'autorité de la chose jugée. Maintenir, dans ces conditions, la dissociation de la demande originaire et de la demande en garantie, c'était s'exposer à des contradictions entre des décisions de justice. De plus, le traité admet la compétence des tribunaux français à l'égard des Belges et supprime, dans les rapports entre Français et Belges, les articles 14 et 15 du Code civil. L'esprit de rigoureuse protection des Français à l'égard des tribunaux étrangers disparaissant avec ces articles, l'extension de la compétence en matière de garantie était singulièrement facilitée.

Elle était d'autant plus admissible qu'une disposition analogue à celle des articles 59, § 8 et 181 du Code de procédure est insérée dans l'art. 50, § 1 de la loi belge du 25 mars 1876. Et même l'art. 52, 9°, attribue formellement compétence au tribunal belge saisi de la demande originaire pour statuer sur l'action en garantie intentée contre un étranger. Cette règle de compétence étant ainsi considérée par les deux législations comme réalisant une meilleure distribution de la justice, le traité devait en prescrire l'application dans les rapports de la France et de la Belgique.

L'art. 4, § 2 s'est contenté de poser la règle de compétence commune en matière de garantie. Il ne nous dit pas comment cette règle s'appliquera. Par conséquent, en vertu de l'art. 10 de la convention, pour résoudre les différentes questions qui pourraient naître de l'application de cette disposition, on devra se référer aux règles particulières de la loi propre à chaque pays. Le plus souvent, ces règles sont identiques : c'est ainsi qu'en Belgique comme en France, la compétence attribuée en matière de garantie au juge saisi de la demande originaire n'est pas d'ordre public. Si, donc, le tribunal français du domicile du garant est saisi de l'action en garantie, alors que la demande originaire suit son cours devant un juge belge, ce tribunal ne pourra pas se dessaisir d'office. De même, on appliquera les articles 175 et 176 du Code de procédure. Une autre règle, applicable dans les deux pays, résulte de la disposition même de l'art. 4, § 2 *in fine*. Cet article, consacrant la solution qui découle soit des articles 170 et 424, C. pr., soit de l'art. 50, § 1 de la loi belge de 1876, décide que la compétence attribuée au tribunal originaire, par suite du lien résultant de la garantie, ne peut être maintenue à l'encontre des règles de l'incompétence *ratione materiæ*[1].

Encore que la même règle soit applicable à la France et à la Belgique, il pourra y avoir, dans les détails d'application de cette règle, des solutions divergentes. C'est ainsi qu'une

1. Cpr. : Cass. 20 avril 1859, D. 59, 1, 170 ; Dalloz ; *Répert.*, v° *Exceptions*, n°s 385 et 400 ; v° *Compétence com.*, n° 338 ; *Suppl.*, v° *Compétence civile des trib. d'arr.*, n° 95 ; de Pæpe : *op. cit.*, 7e étude, n°s 35 et s., p. 65 et s.

différence pourra résulter de la conception différente qui est admise sur le point de savoir si le tribunal de première instance a ou n'a pas la plénitude de juridiction. En France, on admettra généralement qu'un tribunal civil, saisi d'une demande originaire, sera compétent, si du moins l'exception d'incompétence n'est pas soulevée, pour statuer sur l'action en garantie, encore que l'obligation du garant soit commerciale. Il en sera tout autrement en Belgique [1]. Il pourra y avoir d'autres différences dans l'application, en France et en Belgique, des règles de la garantie. Nous n'en exposerons pas le détail puisque, aussi bien, la solution est certaine : chacune des juridictions aura à interpréter sa législation propre, et, dans cette interprétation, ne sera, en aucune façon, soumise à l'ingérence, au contrôle des tribunaux de l'autre pays [2].

### C. — De la compétence en matière reconventionnelle.

Il se peut que le défendeur, ne se contentant pas de se tenir sur la défensive, d'opposer à son adversaire des exceptions ou de faire valoir des défenses, veuille prendre à son tour l'offensive. Il intente contre le demandeur, qui devient alors défendeur, une action dite reconventionnelle.

Le tribunal compétent pour connaître de la demande originaire le sera aussi pour statuer sur la demande reconventionnelle. Le plus souvent, il en résultera une dérogation à

1. De Pæpe, *op. cit.*, 7e étude, n° 36, p. 68-73. En France, on admet même que le créancier peut assigner le débiteur principal commerçant et la caution devant le tribunal civil : Dalloz, *Répert.*, v° *Acte de commerce*, n° 401 *in fine*.

2. Voy., par exemple, une certaine divergence, entre la jurisprudence belge et la jurisprudence française, sur le point de savoir dans quels cas il y aura ou non garantie, dans de Pæpe, *op. cit.*, 7e étude, nos 14 et s., p. 27 et s.

la règle de droit commun *actor sequitur forum rei*. En effet, ordinairement, le demandeur dans l'action originaire ressortira à un autre tribunal que le défendeur à cette même action, devenu demandeur dans l'action reconventionnelle. Néanmoins, ces instances qui, théoriquement, devraient être dissociées, sont fondues en une seule. C'est qu'il y a, à cette jonction des actions, un intérêt primordial : celui d'une justice plus rapide et moins coûteuse. Un même juge pourra ainsi examiner les deux demandes, voir ce qui, entre elles, peut être concilié. En outre, il serait contraire à l'équité d'obliger le défendeur à se confiner dans ce rôle de défense, sans lui permettre d'attaquer à son tour. Enfin, il pourrait résulter de la dissociation des actions une certaine contrariété dans les décisions rendues.

Aussi, la reconvention est-elle consacrée par la plupart des législateurs, en particulier par la législation française (art. 54, C. pr., 171, C. pr., 464, C. pr. combinés) et par la législation belge (art. 50, § 1, loi du 25 mars 1876).

En dehors de toute disposition résultant d'un traité, la reconvention peut-elle être admise dans les rapports de la juridiction française avec celle d'un autre État? Une demande étant intentée devant un tribunal français compétent, il est certain que le défendeur français ou étranger pourra former une demande reconventionnelle contre le demandeur, quelle que soit sa nationalité, devant le même tribunal. En effet, les tribunaux français étant supposés compétents, puisque l'un d'eux connaît de la demande originaire, on doit appliquer les règles de compétence prescrites par la loi française, donc celles qui concernent les demandes reconventionnelles. Si la demande originaire est pendante devant un tribunal étranger, et qu'elle mette en cause un Français et un étranger, la question est plus délicate. Et tout d'abord, il faut supposer, pour que ce tribunal soit compétent au regard de la loi française, que le français en cause a renoncé au bénéfice des articles 14 ou 15 du Code civil. Que si, demandeur ou défendeur à l'action originaire, il doit être considéré comme ayant renoncé à se prévaloir de ces articles, on peut se demander s'il doit aussi, par cela seul, être présumé y renoncer, par avance, en ce qui concerne une demande reconventionnelle, intervenant au cours de l'instance primitive. Pas de difficulté si, étant défendeur, il prend l'initiative d'une demande reconventionnelle : il montre par là qu'il renonce à la faveur que lui accorde l'art. 14, C. civ. Quid, au contraire, si, étant demandeur à l'action originaire, le défendeur intente ensuite contre lui une demande reconventionnelle devant le même tribunal étranger ? Ne peut-on pas dire : toute renonciation doit être interprétée restrictivement ? Il s'ensuit que le demandeur peut refuser, au point de vue de la loi française [1], de répondre à la demande reconventionnelle devant le tribunal étranger, et se réclamer du droit, que lui concède l'art. 15 du Code civil, à la compétence d'un tribunal français : nous savons, en effet, que cet article a été introduit en faveur de nos nationaux, tout aussi bien que l'art. 14 du même Code.

Le traité franco-belge ayant supprimé les art. 14 et 15, C. civ. dans les rapports de la France et de la Belgique, il ne pouvait plus faire doute, dans aucun cas, qu'on dût appliquer les règles de la reconvention. Plus aucun obstacle ne s'opposait, en Belgique, à l'application, à l'égard des Français, de

1. C'est à dire que la sanction sera le refus d'*exequatur*, en France, au jugement incompétemment rendu.

l'article 52, 9° de la loi de 1876, qui donne compétence aux tribunaux belges pour connaître, à l'égard des étrangers, des demandes reconventionnelles. Et, en France, la compétence étant reconnue aux tribunaux français à l'égard des Belges, cette compétence devait s'étendre aux demandes reconventionnelles, en vertu du principe que la loi applicable, en matière de procédure, est celle du lieu où le procès est jugé. L'art. 4, § 2 de la convention n'a donc fait que consacrer expressément une solution qu'on aurait dû déduire des principes nouvellement consacrés. Il décide dans sa disposition finale que les règles de compétence *ratione materiæ* doivent l'emporter sur la compétence, dérogatoire au droit commun, admise en matière de demandes reconventionnelles. Il n'y a là que la consécration d'une règle admise à la fois en France et en Belgique (art. 50, § 1, loi belge de 1876 et art. 424, C. pr. — Cpr art. 8 *in fine*, loi du 25 mai 1838). Mais, comme nous l'avons déjà fait remarquer en matière de garantie, il pourra y avoir des divergences de détail dans l'application de cette règle, résultant de la solution différente donnée, en France et en Belgique, sur la question de la plénitude de juridiction des tribunaux de première instance. En effet, l'art. 10 du traité doit être appliqué quant aux points sur lesquels la convention ne s'est pas expressément prononcée. D'ailleurs, ordinairement, et sur les questions les plus importantes de la matière de la reconvention, il y a identité de règles applicables en France et en Belgique. C'est ainsi qu'en France comme en Belgique, la reconvention est admise, non seulement quand elle provient de la même source que l'action originaire, *ex pari causa*, mais même quand elle procède d'une autre cause, *ex causa dispari*, si, du moins, elle est une défense à l'action principale qu'elle tend à faire rejeter en tout ou en partie [1].

Il nous reste à apprécier les transformations opérées, en matière de compétence, par l'art. 4 du traité, dans les rapports de la France et de la Belgique. Le changement est considérable. D'après le droit commun, appliqué à la Belgique avant la conclusion du traité 1899, la France établit entre elle et les autres nations une séparation très nette, au point de vue de la compétence. Déjà, nous avons vu ses tribunaux se prétendre uniquement institués pour rendre la justice aux Français; de même, la loi française doit bien veiller à ce qu'il y ait entre les décisions judiciaires une certaine cohésion, s'efforcer d'assurer une bonne administration de la justice; mais ses vues sont limitées dans l'espace: elle ne considère pas ce qui se passe au delà de la frontière française. Ainsi, ce qui est considéré ici comme utile et équitable ne le serait pas là. Pourquoi, en matière de litispendance ou de connexité, de garantie ou de reconvention, ne pas admettre comme générales, pourquoi ne pas étendre aux rapports internationaux ces dérogations à la règle *actor sequitur forum rei* qu'on trouve justifiées dans les limites du territoire français ? Tout simplement parce que le législateur, et après lui le juge, se placent à un point de vue exclusivement national. Ils ne veulent, ni que l'on intervienne dans ce qu'ils considèrent comme étant exclusivement de leur ressort, ni s'inquiéter de ce qui se

1. Cass. 9 févr. 1881 : D. 83, 1, 286 ; Dalloz, *Répert.*, v° *Jugement*, n° 9, 4° ; Desjardins, *Compensation et demandes reconventionnelles dans le droit romain et dans le droit français ancien et moderne*, § CXLIX, p. 499 et s. ; de Pæpe, *op. cit.*, 8e étude, nos 20 et s., p. 198 et s., surtout le n° 23.

passe dans les autres nations. En un mot, la raison de cette étroitesse de vues doit être, en grande partie, cherchée dans ce grand principe de l'indépendance des États, dont parle si souvent la jurisprudence, soit qu'elle le désigne sous ce nom, soit qu'elle emploie l'expression, qu'elle considère à tort, selon nous, comme synonyme, de souveraineté des États. L'État est indépendant, l'État est souverain, voilà la raison lointaine, outre les motifs plus directs que nous avons indiqués, qui engendre cet état d'esprit et cette position particulariste que prennent notre législation et notre jurisprudence. L'État est indépendant, dit-on ; donc il n'a pas à se préoccuper de ce qui se passe au dehors. Nous avons vu sur ce que l'on doit retenir de cette prétendue indépendance. Il y a entre les nations, comme entre les hommes, une certaine communauté de vues et d'intérêts, qui, par cela seul qu'ils les concernent toutes, sont supérieurs à chacune, et à la réalisation desquels chaque État se trouve préposé à l'égard des autres. Les nations ne dépendent pas les unes des autres ; mais elles dépendent toutes de ces intérêts communs, de ces buts généraux qu'elles doivent toutes s'efforcer d'atteindre. C'est la condition même du développement et du progrès de chacune d'elles. Il est nécessaire, pour y parvenir, qu'une entente s'établisse entre elles, qu'elles se répartissent les tâches. Il doit y avoir entre les nations une division de travail, analogue à celle qui s'opère à l'intérieur d'une nation, d'une industrie. Mais, de même que l'industriel doit, pour opérer cette division des tâches entre ses ouvriers, considérer l'ensemble de son industrie, de même, dans chaque État, les législateurs ne doivent pas s'en tenir uniquement à ce qui se passe dans les limites du territoire de cet État, mais envisager les relations des différents peuples et statuer au mieux des intérêts de la généralité. L'un de ces intérêts généraux, l'un de ces buts communs, et non des moindres, est de réaliser, dans les rapports internationaux, une prompte et équitable distribution de la justice.

L'État est souverain, dit-on encore, et le point de départ, ici, est exact. Nul ne peut contester qu'un État exerce sur son territoire une souveraineté. Mais quelles conséquences tirer, en notre matière, de ce principe de la souveraineté de l'État? De ce que l'État est souverain conclut-on qu'il pourra prendre toute mesure qui lui plaira? Nul n'y pense. Et, par exemple, un État ne pourrait, sans s'exposer à des reproches très mérités de la part des autres, refuser aux étrangers l'exercice de tout droit sur son territoire. La souveraineté de l'État ne contient pas en elle-même sa puissance objective. Elle n'exprime que quelque chose de subjectif: l'idée que seul l'État a le droit de prendre des mesures en ce qui le concerne, et aussi celle de l'interdiction de toute ingérence d'un autre État dans le règlement de ses affaires propres. Mais la souveraineté de l'État ne s'oppose nullement à ce que, s'agissant d'intérêts communs, n'appartenant proprement ni à l'une ni à l'autre des nations, mais les concernant toutes, il ne se confine pas dans le point de vue strict de sa vie interne. Portalis, dans l'*Exposé des motifs* du Code civil, disait: « Chaque État a le droit de veiller à sa conservation et c'est dans ce droit que réside la souveraineté. » Soit. Mais conservation n'est pas synonyme d'indifférence, ni d'égoïsme.

Ainsi, l'intérêt des relations internationales exige que

chaque État veille à ce que la justice soit répartie et administrée sur son territoire au mieux de cet intérêt, et qu'il s'opère entre les nations une division des tâches. Pour cela le législateur, le juge devront souvent se préoccuper de ce qui se passe au delà des limites de leur autorité. L'art. 4 du traité de 1899 n'a fait que consacrer cette manière de voir. Il le devait, ayant pour but de statuer au mieux des intérêts des deux peuples.

Quant à la manière dont ces intérêts ont été compris: pour la compétence en matière de litispendance, de même que, dans l'intérieur d'un État, il est nécessaire que deux actions identiques ne suivent pas leur cours devant deux tribunaux différents, de même, s'agissant des tribunaux de nations diverses, saisis d'une même action, un seul doit rester saisi ; si deux décisions intervenaient sur un même litige, ou elles seraient contraires ce qui nuirait à l'ordre juridique, ou elles seraient semblables et il y aurait eu perte de temps sans aucune compensation. S'agit-il de la compétence en matière de connexité, de garantie ou de reconvention? Outre que des motifs analogues peuvent être invoqués pour faire attribuer compétence à un tribunal unique, il s'y ajoute cette considération que cette solution cadre exactement avec ce que nous avons vu être le sens du progrès en matière de compétence : le passage de l'homogène à l'hétérogène. Au lieu que le tribunal du domicile du défendeur soit toujours compétent pour connaître de toutes actions personnelles concernant ce défendeur, il doit se dessaisir chaque fois qu'une de ces actions se trouve plus ou moins spécialisée en un autre lieu. C'est ainsi qu'en matière de connexité, le lien qui unit l'une à l'autre les actions connexes spécialise l'une d'elles. Cette spécialisation, loin d'engendrer la diversité, réalise plus d'unité. Elle permet de statuer à la fois sur plusieurs questions qui se touchent, au lieu que, si le tribunal du défendeur était resté compétent, les diverses actions concernant cette personne y auraient été instruites séparément les unes des autres et distinctement de celles suivies devant un autre tribunal, encore que ces dernières eussent avec les premières un lien plus ou moins intime.

### § 4. — *Compétence du* forum arresti.

Raisonnons d'abord sur l'hypothèse d'une saisie-arrêt pratiquée en France par un créancier français sur des sommes et effets appartenant à un débiteur français, entre les mains d'un tiers-saisi, également français (art. 557 et s., C. pr.). Nous verrons, ensuite, quels éléments nouveaux de décision fait intervenir cette circonstance que les parties en présence sont de nationalité étrangère.

Un Français, créancier, peut, soit en vertu d'un titre authentique ou privé, soit même en vertu d'une permission du juge, faire saisie-arrêt ou opposition entre les mains d'un tiers. Dans un certain délai, à partir de cette saisie-arrêt, ce créancier doit assigner son débiteur en validité devant le tribunal du domicile de celui-ci ; sinon la saisie ou opposition sera nulle. Si l'assignation en validité est faite, le tribunal statue sur le bien-fondé de la saisie..... Supposons que, le créancier étant français, son débiteur-saisi soit étranger : les mêmes règles seront suivies, sauf qu'au lieu de porter la demande en validité devant le tribunal étranger du domicile du débiteur-saisi, le créancier la portera devant un tribunal français, en vertu de l'art. 14, C. civ.

Mais qu'arrivera-t-il si le créancier saisissant est lui-même étranger? Une première question se pose : cet étranger jouit-il du droit de saisir-arrêter en France? La réponse affirmative ne nous paraît pas douteuse ; car, par celà seul qu'on lui permet d'être titulaire d'un droit de créance, il faut lui accorder, sous peine de ne lui conférer qu'un droit purement imaginaire, la possibilité de le réaliser, partant, l'exercice des voies d'exécution qui le rendront efficace. Ensuite, et seulement alors, se pose la question de savoir quelle loi l'on appliquera pour déterminer les conditions d'après lesquelles cet étranger exercera cette faculté d'exécution de son droit. Soit parce qu'il y a là une question de procédure, donc une question de forme, et que les formes d'un acte sont régies par la loi du lieu où cet acte est passé, soit parce qu'il s'agit d'actes d'exécution qui ne peuvent avoir lieu que par l'intermédiaire des officiers publics locaux et d'après les formes de la loi locale, on appliquera la loi française, les art. 557 et s., C. pr.

Mais n'y a-t-il pas, dans les principes généraux de la compétence entre étrangers, des obstacles qui, pratiquement, s'opposent à l'application de ces articles? Il y a, en effet, une grosse difficulté dont voici l'origine : l'art. 567, C. pr. décide que la demande en validité sera portée devant le tribunal du domicile de la partie saisie. Si celle-ci, quoique étrangère, a son domicile en France, il semblerait que l'application de l'art. 567, C. pr. ne fasse aucune difficulté et, pour nous qui admettons, de droit commun, la compétence des tribunaux français à l'égard des étrangers, cette solution n'est pas douteuse. Mais nous savons que, d'après la jurisprudence, en principe, la juridiction française est incompétente pour connaître des contestations s'élevant entre étrangers. Or, supposons que le créancier étranger ait opéré la saisie-arrêt en vertu d'un titre privé ou de la permission du juge [1], la demande en validité de cette saisie soulèvera, entre lui et le débiteur saisi, également étranger, une véritable contestation sur le fond du droit pour laquelle les tribunaux français se déclarent incompétents, s'agissant d'un demandeur et d'un défendeur étrangers, encore que celui-ci ait un domicile en France.

Une première solution vient à l'esprit : le tribunal français, puisque la cause ne rentre pas dans ses attributions, doit se déclarer incompétent, sans plus : alors interviendra l'art. 565, C. pr., d'après lequel, faute de demande en validité — ou, ce qui revient au même, si elle se trouve être nulle — la saisie ou opposition sera nulle [2]. Cette solution est rigoureuse, puisqu'elle aboutit finalement à refuser, la plupart du

1. Au cas où elle aurait été pratiquée en vertu d'un titre exécutoire en France, la question ne soulève pas la même difficulté ; car, dans ce cas, l'appréciation de la validité de la saisie se ramène au simple examen de la régularité des actes de procédure. De même, il n'y a pas de difficulté au cas où il s'agit d'un jugement étranger et si la demande en validité n'est que la conséquence d'une demande principale tendant à faire déclarer ce jugement exécutoire. Au cas où il s'agit d'un acte privé doit être assimilé celui où il s'agit d'un acte authentique étranger, à moins que le créancier ne demande au tribunal de le rendre exécutoire, si, d'ailleurs, on admet que les actes authentiques étrangers peuvent être rendus exécutoires en France. (Voy. *infrà*, 3e partie). Quant au jugement étranger, pour lequel aucune demande d'*exequatur* n'est introduite, il n'a, d'après la jurisprudence, aucune valeur n'ayant pas l'autorité de chose jugée. Donc il ne peut autoriser une saisie-arrêt. *Sic.* : Paris, 31 janv. 1873 : S. 74, 2, 33. *Contrà* : Trib. civ., Lille, 4 juin 1885, Clunet, 1885, p. 560; mais la raison donnée est que « le tribunal saisi peut ordonner l'exécution de ces jugements en même temps qu'il prononce la validité de la saisie-arrêt ». Voy. la note.

2. Fœlix, *op. cit.*, t. I, n° 163.

temps, aux étrangers, en France, le droit d'opérer une saisie-arrêt. Aussi, la jurisprudence, se rendant compte des inconvénients de la première opinion, a-t-elle consacré une autre solution qu'expose d'une façon très nette la Cour de cassation, dans son arrêt du 23 mars 1868 [1] : « Att., en droit, que les tribunaux français, incompétents pour connaître des créances dont ceux-ci affirment ou dénient l'existence, sont compétents pour autoriser et maintenir, dans l'intérêt des étrangers comme de tous autres, les mesures qui doivent être considérées comme purement conservatoires, et qui, sans atteindre ni compromettre le fond du droit, et en le réservant, ont pour unique objet d'empêcher que des biens et deniers se trouvant en France ne soient détournés au préjudice des ayants droit régulièrement reconnus comme tels par les lois et institutions qui les régissent ; — att. que de telles mesures, prises dans ces limites et dans un intérêt général de paix publique et de justice, appartiennent au droit des gens et sont applicables sans distinction de nationalité..... » En conséquence, d'après la Cour de cassation, le tribunal français, saisi d'une demande en validité entre étrangers, doit, tout en se reconnaissant incompétent et tout en réservant aux parties leurs droits sur le fond, maintenir provisoirement la saisie comme régulière en la forme, sauf à impartir au créancier un certain délai, dans lequel il devra, sous peine de déchéance, justifier des poursuites par lui exercées devant les tribunaux compétents dans le but de faire reconnaître son droit de créance.

1. D. 68, 1, 369. *Sic.* Demangeat sur Fœlix, *op.* et *loc. cit.* Note *a* ; Féraud-Giraud : Clunet, 1880, p. 234 et les autorités citées. Cpr. Trib. civ. Seine, 12 juill. 1899, Clunet 1900, p. 154.

Après quoi, le tribunal français rendra exécutoire le jugement étranger obtenu par ce créancier et la saisie-arrêt, ainsi validée, suivra son cours. Théoriquement, cette solution est soutenable, encore que les motifs invoqués par la Cour de cassation à l'appui de sa thèse puissent être incriminés. On pourrait, par exemple, critiquer le caractère de mesure purement conservatoire attribué par elle à la saisie-arrêt, jusqu'à sa validation. Peu importe d'ailleurs. Même si l'on admet que, dès le début, cette mesure est un acte d'exécution, on peut très bien décider, avec la Cour de cassation, que le tribunal pourra la maintenir provisoirement, sauf à renvoyer les parties devant un tribunal étranger pour faire statuer sur le fond du droit. En effet, comme nous l'avons vu, on doit accorder, en France, aux étrangers le droit de recourir aux voies d'exécution que nos lois ont organisées. Le tribunal dit donc aux parties : il manque une condition pour que la saisie puisse être validée ; c'est à vous de parfaire cette condition et, pour cela, il vous faut obtenir, d'un tribunal étranger compétent, un jugement sur les données duquel je pourrai alors statuer. Mais une objection est possible : le tribunal français qui renvoie devant un tribunal étranger pour faire juger le fond du droit se conforme-t-il à l'esprit de l'art. 565, C. pr. ? Celui-ci n'a-t-il pas en vue exclusivement un tribunal français ? Il s'agit, en effet, de valider une mesure qui, eût-elle même, au début, un caractère conservatoire, n'en deviendra pas moins, finalement, un acte d'exécution. Or, peut-on admettre qu'un tribunal étranger puisse être compétent pour statuer sur la validité d'une saisie, opérée en France, et suivant les formes prescrites par la loi française ? Ne va-t-il pas en résulter comme un empiètement de la part des autorités étrangères sur ce qui est du ressort exclusif de la souveraineté française [1] ? Ce raisonnement nous semble être issu d'une confusion sur le rôle du tribunal étranger dans le cas qui nous occupe : ce tribunal est saisi par le créancier, non pas d'une demande en validité de la saisie pratiquée en France, mais tout simplement de la question de savoir s'il est, ou non, créancier. Les choses se passent comme si, préalablement à toute saisie, ce même créancier s'était adressé au tribunal étranger afin d'obtenir un jugement condamnant le débiteur à payer sa dette. Le rôle de ce tribunal est le même dans les deux cas. Il ne juge que le fond. C'est au tribunal français, chargé d'accorder l'*exequatur* au jugement étranger, qu'il appartient de statuer sur la validité de la saisie-arrêt en forme. Cette objection n'est donc pas fondée.

Ainsi, au point de vue théorique, la solution de la jurisprudence doit être maintenue. Malheureusement, elle n'est pas aussi satisfaisante au point de vue pratique. Il résulte, en effet, de ce renvoi du créancier devant une juridiction étrangère un circuit d'actions, partant une perte de temps et une augmentation de frais. Aussi quelques décisions, rares il est vrai [2], ont-elles préconisé une autre manière de procéder, plus simple, plus logique et moins coûteuse, consistant à attribuer compétence aux tribunaux français non seulement en ce qui concerne la forme de la saisie, mais aussi, et au préalable, en ce qui concerne l'existence même de la créance qui lui sert de fondement. Cette règle n'est pas nouvelle. Elle était déjà consacrée par l'ancien droit, notamment par la

1. V. la note sous Cass. 23 mars 1868 précité.

2. V. par exemple : Aix, 6 janv. 1831, S. 1833, 2, 43.

coutume de Paris. Ce système qui, d'ailleurs, n'est pas, selon nous, celui de la loi française, a été consacré par la loi belge du 25 mars 1876 dans son art. 52, 5°[1].

Le traité de 1899 ayant supprimé, à l'égard des Belges, le principe de notre jurisprudence, d'après lequel les tribunaux français sont incompétents pour statuer entre étrangers, il en résultait une conséquence importante, au point de vue de la saisie-arrêt : c'est que, désormais, si le débiteur saisi, sujet belge, était domicilié en France, la saisie-arrêt suivrait son cours, sans qu'on eût à s'adresser à un tribunal belge pour statuer sur le fond du droit. Mais, au cas où le débiteur saisi avait son domicile en Belgique et, partant, était justiciable d'un tribunal belge, ne devait-on pas décider que ce tribunal connaîtrait de l'existence de la créance, sauf au créancier à faire ensuite déclarer exécutoire en France le jugement ainsi obtenu ? Les négociateurs du traité de 1899 n'ont pas voulu maintenir même cette conséquence de la loi française, telle que l'interprète notre jurisprudence. Ils ont appliqué aux rapports de la France et de la Belgique la disposition de l'art. 52, 5°, c'est-à-dire, la compétence du *forum arresti*. L'art. 5 du traité consacre cette compétence. D'après cet article : *le juge Français ou belge, compétent pour statuer sur la demande en validité ou en main-levée d'une saisie-arrêt, l'est également pour connaître de l'existence de la créance, à moins qu'il ne soit incompétent à raison de la matière, et sauf le cas de litispendance.* Si, donc, le Belge, le Français débiteur saisi, a en France, en Belgique son domicile, c'est le tribunal de ce domicile qui connaîtra de l'existence de la créance, sinon ce sera le tribunal, dans le ressort duquel la saisie-

1. Cass. belge, 17 nov. 1898, Clunet 1900, p. 187.

arrêt a eu lieu, c'est-à-dire le tribunal du domicile du tiers-saisi. En un mot, l'exploit de saisie-arrêt est attributif de juridiction : *judex incompetens fit per viam arresti competens.* Cette règle, excellente au point de vue pratique, ainsi que nous l'avons déjà montré, peut se justifier au point de vue théorique. Dans toute procédure d'exécution, ou autre, on doit s'efforcer de réaliser une certaine unité, une certaine continuité. Pour cela, il ne faut pas que deux tribunaux différents soient compétents pour statuer, d'un côté sur la forme, de l'autre sur le fond. Une même juridiction doit être appelée à prononcer sur le tout.

Le désir d'unifier la procédure de la saisie-arrêt ne doit par, d'ailleurs être poussé à l'extrême, jusqu'à aller à l'encontre des règles de compétence *ratione materiæ.* C'est ce que décide l'art. 5 *in fine,* qui exclut aussi la compétence du *forum arresti* au cas de litispendance. En effet, si la contestation sur l'existence de la créance, qui sert de fondement à la saisie-arrêt, est déjà pendante devant un autre juge, par exemple devant un tribunal belge, un nouveau litige sur la même question devant le tribunal français compétent pour statuer sur la saisie-arrêt serait inutile et contraire à la bonne répartition de la justice. Le juge français devra donc surseoir à statuer sur la validité de la saisie-arrêt jusqu'à ce ce que soit intervenu le jugement belge sur le fond.

. . . . . . . . . . . . . . . . . . . . . . .

Nous venons de voir que le traité de 1899 avait réalisé, dans les limites du possible, cet idéal dont la réalisation est particulièrement désirable en matière de compétence internationale : faire que les nations, au sujet desquelles se pose la question de compétence, soient envisagées dans un même regard, sans qu'il puisse résulter de l'existence des frontières politiques un défaut d'harmonie et d'unité dans cette matière, où sont en jeu les intérêts privés et communs des citoyens de ces diverses nations. Mais, jusqu'ici, il s'agissait d'actions qui, si je puis ainsi m'exprimer, avaient chacune leur individualité propre, qui étaient envisagées à titre particulier, pourrait-on dire encore. Pour la connaissance de cette sorte d'actions, nous avons vu que le traité accorde compétence soit au *forum domicilii*, soit au *forum contractus*, soit au *forum connexitatis causarum*, soit au *forum arresti*, ces diverses règles étant appliquées comme si les deux pays contractants ne formaient — sauf la réserve de l'article 10 — qu'un seul territoire, soumis à la juridiction d'autorités judiciaires tenant leurs pouvoirs d'une même souveraineté. Mais, il est d'autres actions pour lesquelles, en droit interne, on a considéré que, ressortissant à une même institution juridique, elles devaient perdre leur individualité propre et être envisagées *generaliter*, comme concourant toutes à un but commun, on a pensé que, cette institution formant un tout, les actions qui la composent ne doivent pas être dissociées, mais soumises à une même juridiction qui, ayant connaissance de l'ensemble des éléments et des intérêts en jeu, serait mieux à même de réaliser l'unité de fonctionnement de cette institution juridique. Il y a donc un groupement de ces actions, considérées comme formant un certain ensemble [1]. Cela semblerait contredire la tendance existante en matière de com-

1. Le lien des actions n'a pas, ici, la même nature que celui que nous avons vu en matière de connexité ou de reconvention. Il s'agit ici, non de l'unité de cause, ni d'objet ; ces actions ne sont pas la conséquence l'une de l'autre ; il n'y a pas entre elles de dépendance ou, s'il y en a une, c'est une dépendance d'un même but, sorte de connexité dans le but à atteindre.

pétence, tendance qué nous avons approuvée et qui consiste à aller de l'homogène à l'hétérogène, de l'unité à la diversité. Cette contradiction n'est qu'apparente. Au lieu de grouper au domicile d'un défendeur toutes les actions qui le concernent, on les dissocie : les unes seront intentées devant le tribunal d'une succession, à laquelle elles se rattachent; les autres devant le juge d'une faillite, dont elles font partie ; celle-ci sera attirée par une autre action déjà pendante devant un juge. En un mot, au lieu de donner à toutes les actions, qui concernent une personne au point de vue passif, une même situation, laquelle ne se rattache en rien au fond même de ces actions, on localise, pour ainsi dire, chacune d'elles dans des lieux différents où il vient à être reconnu qu'il y a intérêt à ce qu'elles soient intentées. Il se pourra qu'ainsi des actions, qui mettent en cause des défendeurs ressortissant de tribunaux différents, soient réunies dans une même compétence. Mais, on remarquera qu'ici l'unité aura pour fondement la réalité même, prendra sa source dans la nature intime de ces actions. Nous aurons bientôt à faire usage de toutes ces notions.

Ces institutions juridiques qui donnent ainsi lieu à un groupement d'actions sont : la tutelle, la succession, la faillite. Ce groupement, cette unité peuvent-ils être maintenus, le doivent-ils, s'agissant, non plus du fonctionnement de ces institutions juridiques en droit interne, mais en droit international privé ? Tel est l'objet du § 5. Nous rappelons qu'il s'agit ici uniquement d'une question de compétence. Souvent, nous aurons à écarter des idées tirées de la considération de la loi applicable.

## § 5. — *L'unité et l'universalité de la tutelle, de la succession et de la faillite, dans les rapports de la France et de la Belgique.*

### A. — Tutelle.

L'art. 6 du traité dispose : *Toutes les contestations relatives à la tutelle des mineurs ou des interdits sont portées devant le juge du lieu où la tutulle s'est ouverte.*

Il ne faut pas faire résoudre à cet article des questions qu'il n'est pas destiné à trancher. Ce qu'il veut décider, c'est quel sera le tribunal compétent pour connaître des actions relatives à une tutelle ouverte en France ou en Belgique. Ce tribunal sera un tribunal unique. Il y a, en effet, grand intérêt à ce que ce soit le même juge qui connaisse de toutes les mesures, de tous les actes où sont en jeu les intérêts du mineur ou de l'interdit. Cette compétence unique se justifie par l'unité du but à réaliser : la protection de l'incapable. (Cpr. art. 448, 458, 492, C. civ. et art. 527, C. pr.).

Le tribunal compétent pour connaître de ce groupe d'actions est celui du lieu où la tutelle s'est ouverte. Mais l'art. 6 ne résoud pas la question de savoir en quel lieu s'ouvrira la tutelle. Sur ce point, on appliquera les dispositions du Code civil relatifs à la tutelle des mineurs et à l'interdiction (livre I, titre X, chap. II, titre XI, chap. II). Un tribunal français pourra être appelé à statuer sur la tutelle d'un mineur belge, si celui-ci est domicilié en France (art. 406, C. civ.), et inversement pour un mineur français, domicilié en Belgique. Il se peut qu'un Belge se trouvant en France et y possédant des biens, mais ayant conservé son domicile en Belgique, vienne à se trouver dans les conditions requises pour l'interdiction.

C'est devant les autorités belges que la question devra être portée [1]. Mais il est possible qu'il soit nécessaire de prendre

1. En l'absence de toute disposition résultant d'un traité, la jurisprudence française décide que les autorités françaises sont incompétentes pour instituer la tutelle à l'égard des étrangers. Et, ici, la jurisprudence doit être approuvée. En effet, il y a un lien étroit entre la matière même de la tutelle et la question de savoir quelles autorités sont compétentes pour l'instituer. Dans les divers pays, ces autorités peuvent être différentes selon le jour sous lequel on envisage la protection du mineur « or comment » dit M. Chavegrin (*Revue critique*, 1883, p. 497 et s., p. 573 et s.) « organiser, au domicile, une gestion qui devrait suivre la loi nationale et qui supposerait l'existence d'institutions et de formalités le plus souvent inconnues ou différemment établies dans le pays du domicile ? Comment, par exemple, constituer en France la tutelle d'un mineur originaire de certains cantons suisses, dont la législation attribue le contrôle de la gestion tutélaire aux autorités municipales et administratives ?... » La jurisprudence fait, d'ailleurs, usage du correctif que nous avons vu en matière de mesures provisoires et conservatoires : un tuteur provisoire peut donc être donné à l'incapable, jusqu'à ce que les autorités de son pays aient statué sur son incapacité. D'ailleurs cette tutelle provisoire sera instituée et fonctionnera conformément à la loi française : il y a, en effet, ici, corrélation entre la loi applicable et les autorités chargées de l'appliquer. Sur ce dernier point, voy. Trib. Seine, 6 août 1885, Clunet, 1885, p. 683 ; Trib. civ., Lille, 12 juin 1884, *eod.*, p. 94. *Adde* : Besançon, 30 nov. 1887, D. 1888, 2, 113 et la note. Sur l'incompétence des trib. français pour pourvoir un mineur étranger d'un tuteur : Trib. Seine, 19 mai 1888, Clunet, 1888, p. 791 ; Bastia, 6 déc. 1863, S. 64, 2, 20; Féraud-Giraud : Clunet, 1880, p. 153. C'est aussi dans ce sens et avec le même correctif que s'est prononcée la Cour de cassation de Turin, 13 juin 1874, Clunet, 1874, p. 330 et 1875, p. 46. Voy. cependant Cass. Florence. 25 nov. 1895, S. 97, 4, 20 et la note. La jurisprudence belge s'est prononcée en faveur de la compétence : Bruxelles, 30 juin 1873, confirmant un jugement du 5 janv. 1872, analysé par M. Laurent (*Droit civ. intern.*, t. IV, p. 114, voy. aussi, p. 117 et 118) ; Liège, 19 juin 1879, Pas, 1879, 2, 353, — Quoiqu'il en soit, sous l'empire du traité, la solution est certaine. Car, s'agissant des rapports de la France et de la Belgique, où les mêmes autorités sont compétentes pour instituer la tutelle, il ne s'agit plus que de savoir en quel lieu ces autorités seront situées, et pour cela on appliquera l'art. 1er du traité. Il est, en effet, indifférent que ce soient des autorités belges ou françaises. *Sic.* Chavegrin, *op.* et *loc. cit.* ; consultation anonyme dans Clunet 1879, p. 165. — Plusieurs conventions internationales ont donné aux consuls le droit d'organiser la tutelle de leur nationaux : entre la France et l'Espagne, du 7 janv. 1862, art. 10, n° 7 ; entre la France et l'Italie, 26 juillet 1862,

à l'égard des biens de cette personne des mesures urgentes et conservatoires. Ces mesures pourront être prises en vertu de l'art. 9 du traité, qui ne fait, d'ailleurs, que consacrer un principe admis avant la conclusion du traité, et d'après lequel : *les mesures provisoires ou conservatoires organisées par les législations française et belge peuvent, en cas d'urgence, être requises des autorités de chacun des deux pays, quel que soit le juge compétent pour connaître du fond.*

La règle de l'art. 6 concerne les actions relatives à la tutelle, c'est-à-dire, celles qui prennent directement leur source dans le fait même de cette tutelle. Il s'agira, par exemple, d'actions en destitution exercées contre des tuteurs, ou d'actions en reddition de comptes, ou encore de demandes d'homologation de délibérations d'un conseil de famille. Mais cet article est, évidemment, étranger aux actions intentées contre des tiers par le tuteur du mineur ou de l'interdit, encore qu'il agisse en sa qualité de tuteur. Ces défendeurs ont droit aux règles ordinaires de compétence, auxquelles il n'y a aucune raison de déroger. *A fortiori* ne s'agit-il pas,

art. 9, n° 7 ; entre la France et le Portugal, 11 juillet 1866, art. 8, n° 7 ; entre la France et la Grèce, 7 janvier 1876, art. 15, 1° *in fine* ; entre la France et l'État de Salvador, 5 juin 1878, art. 15. — La conférence de La Haye, dans sa session du 25 juin au 13 juillet 1894, a admis que la tutelle doit être régie par la loi nationale du mineur (art. 1er), et, comme conséquence, que les autorités compétentes pour pourvoir à la tutelle doivent être celles de l'État auquel ressortit le mineur (arg. art. 2). D'ailleurs, en attendant l'organisation régulière de la tutelle, les mesures nécessaires peuvent, d'après l'art. 6, être prises par les autorités locales. En outre la Conférence généralisait le principe de la compétence des agents diplomatiques ou consulaires étrangers en matière de tutelle. Voy. cepend. sur ce point, le dissentiment de la Belgique (Lainé, Clunet, 1895, p. 481, 482). Voyez aussi, *eod.* ce qui concerne l'art. 3, attribuant, dans certains cas, l'organisation de la tutelle *aux autorités locales* et *d'après les lois locales*. Voy. le texte de ces dispositions dans Clunet, 1895, p. 200.

dans l'art. 6, des actions que le tuteur intente contre des tiers indépendamment de sa qualité de tuteur. A ces deux sortes d'actions on appliquera les règles du droit commun, telles qu'elles sont modifiées par les articles du traité de 1899, l'art. 6 excepté.

La disposition de l'art. 6 nous paraît devoir être étendue aux actions qui concernent les personnes pourvues d'un conseil judiciaire. Il s'agit là, en effet, d'une sorte de demi-interdiction (arg. art. 514, C. civ.)

B. — **Succession.**

Avant d'aborder la matière même de la compétence en ce qui concerne les actions successorales, nous étudierons les règles qui doivent être appliquées aux actions immobilières. Nous avons, en effet, réservé cette étude qui présente avec celle des successions, considérées en tant qu'elles comprennent des immeubles, un lien intime. C'est, en effet, en partant du caractère de la compétence en ce qui concerne les immeubles qu'on est conduit à donner, en matière de compétence quant aux actions successorales, certaines solutions qui détruisent l'unité que l'on doit s'efforcer de réaliser dans le règlement des successions.

De tout temps, la jurisprudence française s'est prononcée en faveur de la compétence des tribunaux français en matière d'actions réelles immobilières, encore que le demandeur et le défendeur fussent tous deux des étrangers. Et les auteurs souscrivent à cette décision [1]. Nous ne critiquons pas la

1. V. Vincent et Penaud, *Dictionn.*, v° *Compétence*, n$^{os}$ 7 et s. La jurisprudence admet même la réciproque, c'est-à-dire, que les tribunaux français sont incompé-

solution elle-même, qui est bonne, mais les différents motifs donnés à l'appui. Souvent on invoque un argument tiré de l'art. 3, § 2, C. civ., d'après lequel les immeubles situés en France sont régis par la loi française, encore qu'ils soient possédés par des étrangers. Nous ne croyons pas que l'on puisse faire intervenir cette disposition : en effet, cet article résoud une question de conflit de lois, décide d'après quelle loi les immeubles français seront acquis, transmis, grevés ou libérés de charges réelles... Notre question est tout autre : c'est une question de compétence. On ne doit pas, non plus, tirer argument de l'art. 59, § 3, C. pr. qui attribue compétence en notre matière au tribunal de la situation. Nous l'avons déjà fait remarquer, l'art. 59 établit une délimitation des compétences entre les divers tribunaux français, ceux-ci ayant été reconnus compétents. Or, il s'agit justement de démontrer que la juridiction française est compétente. Nous ne croyons pas davantage qu'il soit exact de dire que la compétence des tribunaux français résulte, ici, des principes généraux de notre droit public : en effet, dit-on, « la souveraineté de l'État, qui est intéressée à la transmission et aux démembrements des biens immobiliers placés sur son sol, attribue une compétence exclusive à la juridiction française pour statuer sur les actions de cette nature [1] ». Ou cet argument ne porte pas, ou il est dangereux. Entend-on dire par là que la loi française est applicable aux immeubles français, en cas de conflit, rien de plus exact ; mais cela ne

tents pour statuer sur les actions réelles concernant des immeubles situés à l'étranger. Trib. civ. Seine, 9 juin 1885, Clunet, 1886, p. 596. V. cependant Paris, 6 juin 1889 infirmant un jugement du trib. civil de la Seine du 28 mars 1889, *Droit*, 11 sept. 1889 : il s'agissait d'immeubles situés en Belgique.

1. Lachau, *Compétence*, p. 27.

prouve pas que nos tribunaux soient nécessairement compétents ; théoriquement la loi française pourrait être appliquée à des immeubles français par un tribunal étranger. A moins que l'on ne veuille dire, comme nous le croyons, que, la loi française ayant un caractère d'ordre public en ces matières, l'ordre public réclame aussi compétence exclusive pour la juridiction française ; auquel cas cet argument serait dangereux, car il en résulterait, logiquement, que, jamais, en pareille matière, le juge français ne pourrait abdiquer sa compétence en faveur d'un juge étranger, et que les dispositions d'un traité qui attribueraient compétence à un tribunal étranger, alors qu'il s'agit d'un immeuble français, compromettraient l'ordre public dans notre pays.

D'après nous, la compétence des tribunaux français, en pareille matière, résulte d'une autre idée : s'agissant d'une action réelle immobilière, ce qui est en jeu c'est la condition juridique de l'immeuble, abstraction faite des personnes en cause. Que ces personnes soient des régnicoles ou des étrangers, il n'importe. Elles ne font que représenter l'immeuble en justice. Aussi, est-ce au tribunal du lieu où est situé cet immeuble à statuer sur son sort. Et ce n'est la consécration d'aucune règle de droit public, à laquelle il serait impossible de se soustraire. Ce tribunal est compétent au même titre que le tribunal du domicile du défendeur à l'égard des actions personnelles concernant celui-ci, parce qu'il est le plus naturellement compétent. S'il y a lieu de procéder à des mesures d'instruction, visites de lieux ou expertises, ce tribunal sera mieux à même d'y pourvoir que tout autre. Ce n'est là qu'une règle de compétence relative, encore que l'on ne puisse lui donner la qualification de *ratione personæ*, puisque la considération des personnes ne doit pas entrer en ligne de compte. Aussi, déciderions-nous qu'il n'y aurait pas incompétence *ratione materiæ* pour un autre tribunal que celui de la situation à statuer en pareille matière [1]. Ce qui vient à l'appui de cette manière de voir, c'est qu'en matière d'actions successorales, notre législation attribue compétence à un tribunal unique, alors même que la succession comprendrait des immeubles situés dans des arrondissements différents.

En Belgique, la loi du 25 mars 1876, dans son art. 52,1° décide en termes formels que les étrangers pourront être assignés devant les tribunaux belges, soit par un Belge, soit par un étranger, en matière immobilière.

Le traité de 1899 ne contient sur ce point aucune disposition formelle. Mais le principe général posé par l'art. 1er, combiné avec l'art. 10, suffit : puisque les Belges sont assimilés aux Français au point de vue de la compétence, on leur appliquera les règles ordinaires concernant les actions réelles immobilières (art. 59, § 3, C. pr.) et inversement, on appliquera aux Français en Belgique les art. 46 et 52,1° de la loi du 25 mars 1876. Nous savons, d'autre part, que, la classe des actions mixtes n'existant plus en Belgique, les Français n'auront pas dans ce pays le choix entre le tribunal de la situation des biens et celui du domicile du défendeur, au lieu que ce choix existera en France au profit des Belges (arg. art. 10 du traité).

Nous sommes maintenant en mesure d'aborder la question de la compétence relativement aux actions successorales.

1. Boitard, Colmet-Daage et Glasson, 15e édit., t. I, n° 350 ; Dalloz, *Répert.*, v° *Compétence*, n° 34.

Nous allons voir que les conflits de compétence proviennent principalement des idées admises en ce qui concerne le caractère de la compétence en matière d'actions réelles immobilières.

Nous avons reconnu que le but qui doit être poursuivi, dans le règlement d'une succession, est d'attribuer compétence à une même juridiction pour statuer sur toutes les actions relatives à cette succession. Ce but, la législation française interne s'est efforcée de le réaliser. A cet effet, l'art. 59, § 6 dispose que le tribunal du lieu où la succession est ouverte, c'est-à-dire, le tribunal du dernier domicile du *de cujus* (art. 110, C. civ.) connaîtra : 1° des demandes entre héritiers, jusqu'au partage inclusivement ; 2° des demandes qui seraient intentées par des créanciers du défunt, avant le partage ; 3° des demandes relatives à l'exécution des dispositions à cause de mort, jusqu'au jugement définitif. Et l'art. 822, C. civ., complétant ces dispositions, décide que l'action en partage, et les contestations qui s'élèvent dans le cours des opérations, sont soumises à ce même tribunal. C'est devant lui qu'il est procédé aux licitations, et que doivent être portées les demandes relatives à la garantie des lots entre copartageants et celles en rescision du partage. Ainsi, en vue de maintenir l'unité dans le règlement de la succession, le législateur déroge à la fois à la règle *actor sequitur forum rei* et à la compétence du *forum rei sitæ*. Du reste, le tribunal du lieu où la succession est ouverte est mieux à même que tout autre de statuer sur les différends qui vont être soulevés : c'est au domicile qu'avait le *de cujus* que sont réunis tous les éléments de décision, et que s'assembleront les héritiers pour régler les affaires de la succession. Au point de vue théorique, ce qui est en cause, c'est la succession considérée comme formant un tout, c'est un patrimoine, une universalité. La loi donne à cette universalité une situation et compétence au tribunal du lieu de cette situation.

Cette compétence d'une juridiction unique, qui se justifie ainsi par des raisons à la fois pratiques et théoriques, quel obstacle empêche donc son application dans les rapports internationaux ? Les raisons données sont de deux sortes :

1° Et surtout : s'il s'agit d'une succession ouverte en pays étranger, mais comprenant des immeubles situés en France, ceux-ci étant régis par la loi française aux termes de l'art. 3, C. civ., « il en résulte que la juridiction française est compétente pour statuer sur le partage de cette partie de la succession [1] ». On fait ici la même confusion, contre laquelle nous nous élevions à propos des actions réelles immobilières, entre la loi applicable et le tribunal chargé de l'appliquer. Au fond, l'idée de notre jurisprudence, c'est qu'il y a ici compétence exclusive des tribunaux français, par la raison que la souveraineté de l'État est intéressée à ce qu'aucun changement ne se produise, dans la condition des immeubles français, sans l'intervention de la loi et de la juridiction françaises. Que l'art. 59, § 6 attribue, en droit interne, compétence à un juge unique, en matière successorale, peu importe, puisque ce sera la loi française qui sera appliquée. Il n'en est pas de même en droit international. Il s'agit ici de questions qui touchent à des intérêts généraux, à notre organisation sociale. Seul un tribunal français doit avoir la

1. Trib. Seine 9 août 1887, confirmé par Paris, 31 déc. 1889, S. 91, 2, 186. V. aussi : Cass. 22 mars 1865, S. 65, 1, 175, D. 65, 1, 127 ; Féraud-Giraud : Clunet, 1880, p. 147 et p. 153 ; Orléans, 1er août 1890, Clunet, 1892, p. 1028 et la note.

garde de ces intérêts, doit veiller au maintien de cette organisation. Ces raisons sont spécieuses. Mais nous avons déjà fait remarquer le danger qu'il y aurait d'y souscrire : tout règlement international, en vue de réaliser l'unité de juridiction en matière successorale et, généralement, en toute matière où il pourrait être question d'immeubles français, viendrait se heurter à cette impossibilité résultant de ce qu'on ne peut, même par un traité, aller à l'encontre des intérêts généraux d'un État et de son organisation sociale. Mais il faut repousser les raisons données par la jurisprudence à l'appui de sa solution. D'abord, il est très discutable que les règles concernant la dévolution successorale des immeubles se rattachent aux principes mêmes de notre organisation sociale (voy. *infrà*). De plus, en admettant même cette conception, il n'en résulte pas qu'un tribunal français soit nécessairement compétent. Tout ce que peut réclamer la souveraineté française, c'est que la loi française soit applicable en cette matière ; mais rien ne s'oppose à ce que ce soit un tribunal étranger qui l'applique. Et qu'on ne dise pas que la souveraineté française serait désarmée si cette loi était violée ; car la nécessité de l'obtention d'un *exequatur* pour donner effet à la sentence du tribunal étranger permettra d'exercer un contrôle sévère sur la façon dont la loi française aura été appliquée et sur le point de savoir si l'ordre public français n'a pas été violé. Il y a ici une confusion, contre laquelle nous n'avons cessé de nous élever, entre la loi applicable et le tribunal compétent. Nous la retrouvons même chez les auteurs [1] ;

2° Un deuxième obstacle résulte de l'application, en ma-

1. Cpr. Glasson : Clunet, 1881, p. 124 et 125.

tière d'actions successorales, des art. 14 et 15, C. civ. En effet, ces articles, d'après l'opinion commune, doivent être appliqués d'une façon générale. Et partant, s'agissant d'une succession ouverte en pays étranger, les créanciers français peuvent actionner les héritiers étrangers devant les tribunaux français en paiement de leurs créances ; ces mêmes tribunaux seront compétents pour connaître des demandes en délivrance de legs et en exécution du testament, intentées par les légataires français ; des difficultés concernant le partage et la liquidation de la succession, s'élevant entre cohéritiers, les uns français, les autres étrangers[1]. Ici la solution n'est pas critiquable au point de vue des textes ; il n'en est pas de même au point de vue rationnel. Outre les critiques qu'on peut, d'une façon générale, adresser aux art. 14 et 15, C. civ., leur application à notre matière engendre de regrettables conflits de juridiction.

Nous avons, jusqu'ici, supposé une succession ouverte à l'étranger, et nous avons vu que, d'après la jurisprudence ou la législation française, les tribunaux français pouvaient être appelés par deux voies différentes à s'immiscer dans le règlement de cette succession.

Nous devons, maintenant, poser l'hypothèse inverse : celle d'une succession ouverte en France, où le *de cujus*, lors de sa mort, avait son domicile. Une première question doit être résolue : si les différents héritiers, appelés à participer à cette succession ouverte en France, sont des étrangers, les tribunaux français pourront-ils connaître des contestations qui vont s'élever entre eux à ce sujet[2] ? Nous savons, en

1. Aubry et Rau, t. VIII, § 748 *bis*, 2°, p. 138.
2. Cpr. Féraud-Giraud : Clunet, 1880, p. 152, 153.

effet, que, d'après la jurisprudence, les tribunaux français sont incompétents, en principe, à l'égard des étrangers. Néanmoins, dans cette hypothèse, les tribunaux français se reconnaissent compétents. On invoque souvent à l'appui de cette solution l'art. 59, § 6, C. Pr. ; mais nous ne croyons pas que cet article soit suffisant pour relever les étrangers de leur incapacité de s'adresser à nos tribunaux ; car, encore une fois, il suppose reconnue la compétence générale de la juridiction française à l'égard des étrangers. Tout d'abord, si la succession comprend des immeubles situés en France, les tribunaux français pourront connaître des questions se rapportant à ces immeubles. Mais il faut aller plus loin : à proprement parler, il ne s'agit pas ici de contestations entre étrangers, mais d'un ensemble de litiges, se rapportant à une universalité, à un patrimoine. Au point de vue de la compétence, ce patrimoine est momentanément envisagé comme ayant une individualité, une situation propre. C'est lui véritablement qui est en cause. Les personnes ne sont que l'accessoire, elles le représentent. C'est le tribunal de sa situation qui doit être compétent pour tout ce qui le concerne. Les tribunaux français sont donc compétents, s'agissant d'un patrimoine situé en France.

Il semble que l'on devrait voir intervenir ici la contrepartie de la restriction posée tout à l'heure à la compétence des tribunaux étrangers pour une succession ouverte dans leur ressort. De même que les tribunaux français sont compétents, d'après la jurisprudence, pour connaître des actions successorales concernant des immeubles situés en France, de même, les tribunaux étrangers ne doivent-ils pas être compétents pour statuer sur le sort des immeubles situés à l'étranger, encore qu'ils fassent partie d'une succession ouverte en France ? Cette solution serait logique et devrait d'autant mieux être admise que la jurisprudence donne, à l'appui de sa solution, des raisons tirées de l'intérêt de la souveraineté, donc d'un intérêt public. Ces mêmes raisons ne peuvent-elles pas être invoquées en faveur de la compétence des tribunaux étrangers, s'agissant d'immeubles dépendant d'une souveraineté étrangère ? Néanmoins, la jurisprudence n'a pas été conséquente avec elle-même. La réciproque n'a pas été admise et l'on a consacré cette solution que le juge du lieu où s'est ouverte la succession (ajoutez : en France) est seul compétent pour procéder à sa liquidation, trancher les différends qui s'y rattachent, ordonner la licitation des immeubles. « Il importe peu, » dit la Cour de Besançon dans un arrêt du 23 juillet 1875 [1] « qu'une partie de ces immeubles soit située à l'étranger ; en cette matière, l'égalité des partages doit prévaloir sur les règles du statut réel et cette égalité exige l'unité dans la liquidation ». Est-il besoin de faire remarquer, une fois de plus, que les règles du statut réel n'ont rien à voir dans cette question ? Mais, ce qui est plus important, l'on base cette décision sur la nécessité, pour obtenir l'égalité des partages, de réaliser l'unité dans la liquidation, partant l'unité de juridiction. Ce motif, auquel nous souscrivons très volontiers, n'est-il pas applicable, de tous points, à l'hypothèse d'une succession ouverte à l'étranger et comprenant des immeubles situés en France ? Il y a unité de patrimoine ; à celui-ci est attribuée fictivement une situation unique, de façon à arriver à un règlement unique. Un seul juge doit être com-

1. D. 1876, 2, 158.

pétent. Quoi qu'il en soit, telle est, d'après la règle commune, notre jurisprudence : elle se résoud dans une distinction entre la succession ouverte en France et la succession ouverte à l'étranger, distinction dont la base est, au fond, la même que celle de la distinction entre les Français et les étrangers au point de vue de la compétence : l'intérêt français. A la première elle applique l'unité de juridiction, alors qu'elle soumet la seconde à une règle différente au cas où des immeubles français seraient compris dans cette succession [1].

Nous devons, maintenant, pour être en possession de tous les éléments du problème, faire connaître la contre-partie de la question que nous venons d'étudier au point de vue français, c'est-à-dire, considérer quelles règles étaient, de droit commun, applicables en Belgique en cette matière. Ces règles sont contenues dans les art. 47, 48 et 52, 4° de la loi du 25 mars 1876. L'art. 52, 4° décide que les étrangers pourront être assignés devant les tribunaux du royaume, soit par un Belge, soit par un étranger, si l'action est relative à une succession ouverte en Belgique. D'autre part, l'art. 47 délimite cette compétence et décide que le juge du lieu de l'ouverture de la succession connaît : 1° des actions en pétition d'hérédité, des actions en partage et de toutes autres entre cohéritiers, jusqu'au partage ; 2° des actions contre l'exécuteur testamentaire, pourvu qu'elles soient formées dans les deux ans de l'ouverture de la succession ; 3° des actions en nullité ou en rescision du partage et en garantie

1. Voy. sur cette question : Wahl, *Des principes de compétence dans les conflits internationaux, spécialement en matière de succession* : Clunet, 1895, p. 705 et s.

des lots, intentées au plus tard dans les deux années du partage ; 4° des actions des légataires et des créanciers contre les héritiers ou l'un d'eux, si elles sont formées dans les deux années du décès. Ces deux articles ne faisant aucune distinction, et le but que s'est proposé le législateur étant l'unité dans le règlement de la succession le juge belge est compétent encore que la succession ouverte en Belgique, comprenne des immeubles situés en pays étranger, en France par exemple. Mais, s'il s'agit d'une succession ouverte en pays étranger et comprenant des immeubles belges, l'art. 48 dispose que les actions dont parle l'article précédent seront portées *devant le tribunal de la situation des immeubles dépendant de cette succession.*

Ainsi, la distinction qui résulte, chez nous, de la jurisprudence, est consacrée par la loi elle-même. Elle n'en est pas plus logique. Le § 2 du même art. 48 ajoute : si la succession ne comprend pas d'immeubles situés en Belgique, la compétence sera réglée d'après les dispositions des articles 39 et 53. Il résulte de cette disposition, combinée avec celle de l'art. 54 (V. *suprà*), qu'un Belge pourra porter devant un tribunal du royaume toute contestation relative à une succession ouverte à l'étranger, si, d'après la loi de ce pays, le même droit peut être exercé à l'égard d'une succession ouverte en Belgique. Cette mesure de rétorsion s'appliquait donc à la France.

Que résultait-il de la combinaison des législations belge et française, telle que, du moins, l'interprète notre jurisprudence? Comme nous venons de le voir, ces législations étaient symétriques. D'où la possibilité de graves conflits de juridiction. D'un côté, la loi belge réclamait compétence pour les tribunaux belges pour toutes les contestations relatives à une succession ouverte en Belgique, même comprenant des immeubles français, et, d'autre part, d'après la jurisprudence française, les tribunaux français sont compétents à l'égard de ces mêmes immeubles. Et inversement pour une succession ouverte en France et comprenant des immeubles belges. Même si la succession ouverte en France ou en Belgique ne comprenait pas d'immeubles situés dans l'autre pays, le conflit était possible par suite de l'art. 14, C. civ. et de la mesure de rétorsion résultant de l'art. 48 de la loi de 1876.

Le résultat était que les mêmes litiges pouvaient être jugés dans deux pays à la fois, d'où une perte de temps, un surcroît de frais et, finalement, si l'on venait à demander l'exécution d'une sentence, ainsi rendue dans l'un des deux pays à l'encontre de la règle de compétence suivie dans l'autre, un refus d'*exequatur*.

Était-il possible de rétablir l'harmonie dans les compétences en ces matières, et à quelles conditions? Tout d'abord, il fallait supprimer l'application de l'art. 14 et de l'art. 15 du Code civil aux actions successorales, ce qui entraînait, par répercussion, l'abolition de la mesure de rigueur adoptée en Belgique à l'égard des Français. Nous avons vu que l'art. 1er supprimait cette cause de conflit. Mais, s'agissant d'une succession ouverte dans l'un des deux pays et comprenant des immeubles situés dans l'autre, quelle règle de compétence devait-on adopter? Deux solutions se présentaient : ou bien consacrer la dualité de compétences et décider que, lorsqu'une succession s'ouvrirait dans l'un des deux pays, les juges de ce pays connaîtraient de toutes actions successorales à l'exception de celles ayant trait à des immeubles situés dans l'autre pays, pour lesquelles on accorderait compétence au tribunal dans le ressort duquel ces immeubles sont situés ; ou bien, au contraire, adopter au point de vue international la règle de l'unité de juridiction, reconnue la meilleure au point de vue du droit interne, et décider qu'un seul tribunal serait compétent pour le règlement de la succession : celui du lieu où elle s'est ouverte, quels que soient les biens dont elle se compose, meubles ou immeubles et en quelque endroit qu'ils soient situés. Avec raison le traité a adopté cette seconde solution. Et en effet, quelle objection pouvait-on lui opposer ? Il s'agit d'une question de compétence : dans quel pays sera situé le tribunal compétent ; sera-t-il ou non unique ? On doit considérer les intérêts des justiciables et régler la compétence au mieux de ces intérêts. C'est donc la même question qui se pose en droit international qu'en droit interne. Aucun élément nouveau n'intervient par suite de cette circonstance qu'au lieu d'une seule nation, le litige met en présence deux ou plusieurs États, plusieurs souverainetés. En effet, celles-ci sont désintéressées dans ce débat sur la compétence. Que leur importe, si l'on suppose une organisation judiciaire analogue, des juges également instruits et intègres, — ce qui est le point de départ de tout traité sur la compétence, — que leur importe que l'un soit compétent plutôt que l'autre ? Puisque les mêmes éléments interviennent, et interviennent seuls dans ce débat, en droit international et en droit interne, la même solution doit être donnée : une juridiction unique doit opérer le règlement de la succession, du patrimoine qui est un.

Telle est la solution consacrée par l'art. 7, § 1er, qui dispose : *Seront, dans chaque pays, portées devant le juge du lieu de l'ouverture de la succession, les actions en pétition d'hérédité, les actions en partage, et toutes autres entre cohéritiers jusqu'au partage, les actions contre l'exécuteur testamentaire, les actions en nullité ou en rescision de partage et en garantie des lots, les actions des légataires et des créanciers contre les héritiers ou l'un d'eux.* On remarquera que cette énumération des actions successorales donnée par l'art. 7, § 1er est la reproduction de celle de l'art. 47 de la loi du 25 mars 1876 que nous avons transcrit plus haut. Pourquoi cette préférence accordée à cet article sur les art. 722, C. civ. et 59, § 6, C. pr.? La raison en a été donnée, par avance, par M. Allard, dans son rapport à la Chambre des représentants[1] : « Les art. 822, C. civ. et 59, C. pr., qui traitaient de la même matière, n'étaient pas parfaitement concordants entre eux, et présentaient même certaines lacunes. De là des difficultés auxquelles mettra fin le texte proposé (l'art. 47). » Il ajoutait, faisant allusion aux diverses limitations apportées par l'art. 47 à la compétence du tribunal du lieu de l'ouverture de la succession pour les actions prévues par cet article : « Ce texte, à l'imitation de la législation italienne (art. 94), restreint la durée de cette compétence, et c'est là une innovation dont le motif est facile à saisir. Le motif de la loi, c'est que tous les papiers du défunt se trouvent réunis à la maison mortuaire, et que là aussi s'assemblent les héritiers pour régler les affaires de la succession. Mais tout cela n'est pas vrai quand il s'est écoulé un certain temps depuis le décès et surtout depuis le partage... ». L'application de ces diverses limitations, considérées en Belgique comme répondant mieux aux besoins de la pratique, devait être maintenue dans ce pays. C'est le

1. § LX (Clœs, *Comment.*, n° 93, p. 71).

but du § 2 de l'art. 7, d'après lequel : *La compétence relative à ces actions est limitée en Belgique suivant l'art. 47 de la loi du 25 mars* 1876. Mais il n'en pouvait être de même en France, cette règle étant contraire aux art. 822, C. civ. et 59, C. pr. Chez nous, la règle de compétence de l'art. 7, § 1 s'appliquera donc sans restriction.

Nous avons eu soin d'écarter, dans le cours de cette discussion sur la compétence, tout ce qui était du domaine de la question de loi applicable. Nous avions, en effet, à résoudre un conflit de juridiction et non un conflit de lois. Et c'est pour n'avoir pas su s'abstraire de ce deuxième ordre d'idées que l'on a, souvent, résolu d'une façon défectueuse la question de compétence. Nous nous sommes efforcés de distinguer les deux questions. Celle de compétence se rapporte bien à un intérêt général, celui de la bonne administration de la justice ; mais cet intérêt se résout, en fin de compte, dans la somme des intérêts particuliers des justiciables. Il s'agit donc de statuer sur la compétence au mieux de ces intérêts. En est-il de même quand il s'agit de savoir quelle loi sera applicable au règlement de la dévolution successorale? Supposons qu'un Belge vienne à mourir en Belgique, laissant une succession qui comprend des immeubles situés en France. Deux souverainetés, semble-t-il, peuvent se réclamer d'un intérêt à l'application de leur loi : la souveraineté belge, d'abord, réclamera compétence en faveur de la loi belge pour le règlement de la succession mobilière. En effet, les meubles envisagés *universaliter* n'ayant pas de situation réelle, pour savoir quelle loi leur sera applicable on leur attribue celle de la personne dont ils dépendent. Ils seront régis par la loi du domicile de leur propriétaire, ici par la loi belge. Mais, d'autre part, la souveraineté française exige que la loi française soit applicable au règlement de la succession immobilière. Il s'agit ici d'un *statut réel; la lex rei sitæ* doit être observée. Donc, en appliquant la vieille théorie des *statuts*, un départ devra être fait entre les deux souverainetés en présence. Il en résultera, en vérité, deux successions distinctes, l'une régie par la loi belge, l'autre par la loi française. On appliquera la maxime: *quot sunt bona diversis territoriis obnoxia, tot sunt patrimonia*. Telle est la règle actuellement suivie en France et en Belgique[1]. Cette règle n'est pas sans inconvénients ; elle opère une division dans le règlement de la succession, alors que le patrimoine, étant un, devrait être soumis à une règle unique, aussi bien au point de vue de la loi applicable qu'à celui de la compétence. Mais, dit-on, celà est nécessaire; dans l'espèce que nous proposions, la loi française ne peut céder à la loi belge, car ce qui est en jeu c'est une portion du territoire français. Ce serait porter atteinte à la souveraineté française que de permettre à une autre loi de s'appliquer. Aussi, cette règle a-t-elle toujours été admise[2].

Que ce soit la règle traditionnelle, nous ne le nions pas, pas plus que nous ne songeons à nier que ce soit la solution adoptée par le Code civil, implicitement du moins (arg. art. 3, § 2, C. civ). Mais cette règle est-elle bonne, et, si elle a pour elle le passé, doit-elle avoir l'avenir ? Il semble qu'il y ait

1. Aubry et Rau, t. I, § 31, p. 156, 5e édit. Voy. aussi la page 154 et les autorités citées, note 45. V. Renault : Clunet, 1875, p. 329. p. 422 ; 1876, p. 15 Pillet, *Success. en droit internat privé* (Rennes, 1885) ; Bara, *Success. des étr. en Belgique* (*Belg. jud.*, XIX, 1.473).

2. Déjà dans le *Miroir de Saxe*, on voit écrit : Erbe nimmt man nach des Landes Recht, und nicht nach des Mannes Recht (éd. Homeyer, 1, 30). V. aussi Huberus, *Prælectiones, de conflictu legum*, § 15.

une tendance parmi les auteurs, et même dans les législations modernes, à adopter une règle unique, consistant à appliquer à toute la succession la loi nationale du *de cujus*, quelle que soit la nature des biens, meubles ou immeubles, quel que soit le lieu où ces biens soient situés[1]. Nous croyons que cette tendance doit être approuvée et qu'il faut rejeter en législation la règle : *quot territoria, tot hereditates*, reste du dogme de la territorialité. Cela nous paraît certain quant à la substitution de la loi nationale à la loi du domicile du *de cujus* pour le règlement de la succession mobilière. D'une part, une loi de succession est une loi présumant les affections, une loi concernant la famille. Or, pour tout ce qui touche à l'organisation de la famille, c'est la loi nationale qui est applicable (art. 3, § 3, C. civ.) ; et, d'autre part, le *de cujus* se sera référé, pour savoir comment ses biens seront répartis, à la loi qui lui est propre, à sa loi nationale. Mais cette dernière loi doit-elle céder devant la *lex rei sitæ* qui réclame compétence à l'égard des immeubles successoraux ? nous ne le croyons pas. « En ce qui concerne, notamment, notre législation française », dit M. Lainé[2] « une enquête de cette sorte démontrerait, selon moi, qu'en général elle est fondée

1. V. Antoine, *De la success. légit. et testament. en droit int. privé*, p. 65 ; Despagnet, *Précis*, n° 290 ; Labbé sous Cass. 20 févr. 1882 ; S. 82, 1, 145 ; Weiss, *op. cit.*, p. 680, 681 ; Mancini, Clunet, 1874, p. 301. — C'est la solution consacrée par le code italien (art. 8). V. aussi, Savigny, *Droit romain*, t. VIII, § 375, p. 290 (trad. Guenoux) ; Mittermaier, *Journal critique*, t. XI, p. 270; Pillet, *Essai d'un système général de solution des conflits de lois* : Clunet, 1894, p. 752 ; Laurent, *Principes*, t. I, nos 108 et 109 ; Renault, *op. cit.* ; Clunet, 1875, p. 333. L'opinion contraire a été récemment soutenue par M. de Vareilles-Sommières (*La Synthèse du droit int. privé*) : voy. la réfutation par M. Lainé, *Revue-critique*, 1900, p. 216 et s.

2. Lainé : Clunet, 1894, p. 252, 253 ; Cpr. : Pillet, *Droits fondament. des Etats. Revue de Droit int. public* 1898, p. 236 et s. (2e article).

sur des considérations intéressant non le régime de la propriété foncière, mais la famille. C'est une opinion maintenant très forte dans la doctrine. J'ai, pour ma part, puisé dans l'étude des travaux préparatoires de notre loi des successions la conviction que cette opinion est la vraie, et j'en ai conclu que le fait des auteurs du Code civil d'avoir placé tout entière dans le statut réel une matière qui presque en entier relève par sa nature du statut personnel s'explique, à la vérité, par la puissance des idées traditionnelles, mais n'en a pas moins été un pur contre-sens ». Quoi qu'il en soit, les délégués français avaient émis le vœu, lors de la discussion du traité, de régler la question de compétence législative, en matière successorale, en même temps que celle de la compétence judiciaire, et proposé la règle suivante : « Pour tout ce qui touche aux règles de la dévolution légale, aux rapports et à la détermination de la quotité disponible et de la réserve, la loi nationale du défunt régira sa succession mobilière, même dans l'autre pays. — La succession immobilière sera gouvernée par la loi du pays de la situation de chacun des immeubles ». En un mot, l'on consacrait la dualité de successions, sauf qu'on substituait à la loi du domicile la loi nationale du défunt, pour le règlement de la succession mobilière. Les délégués belges ont demandé le retrait de cette disposition. Il y avait à cela deux motifs : d'abord, cette question, est résolue, et dans un sens différent par le projet de révision du Code civil belge[1]. Ensuite, cette question ne rentre pas

1. C'est dans le sens de l'application de la loi nationale à toute l'hérédité que se prononcent M. Laurent, dans son *Avant-projet de revision du Code civil* et la Commission instituée pour préparer la revision (titre prélimin. art. 6). V. le *Rapport de M. Van Berchem* (*Revue de Droit intern.* XVIII, p. 464-470).

nécessairement, comme nous l'avons vu, dans un traité sur la compétence. Elle est plutôt du ressort de la Conférence de Droit international privé convoquée par le gouvernement des Pays-Bas. Elle devait donc lui être réservée [1].

La loi applicable sera donc la loi du domicile pour les meubles, la loi de la situation pour les immeubles [2]. D'ailleurs l'intérêt de cette question est minime dans les rapports de la France et de la Belgique, le Code de 1804 étant en vigueur dans les deux pays. Il y a pourtant quelques modifications dont les juges compétents devront tenir compte, modifications résultant de lois récentes : en France, la loi du 9 mars 1891 sur les droits du conjoint survivant, celles du 25 mars 1896 sur les droits des enfants naturels et du 24 mars 1898 sur le rapport des legs ; en Belgique : la loi

1. V. les résolutions de la Conférence de La Haye (1893) dans Clunet, 1893, p. 1279 : Dispositions concernant les successions, art. 1er : « *Les successions sont soumises à la loi nationale du défunt.* » Mais voy. les observations de M. Lainé sur la suppression, par la Conférence, d'un article précisant la portée du principe, dans Clunet, 1894, p. 253. Dans sa session du 25 juin au 13 juillet 1894, la Conférence de La Haye a consacré, à nouveau, cette disposition soumettant la succession à la loi nationale du défunt. Voy. sur des réserves, faites notamment par MM. Renault, délégué de France, et Legrand, ministre de France, réserves analogues à celles qu'ils avaient soumises l'un et l'autre à la conférence en 1893 : Lainé : Clunet, 1895, p. 742. — Voy. le texte des dispositions consacrées en matière de successions, *eod.*, p. 206.

2. Pourtant une différence existe entre la jurisprudence belge et la jurisprudence française, en ce qui concerne le règlement de la succession mobilière. Notre jurisprudence exige généralement, pour que l'on applique la loi française, que le *de cujus* ait eu, en France, non seulement un domicile de fait, mais un domicile établi avec l'autorisation du gouvernement (art. 13, C. civ) : Aix, 27 mars 1890 : *Rev. prat. de droit int. privé*, 1890-91, p. 99 et la note. La jurisprudence belge se contente d'un domicile de fait. Ne semble-t-il pas qu'il y ait là, de la part de la jurisprudence française, tendance à se rapprocher de la loi nationale : l'étranger domicilié en France en vertu de l'art. 13, C. civ. est un futur français ; s'il n'a en France qu'un domicile de fait, on appliquera au règlement de sa succession la loi de son domicile d'origine.

du 20 novembre 1896 sur les droits de conjoint survivant. De plus, le juge devra tenir compte à l'égard du Belge du droit de prélèvement qui résulte pour lui de l'art. 4 de la loi du 27 avril 1865, et, à l'égard du français, du même droit qui lui confère l'art. 2 de la loi du 14 juillet 1819.

En résumé, voici le système du traité : unité de juridiction pour le règlement de la succession, dualité de lois applicables. Une seule liquidation ; mais, s'il y a des immeubles situés dans l'autre pays, le juge devra appliquer à ces immeubles la loi du pays où ils sont situés. Cette obligation, pour le juge, trouve une sanction dans la nécessité d'obtenir un *exequatur* pour mettre à exécution la sentence qu'il aura rendue. Si elle est contraire à la loi du pays où sont situés les immeubles successoraux, l'*exequatur* sera refusé.

### C. — Faillite.

Avant d'aborder cette question, d'une importance capitale, quelques observations sont nécessaires. Délimitons d'abord le terrain de la discussion. Il s'agit d'une question de compétence ; par conséquent, comme nous nous sommes attaché à le faire en matière de succession, pour résoudre cette question il faut écarter d'une façon absolue, toute idée, toute solution tirée de la matière des conflits de lois. Nous verrons que cette délimitation n'a pas toujours été faite.

Au reste, ce n'est pas le seul point commun de cette matière avec celle des successions. Ici encore, nous trouvons l'application de la même idée d'unité dans le règlement des intérêts en jeu. « La faillite » écrivent MM. Lyon-Caen et Renault « est organisée notamment pour substituer une procédure unique aux diverses procédures que pourraient engager les créanciers et pour assurer l'application de règles uniformes aux intérêts en conflit. Ces résultats seraient compromis par la coexistence de plusieurs faillites qui, outre l'aggravation de frais qu'elle entraînerait forcément, ferait presque toujours naître d'inextricables complications, sans compter les contrariétés de jugements qu'elle provoquerait. Aussi, quand le commerçant a plusieurs établissements commerciaux ou industriels, il faut rechercher quel est le principal, parce que c'est là seulement que la faillite peut être déclarée ». « Le patrimoine » ajoutent ces auteurs « est un et sert également de gage aux créanciers ; c'est ce patrimoine, tel qu'il se comporte et tel qu'il se comportera (art. 443, C. co.), qu'il s'agit d'administrer et de liquider, ce ne sont pas tels ou tels biens déterminés[1] ».

Ainsi, dans les deux cas, il s'agit de réaliser dans les faits, au moyen d'une règle de compétence unique, l'unité du patrimoine. L'art. 59, § 6, C. pr. pose cette règle en matière de succession. Le § 7 du même article la consacre en matière de faillite. De même, les articles 39 et 49 de la loi belge du 25 mars 1876 adoptent cette manière de voir (V. aussi art. 52,8°). Seulement, lorsqu'il s'agit d'une succession, l'évènement qui donne ouverture à cette procédure de liquidation unique est un *fait*, le décès, au lieu qu'en matière de faillite cette procédure s'ouvre par un *jugement* déclaratif de faillite. Nous verrons plus loin s'il n'y a pas à tenir compte de cette différence de point de départ. Mais, pour l'instant, qu'il nous suffise de remarquer que, soit au point de vue pratique, soit au point de vue théorique, on

1. Lyon-Caen et Renault, *Traité de Droit com.*, t. VII, 2e édit., nos 80 et 81.

est conduit à adopter la règle de l'unité de juridiction en matière de faillite. Le tribunal compétent est le tribunal de commerce du domicile du failli, ou, s'il s'agit d'une société, celui du siège social. C'est là que les intérêts de l'un ou de l'autre sont concentrés, que seront consultés les livres, les bilans. Enfin le patrimoine, étant un, doit avoir une situation unique.

Voyons maintenant le point de vue du droit international. De nombreuses questions se posent. Nous ne pouvons songer ici à toutes les résoudre. Essayons, du moins, de tracer les grandes lignes et d'établir les principes généraux d'où découlera la solution de chaque cas particulier.

Et d'abord, la juridiction française est-elle compétente pour déclarer la faillite de commerçants étrangers domiciliés en France? Supposons que des créanciers étrangers demandent au tribunal du domicile de leur débiteur, également étranger, de déclarer celui-ci en faillite. Ne peut-on pas dire : la jurisprudence décide qu'en principe, nos juges sont incompétents entre étrangers; ils ne pourront donc, dans notre cas, déclarer la faillite? Il est vrai que la jurisprudence fait exception à cette règle en matière commerciale, en vertu de l'art. 420, C. pr.; mais, ici, nous sommes en dehors des hypothèses prévues par cet article. Pourtant la jurisprudence décide qu'un étranger peut être déclaré en faillite par nos tribunaux[1]. L'on ne peut que souscrire à cette décision : en effet, il n'y a pas ici véritablement con-

1. Lyon-Caen et Renault, *op. cit.*, t. VIII, 2e édit., p. 443, n° 1227, voy. aussi n° 1334. Nous voyons là un nouvel exemple d'un cas où le domicile de fait produit des effets identiques à ceux d'un domicile de droit, que la jurisprudence refuse aux étrangers en France, en dehors de l'art. 13, C. civ. L'étranger peut aussi obtenir le bénéfice de la liquidation judiciaire.

testation entre étrangers. D'après l'art. 440, C. com., la faillite peut être déclarée non seulement à la requête d'un ou de plusieurs créanciers, mais encore, soit sur la déclaration du failli, soit d'office. Il n'y a pas, à proprement parler, un débat entre telle ou telle personne. Ce qui le prouve bien, c'est que le débiteur peut n'être pas mis en cause. Il s'agit de proclamer l'existence d'une universalité, d'un être moral ayant une personnalité propre : la faillite. L'action tend tout simplement à donner au patrimoine cette cohésion, cette individualité, et, tout naturellement, elle est portée au tribunal du lieu où ce patrimoine, considéré dans son ensemble, a sa situation, au tribunal du domicile du commerçant. Qu'importe la nationalité des parties en cause ?

Ce caractère de la compétence, en matière de faillite, va nous servir à résoudre une autre question: les art. 14, C. civ. et 15, C. civ. sont-ils applicables en notre matière [1] ? Et, par exemple, un créancier français pourra-t-il faire déclarer en faillite, par un tribunal français, un étranger qui n'a pas en France son domicile, ni même sa résidence ? D'après ce que nous venons de dire, ce droit ne doit pas lui être reconnu. La nationalité des personnes ne doit pas ici être prise en considération, mais seulement la situation du patrimoine, situation qui, par hypothèse, se trouve hors de France. Il ne s'agit pas de l'exécution d'une obligation demandée par un créancier à son débiteur, mais bien de

1. En faveur de l'application des art. 14 et 15, C. civ. : Lyon-Caen et Renault, t. VIII, 2e édit., nos 1232 et 1232 *bis* ; *Contrà* : Glasson : Clunet, 1881, p. 125 et s. ; Renault, *Revue critique*, 1884, p. 715 ; Thaller, *Faillite en droit comparé*, t. II, no 331.

décider que le patrimoine, qui auparavant n'était que l'accessoire de telle personne, jouira désormais d'une vie propre. Mais, nous objectera-t-on, l'art. 14, C. civ. devra, du moins, s'appliquer pour, un débiteur étranger ayant été déclaré en faillite dans son pays, permettre à son créancier français de l'actionner en France en vue de l'exécution de son obligation? Nous reconnaissons, en effet, que la question est tout autre. Mais la solution de cette difficulté est subordonnée à celle que l'on donnera sur la question de savoir si la faillite prononcée à l'étranger n'empêche pas toute poursuite individuelle du failli en France. Si l'on répond affirmativement, l'art. 14, C. civ. sera inapplicable; si l'on adopte la négative, la poursuite exercée dans ces conditions par un Français sera possible.

De l'idée que le patrimoine est un et sa situation unique découle une autre conséquence : le tribunal du lieu de cette situation sera seul compétent pour statuer sur le sort de ce patrimoine, pour déclarer la faillite. Il résulte de cette proposition qu'une personne ne peut être déclarée en faillite qu'au lieu de son domicile, qu'un Français, par exemple, domicilié à l'étranger, ne pourra être déclaré en faillite qu'à l'étranger et non en France. En un mot, l'unité du patrimoine entraîne, même dans les rapports internationaux, l'unité de la faillite. Quelles objections peut-on faire à l'application, en droit international, d'une règle que tout le monde approuve en droit interne?

1° Une première objection peut naître de cette circonstance que ce commerçant, déclaré en faillite à l'étranger, a un établissement commercial en France. Deux hypothèses doivent être distinguées : *a*) on peut d'abord supposer que, des deux établissements que dirigeait ce commerçant, l'un, situé à l'étranger, est principal par rapport à l'établissement français, qui ne serait qu'une succursale. Dans ce cas, on ne peut douter, selon nous, que le tribunal, dans le ressort duquel est l'établissement principal, ne soit seul compétent pour connaître de la faillite. C'est à cet endroit qu'est réputé situé le patrimoine tout entier du commerçant ; quel principe de compétence pourrait invoquer le juge du lieu où se trouve l'établissement secondaire [1] ? *b*) Il se peut que les deux établissements commerciaux soient indépendants, de telle sorte qu'en réalité il y ait deux commerces. Ne doit-il pas, dans ce cas, y avoir deux tribunaux compétents, deux faillites possibles ? Nous ne le croyons pas. Ce n'est pas tel commerce qui est déclaré en faillite — de telle sorte qu'il y aurait autant de patrimoines et de faillites que de commerces distincts — c'est le patrimoine entier d'une personne : à l'égard d'un patrimoine unique, ayant une situation unique, il ne peut y avoir qu'un seul juge compétent, qu'une seule faillite. Comme le dit M. Glasson, « c'est une conséquence de l'unité de patrimoine et du principe que l'ensemble de l'actif est affecté à l'ensemble du passif (art. 2093) [2] ». Il s'agira seulement de savoir où se trouve le siège principal des intérêts d'une personne. C'est une question de fait. Notre jurisprudence admet la solution inverse, non seulement en droit international, mais même en droit interne. Cette jurisprudence est, avec raison, critiquée par MM. Lyon-Caen et Renault [3].

1. Cpr. : Bruxelles, 7 août 1871 : *Revue de Droit internat.*, 1872, p. 154.

2. Glasson, *op.* et *loc. cit.*; *Contrà* : Merlin, *Répert.*, v° *Faillite*, Sect. 2, § 2, art. 10 ; Bonfils, *op. cit.*, p. 213 ; de Bar, *Das internationale Privatrecht*, § 128.

3. *Op. cit.*, t. VII, 2e édit., n° 81, p. 69 ; Voy. la jurisprudence citée, note 1, p. 70, *eod. loc.*

Mais si l'on admet, avec ces auteurs, qu'une seule faillite englobera des établissements de commerce distincts, situés à l'intérieur d'un même pays, pourquoi en serait-il autrement lorsque ces établissements sont situés dans des États différents? On a bien fait une objection, tirée du caractère des lois sur la faillite, qui feraient partie des lois appartenant au statut réel. Mais nous allons voir, à propos d'une autre circonstance où la même objection a été soulevée, qu'elle ne peut être considérée comme infirmant notre solution ;

2° Il est possible que le failli ait en France des biens meubles ou immeubles. Un tribunal français ne sera-t-il pas compétent et seul compétent pour déclarer la faillite à l'égard de ces biens? Certains auteurs le prétendent. En effet, disent-ils, la faillite est un ensemble de mesures s'appliquant au patrimoine, une voie d'exécution générale englobant tous les biens du débiteur. C'est donc, au premier chef, une matière rentrant dans le *statut réel*. Or, ce qui caractérise les statuts réels, c'est qu'ils sont territoriaux : *quot territoria, tot patrimonia*. Il doit donc y avoir autant de faillites qu'il y a d'États où le débiteur possède des biens. A tout prendre, l'argument ne s'appliquerait qu'aux immeubles. Car, en ce qui concerne les meubles, ils ne sont soumis au régime de la *réalité* que lorsqu'on les envisage *ut singuli*; or, ici, nous considérons les meubles dans leur ensemble. Mais, de plus, on peut contester le caractère de *réalité* des statuts en matière de faillite. Beaucoup pensent qu'il n'y a pas ici à proprement parler de statuts réels, ni personnels, que les lois sur la faillite sont en dehors de cette distinction [1]. Enfin, et surtout, la distinction des statuts réels et

1. V. en faveur de la *réalité:* Norsa, *Revue de droit internat.*, 1876, p. 627 à

personnels n'a pas, ici, à intervenir. Il s'agit de décider si tel tribunal sera ou non compétent, et non si telle loi sera applicable. Même si la faillite faisait partie de la classe des statuts réels, cela ne mettrait pas obstacle à l'unique compétence du tribunal du domicile du débiteur : il en résulterait seulement que ce tribunal devrait appliquer autant de lois différentes qu'il y aurait de pays où des immeubles du débiteur failli seraient situés.

Nous arrivons donc à cette conclusion : un seul tribunal compétent, une seule faillite. Mais il s'agit maintenant de savoir si cette faillite, qui est unique, sera en même temps *universelle*, si elle ne produira ses effets que dans le pays où elle a été prononcée, ou si, au contraire, ses conséquences s'étendront, *de plano*, aux autres pays. En d'autres termes : quels sont les effets extra-territoriaux du jugement déclaratif de faillite ? Cette question est capitale ; car, bien mauvais serait le système qui, n'accordant compétence sur ce point qu'à un seul juge, limiterait les effets du jugement rendu par lui à l'État dont il dépend. Cette question se rattache à celle, plus générale, de savoir quels effets peuvent avoir les jugements hors du pays où ils ont été rendus. Nous verrons, tout à l'heure, en étudiant les solutions de la jurisprudence, la théorie qu'elle admet sur ce point. Pour le moment, nous exposons les solutions qui nous paraissent conformes à notre législation.

En ce qui concerne l'autorité des jugements étrangers en

641 ; Ripert, *Revue critique*, 1877, p. 705 et s. Cpr. Thaller, *op. cit.*, t. II, n°s 222 et s. ; Rocco, *Dritto civile internazionale*, p. 374. — *Contrà* : Lyon-Caen et Renault, *op. cit.*, t. VIII, n° 1238. — M. Thaller se prévaut surtout, non pas tant de la réalité des statuts que du caractère de la faillite, qui est une mesure d'exécution générale des biens, partant territoriale.

France, nous admettons le système suivant (V. *infrà*) : les jugements étrangers ont autorité de chose jugée en France. On n'a besoin d'en demander l'*exequatur* que lorsqu'il s'agit d'exercer un acte d'exécution proprement dite. Mais, si l'on veut procéder à un tel acte et que l'on s'adresse à un tribunal pour obtenir l'*exequatur*, celui-ci, en l'absence de toute disposition dérogatoire résultant d'un traité, n'étant pas limité par la loi dans son contrôle, peut examiner non seulement si le jugement réunit les conditions de forme nécessaires à sa validité, s'il n'est pas contraire à une loi d'ordre public, mais encore s'il a été, au fond, bien rendu. Appliquons ici ce système : il en résultera que le jugement étranger déclaratif de faillite aura autorité de chose jugée en France : l'*exequatur* ne sera nécessaire que lorsqu'il s'agira de procéder à un acte d'exécution. Si l'on veut procéder à un tel acte, le tribunal chargé d'accorder l'*exequatur* examinera le bien-jugé, par exemple, si les conditions pour que la faillite fût possible étaient réunies ; au cas où elles ne l'étaient pas il refusera l'*exequatur*. L'*exequatur* n'étant nécessaire que pour un acte d'exécution, il faut déterminer d'une façon précise quand il y a exécution proprement dite. Voici, en tenant compte de cette distinction, les effets que le jugement étranger déclaratif de faillite produira de plein droit en France, sans qu'il soit besoin de demander un *pareatis* : d'abord, le failli sera dessaisi de l'administration de ses biens ; ses créanciers perdront leur droit de poursuite individuelle ; les syndics nommés à l'étranger exerceront en France leurs pouvoirs de représentation — sauf à demander l'*exequatur* pour procéder à des actes d'exécution (art. 443 et 490, C. com.) ; enfin il en résultera la nullité ou l'annulabilité des actes faits pendant la période suspecte (art. 446 et 447, C. com.). Il est pourtant deux effets qui ne se produiront pas en France sans l'obtention de l'*exequatur*, alors qu'il ne s'agit pas d'actes d'exécution proprement dite : nous voulons parler, d'abord, des incapacités électorales dont le failli peut être frappé. Pour qu'il y soit soumis, il faudra obtenir l'*exequatur*. Cela se conçoit ; car il y a ici, à proprement parler, une peine, et l'application d'une peine sur notre territoire ne peut être faite qu'en vertu des ordres d'une autorité française (Cpr. Décret du 2 février 1852, art. 15, 17°, et Loi du 2 décembre 1883, art. 2, 8° et 8). Les syndics devront aussi obtenir l'*exequatur* du jugement déclaratif pour opérer l'inscription de l'hypothèque légale de l'art. 490, al. 3, C. com. (arg. art. 2123 et 2128, C. civ.). En dehors de là, le jugement déclaratif de faillite produit donc ses effets en France, à l'égard des biens comme à l'égard des créanciers.

Ainsi, nous arrivons à cette conclusion que notre législation consacre, sauf quelques rares restrictions, le système de l'unité et de l'universalité de la faillite. Et nous sommes conduits à cette solution par l'application des principes généraux de la compétence, et de ce que nous croyons être le droit commun dans la matière des effets des jugements étrangers, de l'autorité de la chose jugée à l'étranger. On a donné, à l'appui de la même thèse, d'autres arguments dont nous ne voulons pas nous prévaloir. L'un d'eux consiste à dire : les lois sur la faillite rentrent dans les *statuts personnels* : y en a-t-il une meilleure preuve que l'*incapacité* dont le failli est frappé? Or, la caractéristique du statut personnel est l'extra-territorialité ; le jugement déclaratif de faillite pourra donc produire ses effets en dehors du pays où il a été rendu. — Tel quel, cet argument ne vaudrait ni plus ni moins que l'argument inverse tiré du caractère *réel* des lois sur la faillite. Mais, ici, l'argument est fait plus pressant, plus spécieux. On peut le ramener à ceci : il s'agit de savoir si le jugement étranger déclaratif de faillite produira des effets en France ; or, quelle que soit la solution donnée sur la question générale de l'autorité des jugements étrangers, on doit accorder des effets extra-territoriaux au jugement déclaratif de faillite, car ce jugement modifie le statut personnel, la capacité du failli. Il doit donc en être de lui comme d'un jugement statuant en matière d'état des personnes, prononçant, par exemple, une interdiction[1]. Or, on admet que cette sorte de décisions jouit d'une faveur particulière quant à l'autorité de la chose jugée ; tandis que les autres sentences étrangères n'en jouiraient pas sans l'obtention préalable de l'*exequatur*, les sentences rendues en matière d'état en auraient, au contraire, le bénéfice, en dehors de toute demande de *pareatis*. Il y aurait donc, à ce point de vue, une distinction à faire entre les jugements déclaratifs de faillite ou rendus en matière d'état des personnes et les autres jugements[2]. Nous repoussons cette distinction. Il ne se passe, en

1. Aubry et Rau, 4e édit., t. VIII, § 769 *ter*, 5e édit., t. I, § 31, texte et notes 36 et 37.

2. En faveur de cette distinction et de la personnalité : Stracca, *De decoctoribus*, p. 3. D'autres auteurs (Fœlix, *op. cit.*, t. I, n° 89, t. II, n° 468) basent la même solution sur ce que le jugement déclaratif de faillite serait un acte de juridiction volontaire ou gracieuse ; Bonfils, *op. cit.*, p. 211. — *Contrà* : Lyon-Caen et Renault, *op. cit.*, 2e édit., t. VIII, n° 1253. Outre qu'on peut contester ce caractère d'actes de juridiction volontaire, cela n'entraînerait pas, comme nous le verrons dans notre 2e Partie, une solution de principe différente de celle donnée pour les actes de juridiction contentieuse. La seule différence, à ce point

matière d'état ou de faillite, rien d'autre que ce qui arrive en toute autre matière. Tous les jugements étrangers ont autorité de chose jugée en France. Il n'y a besoin d'obtenir l'*exequatur* que lorsque l'on veut procéder à un acte d'exécution proprement dite. Ce qui est vrai, seulement, c'est qu'ordinairement, en matière d'état, il n'y aura pas lieu de procéder à de tels actes, et, partant, le jugement étranger statuant sur une question de ce genre aura pleine force en Franee. Mais nous n'admettons pas de distinction *ratione materiæ* entre les divers jugements, au point de vue de leurs effets.

A l'inverse, nous repoussons également une distinction tout opposée tirée du caractère du jugement déclaratif de faillite : c'est, dit-on, un jugement qui règle une matière de *statut réel* (V. *suprà*) ; partant ses effets ne se produiront que dans les limites de l'État où le jugement a été rendu. Le jugement est comme une *lex specialis*. Cette loi, étant de *statut réel*, n'a que des effets territoriaux. Nous repoussons cette assimilation. Il nous semble que deux choses bien distinctes sont confondues : les lois en matière de faillite qui ont tel ou tel caractère — réel, personnel, mixte, — et que le tribunal compétent appliquera, soit en étendant leur empire en dehors du territoire où il juge, soit en le restreignant à ce territoire, sauf, pour les biens situés au dehors, à appliquer les lois d'autres États, et le jugement qui déclare la faillite, pour lequel une seule question se pose : aura-t-il ou non au-

de vue, est, en effet, le résultat de la nature des choses : elle consiste en ce que les actes de juridiction volontaire donneront lieu moins souvent que ceux de juridiction contentieuse à des mesures d'exécution. — On a aussi essayé de faire intervenir l'idée d'un mandat confié aux syndics : Voy. Carle, *op. cit.*, n° 29 qui combat cette idée ; Cpr. Massé, *Droit com.*, t. II, n° 809.

torité de chose jugée en dehors de l'État où il a été rendu? Quant au caractère des lois en matière de faillite, tout ce qu'il en résultera, c'est que la souveraineté d'un État, où des biens d'un failli sont situés, peut ou ne peut pas exiger, suivant que ces lois sont ou non de statut réel, que ses propres lois soient appliquées par le tribunal compétent[1].

Ainsi nous arrivons à cette triple solution: 1° unité de juridiction ; 2° universalité (effets extra-territoriaux) ; 3° ce n'est que l'application du droit commun en matière d'autorité des jugements étrangers.

Opposons maintenant à notre système celui de la jurisprudence française, — si l'on peut appeler du nom de système un ensemble de décisions auxquelles il est difficile, nous dirons même impossible, de trouver un lien, une base commune.

On est tout d'abord, et à juste titre, tenté de chercher la caractéristique de la jurisprudence dans le système général qu'elle admet à propos de l'autorité des jugements étrangers en France. Nous savons, en effet, que nos tribunaux décident que ces jugements n'ont pas en France l'autorité de la chose jugée, ne peuvent produire aucun effet avant d'avoir été rendus exécutoires par un tribunal français. Appliquons cette formule au jugement étranger déclaratif de faillite. Il devrait logiquement en résulter que, dans aucun cas, un pareil ju-

1. L'unité et l'universalité de la faillite en droit international a été soutenue par certains auteurs : Savigny, *Droit rom.* t. VIII, p. 279-290 : l'unité et l'universalité de la faillite seraient d'après lui le résultat d'une tendance croissante à une *communauté de droit* ; Maurice Travers : *Unité de la faillite en droit international* (1894) ; Despagnet, *Précis*, p. 756 et s. ; Carle, *op. cit.* (trad. Dubois) ; Weiss. *op. cit.*, p. 961. — *Contrà :* Lyon-Caen et Renault, *op.* et *loc. cit.*, n° 1230 notamment ; Boistel, *Droit com.*, n° 899 *bis*.

gement ne pourra produire effet avant d'avoir été rendu exécutoire ; par exemple : les syndics de la faillite étrangère n'auront pas en France cette qualité, ne pourront aucunement exercer leurs pouvoirs ; les créanciers jouiront du droit de poursuite individuelle ; le failli ne sera pas dessaisi à l'égard des biens situés en France... Pourtant cette solution n'est pas pleinement consacrée par la jurisprudence. Nous trouvons la consécration de la règle — absence totale d'effets avant l'*exequatur* — dans un arrêt de la Cour de Paris du 31 janvier 1873, confirmant un jugement du tribunal de la Seine du 30 juillet 1872[1]. D'après la Cour, le jugement étranger déclaratif de faillite « ne peut avoir en France, à défaut d'*exequatur*, ni l'autorité de la chose jugée, ni aucune puissance d'exécution ». De même, le jugement du tribunal de la Seine disait qu'avant l'*exequatur* du jugement déclaratif de faillite, « le syndic étranger ne peut exercer, en France, aucun des pouvoirs qui lui sont conférés par ce jugement ». Mais, d'autre part, certains arrêts de Cours d'appel ou de la Cour de cassation ont décidé que le jugement étranger déclaratif de faillite produirait effet de plein droit, en France, en ce qui concerne l'incapacité du failli et le mandat des syndics[2]. Ceux-ci pourraient donc exercer leurs pouvoirs en France, tant qu'il ne s'agirait pas d'actes d'exécution véritable, sans avoir besoin de demander l'*exequatur*. Au contraire, l'*exequatur* serait nécessaire pour produire le dessaisissement du failli. Comment expliquer cette divergence de solu-

1. S. 1874, 2, 33 et la note.

2. V. la note sous Cass. 12 nov. 1872 : S. 73, 1, 17 et Paris, 14 févr. 1894, Clunet; 1894, p. 1013 et s. ; en ce qui concerne les pouvoirs des syndics : Paris, 14 déc. 1875, S. 76, 2, 70 et les renvois en note ; 7 mars 1878, S. 79, 2, 164 ; 28 fév. 1881, Clunet, 1881, p. 263. — *Adde* : Paris, 22 févr. 1872, S. 72, 2, 90.

tions ? En ce qui concerne la distinction que nous venons de mentionner, voici l'explication qui paraît résulter des termes des arrêts : l'exercice par les syndics de leurs pouvoirs, qui ne consistent pas en des actes d'exécution, doit leur être reconnu, parce que les syndics ne sont, à tout prendre, que des mandataires, pouvant, comme tels, exercer leurs pouvoirs en tous pays. Il est vrai qu'ils ont été nommés par justice ; mais celle-ci n'intervient, en quelque sorte, que pour donner à ce mandat l'authenticité qui lui est nécessaire. — Nous repoussons cette idée d'un mandat. Il n'y a, dans la nomination des syndics et dans les pouvoirs qui leur sont accordés, qu'un effet du jugement déclaratif de faillite, lequel est un véritable jugement rendu en matière contentieuse[1].

Quant aux effets du jugement déclaratif en ce qui concerne l'incapacité du failli, on argumente de l'art. 3, C. civ.; il s'agit ici de lois rentrant dans le statut personnel : les jugements qui font l'application de ces lois doivent produire les mêmes effets que ces lois elles-mêmes : « Attendu, dit un jugement du tribunal de la Seine, confirmé par la Cour de Paris par arrêt du 14 février 1894, précité, que F... étant Belge d'origine, les jugements rendus en Belgique et qui déterminent sa capacité ont autorité de chose jugée en France,

1. V. Lyon-Caen et Renault, *op. cit.*, t. VIII, p. 456, note 1 (2e éd.). Ces auteurs critiquent, avec raison, cette jurisprudence. Elle se justifie par les besoins de la pratique. Mais elle n'est pas, d'après eux, conforme aux principes : « Ces effets du jugement déclaratif, disent-ils, sont indivisibles. Ils se rattachent presque tous au dessaisissement. Il n'est pas possible de les scinder. C'est à raison du dessaisissement du failli et de la suspension des poursuites individuelles que des syndics doivent être nommés. Or, la jurisprudence n'admet, ni que le jugement étranger dessaisisse en France le failli, ni qu'il y suspende les poursuites individuelles. » V. pourtant, sur ce dernier point : Trib. com. Marseille, 7 et 20 déc. 1876, Clunet, 1877, p. 423 et 424.

mais qu'il n'en est pas de même quant aux effets de ces jugements qui statuent sur les conséquences pécuniaires de l'état de faillite ». Nous avons plus haut rencontré et repoussé cette distinction tirée du contenu du jugement. Comment expliquer maintenant que certains arrêts admettent, et que d'autres écartent cette autorité de chose jugée partielle ? Il n'en faut pas chercher d'autre raison que celle tirée de la nationalité du failli. Est-il étranger ? les incapacités résultant de l'état de faillite se produiront en France de plein droit. Est-il Français ? le jugement étranger, même à ce point de vue limité, sera dépourvu d'effets : « Considérant, dit la Cour de Paris dans son arrêt du 31 janvier 1873 précité, que W... possède la qualité de français qui ne lui est pas déniée ; — qu'un jugement étranger qui le constituerait en état de faillite et qui modifierait ainsi sa capacité civile ne peut avoir d'effet contre lui en France sans l'intervention des tribunaux français... » Au contraire, dans l'arrêt de 1894 de la même Cour, il s'agissait d'un failli de nationalité belge. Ainsi, l'autorité de la chose jugée, en ce qui concerne l'incapacité du failli, serait accordée au jugement étranger si le failli est étranger, non s'il est français. C'est l'application de l'Ordonnance de 1629 (art. 121) (V. *infrà*). Or, nous verrons que les tribunaux repoussent généralement la distinction faite par cet art. 121 de l'Ordonnance. Comment donc la jurisprudence peut-elle appliquer cette distinction en notre matière ? Elle se contredit elle-même. Et, d'ailleurs, elle applique mal l'Ordonnance. La chose jugée à l'étranger, d'après celle-ci, vaut en France sauf si elle est jugée contre un Français, et cela complètement et non seulement en matière d'état et de capacité. Or, la jurisprudence restreint ici l'autorité de la chose jugée contre un étranger à ce qui concerne son état et sa capacité.

Une fois l'*exequatur* obtenu, le jugement déclaratif de faillite produira, en France, pleinement ses effets [1].

Quel est le système de la jurisprudence en ce qui concerne l'application de l'art. 14, C. civ., en matière de faillite? Contrairement à l'opinion que nous avons émise, la jurisprudence permet aux créanciers français, en vertu de cet article, de faire déclarer en faillite un étranger par un tribunal français, même si celui-ci n'a pas en France son domicile, ni même sa résidence [2]. A plus forte raison en est-il de même s'il a en France une succursale de l'établissement principal situé à l'étranger [3]. Le résultat, ici encore, sera la possibilité d'une pluralité de faillites. De même, il a été jugé, en vertu de l'art. 15., C. civ., qu'un Français pouvait être déclaré en faillite par un tribunal français, alors même qu'il n'avait aucun établissement commercial en France [4].

Dans ses grandes lignes, notre jurisprudence peut donc se

1. Certains auteurs pensent que même l'*exequatur* ne peut donner aucune force au jugement étranger déclaratif de faillite, à l'égard des biens situés en France. Il faudrait nécessairement une deuxième faillite en France : voy. Thaller, *op. cit.* t. II, p. 355 et aussi, p. 363; *Contrà*, Lyon-Caen et Renault, *op. cit.*, t. VIII, n° 1298. Le jugement rendu exécutoire produit tous ses effets et une déclaration de faillite n'est plus possible en France. Inversement, lorsque les trib. français ont déclaré un commerçant en faillite, l'*exequatur* ne peut être accordé à un jugement étranger déclarant la faillite de cette personne. Paris, 7 mars 1878, S. 79, 2, 167.

2. Cass. 5 juill. 1897, D. 97, 1, 524, S. 98, 1, 16, Clunet, 1897, p. 1021 ; Rapport de M. le conseiller Fochier. La jurisprudence prend même à un autre point de vue, en considération la qualité de créanciers français ; Voy. : Paris, 28 mars 1873, Clunet, 1875, p. 18.

3. Paris, 7 mars 1878, S. 79, 2, 164.

4. Paris, 2 août 1883 : Clunet, 1884, p. 63. Cf. Bordeaux, 25 mars 1885, D. 88, 2, 290.

résumer ainsi : au point de vue de la compétence, possibilité d'une pluralité de déclarations de faillite ; au point de vue de l'autorité en France du jugement étranger déclaratif de faillite, il n'en a aucune, en dehors d'un *exequatur*, si le failli est un Français ; si le failli est étranger, les besoins de la pratique font admettre pour ce jugement des effets limités. La note dominante nous paraît être, ici encore, la préoccupation qu'a la jurisprudence de sauvegarder les droits de la souveraineté française et les intérêts français qui peuvent être en jeu. Nous verrons si cette préoccupation répond véritablement à un besoin, et, surtout, si la sauvegarde qui en résulte n'est pas plutôt apparente que réelle.

La faillite ayant été prononcée à l'étranger, un concordat peut être intervenu entre le commerçant débiteur et ses créanciers, et avoir été homologué par le tribunal qui a déclaré la faillite. Quel sera l'effet, en France, de ce concordat ainsi homologué ? Ce qui fait difficulté, c'est que la décision prise est opposable non seulement à ceux qui l'ont consentie, mais même à ceux qui ont refusé d'y adhérer, ou qui n'ont pas pu le faire, n'étant pas présents à la délibération. Il nous semble résulter de là une distinction : il n'y a, à l'égard des premiers, qu'une convention d'ordre privé qui doit produire effet en tous lieux [1]. Quant aux seconds, il en est tout autrement. Ce qui fait, à leur égard, la force du concordat, c'est la décision du tribunal qui est intervenue. Celle-ci a donc pour eux, à l'étranger, toute la force et seulement la force qu'aurait un jugement ordinaire. D'après notre interprétation, elle jouira en France de l'autorité de la chose

1. V. Seine, 26 février 1886 : *Journal des faillites*, 1886, p. 292 ; Clunet, 1886, p. 331.

jugée. Mais il faudra en obtenir l'*exequatur* si l'on entend se prévaloir du concordat comme moyen de procéder à une mesure d'exécution: par exemple, le failli pourra l'invoquer, sans avoir à le rendre exécutoire, à l'encontre des créanciers, même opposants, qui le poursuivraient contrairement aux termes du concordat. Au contraire, les créanciers qui voudraient s'en prévaloir pour réclamer l'exécution de ce qui a été promis par le concordataire devraient en demander l'*exequatur*. Celui-ci devrait être obtenu, alors même que le jugement déclaratif de faillite aurait lui-même été déclaré exécutoire. Le contraire ne pourrait être soutenu qu'en considérant le jugement d'homologation du concordat comme un accessoire du jugement déclaratif de faillite. Il n'a pas, selon nous, ce caractère; il en est indépendant. Les deux jugements, quant à leurs effets, doivent être envisagés séparément [1]. Nous appliquerions les mêmes principes au jugement de réhabilitation. Il aura, en France, pleine effica-

1. *Sic* : Lyon-Caen et Renault, *op. cit.*, t. VIII, n° 1262. Mais ces auteurs, n'admettant pas que les jugements étrangers aient, *de plano*, autorité de chose jugée en France, exigent dans tous les cas l'obtention de l'*exequatur* du jugement d'homologation. Dans notre sens : Dubois, sur Carle, *op. cit.*, note 116, p. 109 ; Carle, *eod.*, n° 52 admet, au contraire, qu'il n'y a pas besoin d'obtenir *l'exequateur* lorsque le jugement déclaratif de faillite a lui-même été déclaré exécutoire. Certains auteurs pensent que le concordat étranger ne peut produire aucun effet en France, même s'il a été déclaré exécutoire ; comme la faillite elle-même, cette mesure concerne les biens, donc seulement les biens situés dans le pays où il a été consenti. Il faudra, en France, un nouveau concordat : Thaller, *op. cit.*, t. II, p. 377. — M. Rocco (*Dritto civile intern.*, p. 371) part également de l'idée que la faillite fait partie des statuts réels ; mais il admet que le concordat produira ses effets quant aux biens situés à l'étranger, s'il a, à leur égard, été déclaré exécutoire. — Pour M. Massé (*op. cit.*, t. II, n° 811) le concordat étranger n'a en France aucune efficacité ; il faut que les créanciers y aient adhéré, sinon, même rendu exécutoire, il ne peut leur être opposé.

cité puisque, aussi bien, il ne peut s'agir pour lui d'être employé en vue de mesures d'exécution [1].

Au contraire de la jurisprudence française, la jurisprudence belge admet l'unité et l'universalité de la faillite. Nous trouvons ce principe nettement formulé dans un arrêt de la Cour de Bruxelles du 13 août 1851 [2] : « Att. qu'il est de principe que le juge compétent pour statuer sur la mise en faillite d'un négociant est celui du domicile de dernier ; — att. qu'il est également de principe que l'état de commerçant failli étend son effet partout où ce commerçant possède des biens ; — que l'administration de la faillite est une, indivisible et universelle, étendant son action sur tout l'avoir du failli, en quelque lieu qu'il soit situé ; — att. que ce principe est fondé sur l'intérêt du commerce, institution du droit des gens reconnue chez toutes les nations civilisées, entre lesquelles il établit de si fréquents rapports, et sur la nature même des choses qui s'oppose à ce qu'une faillite ait autant d'administrateurs qu'il y aurait de contrées où le failli posséderait des biens... »

Et pourtant, la législation belge n'est pas, de droit commun, différente de la législation française en ce qui concerne l'autorité des jugements étrangers : en Belgique, comme en France, les tribunaux ont le droit, en l'absence de toute stipulation d'un traité, de reviser le jugement étranger dont on demande l'exécution. Donc, le jugement étranger déclaratif de faillite produit effet, *de plano*, en Belgique, non seule-

1. *Sic* : Carle, *op. cit.* n° 72, p. 145. Nous admettons, avec cet auteur, (*eod.*, n° 73, p. 146) qu'une personne ne peut être réhabilitée par un tribunal autre que celui qui l'a déclarée en faillite ; *Contrà :* Vincens, *Législ. com.*, t. I, p. 566.

2. *Pas.* 1851, 2, 230. Le pourvoi contre cette décision a été rejeté le 6 août 1852 : *Pas.*, 1853, 1, 146.

ment en ce qui concerne la capacité du failli, mais même à à l'égard de ses biens, meubles ou immeubles, situés dans le royaume, sauf à en demander l'*exequatur* s'il s'agit d'arriver à un acte d'exécution proprement dite. Mais, dans tous les cas, le juge belge examine si la déclaration de faillite émane du juge compétent : en effet, il est essentiel dans le système de l'unité de la faillite que celle-ci soit prononcée par le juge du domicile du failli [1]. Par conséquent, *de plano*, les syndics peuvent exercer en Belgique les actes qui n'ont pas le caractère de mesures d'exécution ; les poursuites individuelles des créanciers sont suspendues ; les actes faits pendant la période suspecte peuvent être annulés ; le concordat voté et homologué est opposable aux créanciers, alors même qu'ils n'y auraient pas pris part [2].

1. Ici encore nous réunissons ces deux choses : la compétence (unité de la faillite) et l'autorité des jugements (universalité). Cette réunion n'est pas absolument nécessaire théoriquement. On pourrait supposer l'unité de juridiction sans l'universalité, que la faillite ne pût être prononcée qu'à l'étranger où le commerçant a son domicile, tout en ne pouvant produire d'effet en France qu'après l'obtention de l'*exequatur*. Mais, dans les faits, l'unité entraîne l'universalité, et inversement. Si le jugement déclaratif étranger n'a aucune force avant l'obtention de l'*exequatur*, il ne fait pas, par lui-même, obstacle à un jugement sur la même cause en France (V. *suprà*, nos développements sur la litispendance et la connexité). Et, d'autre part, comme il a besoin d'un *exequatur* et que celui-ci n'est accordé qu'après revision au fond, il y a comme un jugement déclaratif de faillite prononcé en France. Il serait intéressant, à ce point de vue, de rechercher l'avantage qu'il y a à demander l'*exequatur* ou, au contraire, une nouvelle déclaration de faillite. V. sur ce point : Travers, *op. cit.*, p. 195 à 199. En tout cas, il n'y a pas d'intérêt pour la rétroactivité du jugement d'*exequatur*. V. Lyon-Caen et Renault, *op. cit.*, t. VIII, n° 1258 ; Cpr. Aubry et Rau, 5e édit., t. I, § 31, notes 35 à 39. Sur ce point voy. aussi ; Travers, *op. cit.*, p. 175, qui signale une pratique ingénieuse de notre jurisprudence. Il y aurait, pourtant, un intérêt : le jugement déclaratif est soumis à des formalités de publicité spéciales (art. 442, C. com.). Quid du jugement d'*exequatur* ? V. Lyon-Caen et Renault, *op. cit.*, n° 1257.

2. V. Liège, 24 mai 1879, *Pas.* 79, 2, 307 ; Gand, 14 févr. 1878, *Pas.* 78, 2,

On a pu remarquer que l'arrêt de 1851 n'invoque nullement des motifs tirés du caractère personnel des statuts en matière de faillite, mais les besoins du commerce et la nature des choses.

Un jugement du tribunal de commerce de Bruxelles a décidé, le 9 mai 1836, « qu'il n'y a de fallite pour un Belge, quant à ses biens situés en Belgique comme pour ses créanciers Belges, que celle résultant d'un jugement rendu par les tribunaux du pays en vertu et en conformité des lois qui y sont en vigueur ». Mais ce jugement a été infirmé, le 13 août 1836, par la Cour de Bruxelles, qui décide que « c'est le tribunal du domicile qui a compétence pour déclarer l'état de faillite, que cette déclaration doit être tenue pour vraie en Belgique ; qu'il n'y a donc pas lieu d'ouvrir une nouvelle faillite dans ce pays, ni de rompre, par là, l'unité de la faillite [1] ».

Il semblerait cependant résulter d'un arrêt de la Cour de Cassation de Belgique du 21 mars 1883 [2] une distinction entre les nationaux et les étrangers, analogue à celle que nous avons trouvée dans la jurisprudence française : le jugement étranger déclaratif de faillite ne produirait effet, *de plano*, en Belgique, qu'au cas où le failli serait étranger, non

353. Voy. sur la distinction des actes d'exécution, pour lesquels il faut obtenir *l'exequatur* du jugement déclaratif : Humblet, *Vente des immeubles dépendant d'une faillite déclarée à l'étranger* : Clunet, 1883, p. 470 et s. La controverse porte, en effet, principalement sur le caractère de la vente d'immeubles. Certains pensent qu'il y a là un acte d'exécution : Fiore. *Droit internat. privé*, p. 563 et 567 ; Weiss, *op. cit.*, p. 877 ; Carle, *op. cit.*, n° 31 *in-fine* ; *Contrà* : Humblet, *op.* et *loc. cit* ; cet auteur reconnaît d'ailleurs que cette question n'a qu'un intérêt pratique limité.

1. *Pas.* 1836, 2, 217.

2. Rapporté par Humblet, *op.* et *loc. cit.*

au cas où ce serait un Belge ; dans cette dernière hypothèse, il faudrait obtenir l'*exequatur* du jugement déclaratif, même en dehors d'un acte d'exécution proprement dite : «Att. » dit la Cour « qu'en vertu de la souveraineté des États, les jugements rendus en pays étranger n'ont aucun effet en Belgique, à moins d'une disposition contraire résultant d'une loi ou d'un traité ; — que l'état et la capacité des personnes étant régis par la loi de la nation à laquelle elles appartiennent, on doit en induire que les tribunaux belges doivent considérer comme failli l'étranger qui a été déclaré en faillite par les tribunaux de son pays ; — mais que ni la législation belge, ni le droit des gens n'autorisent les tribunaux de notre pays à reconnaître l'autorité de la chose jugée au jugement rendu en France qui a déclaré la faillite d'un Belge, tant qu'il n'a pas été rendu exécutoire dans le royaume »... Inutile d'insister sur la première partie de cet arrêt qui contient une exagération évidente, que peut seul expliquer le besoin de la cause. Quant au second motif de l'arrêt, il est très caractéristique. Nous avons dit que la compétence judiciaire et la compétence législative devaient être très soigneusement distinguées. Or, ici, on les confond volontairement ; on fait du caractère de la loi en ce qui concerne la capacité du failli une règle de compétence. Et le jugement du tribunal de la Seine, confirmé par la Cour de Paris le 14 février 1894 (V. *suprà*), établit la même corrélation. La faillite d'une personne, prononcée à l'étranger, serait inexistante dans sa patrie, en dehors de l'approbation de ses tribunaux nationaux !

Aussi bien, si les motifs de l'arrêt de 1883 sont dangereux, la solution est bonne et explique ceux-ci dans une certaine mesure. Il s'agissait, en effet, de faire valoir en Belgique à l'encontre d'un Belge une incapacité d'ordre politique résultant de la faillite, celle d'être juré. Seuls les tribunaux belges peuvent édicter à l'égard d'un Belge une pareille peine. Mais, en dehors de ce point limité, la jurisprudence belge consacre l'universalité de la faillite prononcée à l'étranger, même à l'égard des biens situés en Belgique ou des nationaux de ce pays (V. *suprà ;* Cour de Bruxelles, 13 août 1836).

En présence de ces deux jurisprudences opposées, la jurisprudence française consacrant la thèse de la pluralité de faillites, la jurisprudence belge adoptant, au contraire, celle de l'unité et de l'universalité, à quelle solution s'est rallié le traité de 1899 ? Il a adopté la thèse de l'unité et de l'universalité de la faillite. En cela, il s'est conformé au vœu de ceux mêmes qui, au point de vue de l'interprétation de notre loi, pensent que, dans l'état actuel de notre législation, cette théorie ne peut être admise.

« Cette doctrine (de l'unité et de l'universalité) » disent MM. Lyon-Caen et Renault[1], « aurait de grands avantages pratiques ; elle éviterait les complications[2] résultant de l'existence de plusieurs faillites simultanément déclarées dans plusieurs pays, et avec elle seulement on peut arriver à appliquer aux diverses questions qui se rattachent à la faillite ou à la liquidation judiciaire une seule loi. L'avenir appartient sans doute à cette doctrine ; elle sera de plus en

1. *Op. cit.*, n° 1230.

2. V. Sur ce point Lyon-Caen et Renault, *op. cit.*, n°s 1300 et s. V. également Thaller, *op. cit.*, t. II, p. 372 et s. ; Travers, *op. cit.*, p. 195 et s. — Nancy, 12 juill. 1887, S. 90, 2, 187 et la note, D. 88, 2, 289 et la note. L'arrêt pose en principe qu'il y a deux masses distinctes, ayant chacune son actif et son passif, toutes deux représentées par leurs syndics respectifs, et il en tire certaines conséquences.

plus consacrée par les conventions internationales.... » Il était d'ailleurs facile de se rendre compte, en outre des complications engendrées par le système de la pluralité, des contradictions multiples ressortant des décisions de nos tribunaux. C'est ainsi, pour n'en citer qu'un nouvel exemple, qui montre bien l'esprit étroit dans lequel la question était envisagée par notre jurisprudence, qu'il a été décidé que, si le dessaisissement du failli ne peut avoir lieu en France qu'en vertu d'un *exequatur* accordé au jugement déclaratif étranger, il se produit, au contraire, de plein droit à l'étranger, en vertu d'un jugement déclaratif français [1]. Aussi, l'art. 8 de la convention franco-belge consacre-t-il la thèse de l'unité et de l'universalité de la faillite [2].

L'art. 8 se place, comme nous l'avons fait, au double point de vue de la compétence et de l'autorité du jugement étran-

1. V. Clunet, 1879, p. 83 ; et aussi : Cass. 30 nov. 1868, S. 69, 1, 297, d'après lequel les parties, étant de nationalité étrangère, doivent être renvoyées devant les tribunaux étrangers ; pourquoi n'en serait-il pas de même si elles étaient de nationalité française ? Voy. aussi Trib. com. Cette, 3 juillet 1890. *Journal des faillites*, 1892, p. 184, qui ordonne la fusion d'une faillite espagnole avec une faillite française en invoquant l'unité de la faillite et l'art. 2093.

2. Le principe de l'unité et de l'universalité de la faillite tend à prévaloir dans les États étrangers. V. pour l'Angleterre, Alderson Foote, trad. G. Lebret, dans Clunet, 1884, p. 225. Il y a pourtant des hésitations à admettre l'universalité en ce qui concerne les immeubles : Cpr. Travers, *op. cit.* p. 85 et s. — En Italie, ce principe est généralement consacré. V. Esperson : Clunet, 1884, p. 376 ; Milan, 15 déc. 1876, S. 79, 2, 161, et la note de M. Dubois : cet arrêt a été rendu dans une affaire identique à celle jugée par la Cour de Paris en sens inverse, le 7 mars 1878 (v. *suprà*) ; *adde*, Norsa, *Revue de jurispr. ital.* n° 173 : *Revue de droit international*, 1876, p. 629. — En Allemagne, la loi du 10 février 1877, d'après M. Thaller (*op. cit.* t. II, p. 358-359) consacre la territorialité de la faillite ; voy. cepend. Travers, p. 109 et s. — L'Institut de Droit international, dans sa session de Paris (1894, V. *Annuaire*, XIII, p. 256 et s., et Clunet, 1894, p. 608) a adopté une résolution dans le sens de l'unité et de l'universalité de la faillite ; Voy. art. 1er et 2 *in fine*.

ger déclaratif de faillite. Au premier point de vue, il consacre le principe de l'unité de la faillite. C'est la solution du § 1er. *Le tribunal du lieu du domicile d'un commerçant français ou belge dans l'un ou l'autre des deux pays, est seul compétent pour déclarer la faillite de ce commerçant. Pour les sociétés commerciales françaises ou belges ayant leur siège social dans l'un des deux pays, le tribunal compétent est celui de ce siège social.*

Ainsi, un commerçant français, domicilié en Belgique, c'est-à-dire, y ayant son principal établissement, sera déclaré en faillite par un tribunal belge et seulement par un tribunal belge. Et inversement pour un commerçant belge ayant son domicile, son principal établissement en France. Pour déclarer en faillite les société commerciales, c'est le tribunal du siège social en Belgique ou en France qui est compétent. Il s'agit ici, selon nous, du siège social tel qu'il est déterminé par les statuts [1].

D'après le § 1er, al. 2 de l'art. 8 : *Les commerçants des deux nations, dont le domicile n'est ni en France, ni en Belgique. peuvent être néanmoins déclarés en faillite dans l'un des deux pays, s'ils y possèdent un établissement commercial. Dans ce cas le tribunal compétent est celui du lieu de l'établissement.* Il y a là une dérogation partielle au principe de l'unité et de l'universalité. Le commerçant dont il s'agit pourra être déclaré en faillite au lieu de son domicile, situé en dehors de la France et de la Belgique. D'autre part, il pourra l'être aussi par le tribunal français ou belge dans le ressort duquel il aura un établissement commercial. Pourquoi cette dérogation?

1. Cpr. Dubois sur Carle, *op. cit.*, note 46, p. 38, à propos d'un conflit né à l'occasion du traité franco-suisse de 1869.

Puisque l'on consacrait le principe de l'unité de la faillite, ne valait-il pas mieux en adopter toutes les conséquences ? Voici l'idée qui a guidé les rédacteurs du traité : la France, par exemple, peut bien consentir à ce que ses tribunaux soient incompétents pour déclarer la faillite d'un Français ou d'un Belge domicilié en Belgique ; mais s'il est domicilié dans un autre pays, en Allemagne, par exemple, il n'y a aucune raison pour ordonner au tribunal de se déclarer incompétent, du moment que ce commerçant a un établissement commercial en France ; car nous n'avons conclu avec l'Allemagne aucun traité modifiant à son égard notre jurisprudence. L'unité et l'universalité est bien adoptée dans les rapports de la France et de la Belgique, mais non à l'égard de tous les Français ou Belges commerçants ; sont exclus des bénéfices de ce régime ceux qui sont domiciliés dans un autre État, car celui-ci n'est pas co-contractant. — Une hypothèse peut se présenter : un commerçant belge ou français a son principal établissement en Allemagne. S'il a un établissement de commerce en France, il pourra y être déclaré en faillite. Mais il est possible qu'il ait des établissements de commerce à la fois en France et en Belgique, encore qu'ils ne soient que secondaires par rapport à la maison située en Allemagne. La faillite pourra-t-elle être déclarée, dans ce cas, à la fois en Allemagne, en France et en Belgique ? Nous ne le pensons pas. Nous croyons qu'il est plus conforme à l'esprit du traité de décider qu'une seule faillite pourra être prononcée à l'égard des deux établissements belge et français : le tribunal compétent sera celui où est situé le plus important de ces deux établissements.

Une particularité nous semble devoir être signalée comme

résultant du § 1er, al. 2 de l'art. 8 : il résultera de cette disposition que les tribunaux belges conserveront, en matière de faillite, à l'égard de Français exerçant un commerce, mais non domiciliés en Belgique, ni en France, une compétence qu'ils auraient déclinée avant le traité conformément à leur propre jurisprudence (V. *suprà*).

Le § 2 de l'art. 8 se place au point de vue de l'autorité du jugement belge ou français déclaratif de faillite et consacre les solutions déjà admises par la jurisprudence belge : *Les effets de la faillite déclarée dans l'un des deux pays par le tribunal compétent d'après les règles qui précèdent, s'étendent au territoire de l'autre. Le syndic ou curateur peut, en conséquence, prendre toutes mesures conservatoires ou d'administration, et exercer toutes actions comme représentant du failli ou de la masse. Il ne peut toutefois procéder à des actes d'exécution qu'autant que le jugement, en vertu duquel il agit, a été revêtu de l'*exequatur, *conformément aux règles édictées par le Titre II ci-après. Le jugement d'homologation du concordat, rendu dans l'un des deux pays, aura autorité de chose jugée et y sera exécutoire d'après les dispositions du même Titre II.* Il n'y a dans cette seconde partie de l'art. 8 que la consécration des règles qui, selon nous, doivent être admises en l'absence d'un traité. Il était nécessaire de se prononcer sur ce point en raison des solutions opposées de la jurisprudence française. Il faudrait donc appliquer ici tout ce que nous croyons être le droit commun : les effets du jugement déclaratif rendu en Belgique se produiront *de plano* en France, non seulement en ce qui concerne la capacité du failli[1], mais

1. Il ne s'agit que des incapacités d'ordre privé. Quant aux incapacités politi-

aussi à l'égard des biens : il en résultera, notamment, le dessaisissement du failli, la cessation des poursuites individuelles, etc.... Le syndic, le curateur exerceront en France tous leurs pouvoirs qui ne sont pas considérés comme des actes d'exécution ; d'ailleurs l'exercice, par eux, des actions comme représentants du failli ou de la masse n'est pas un acte d'exécution. Nous disions, à l'instant, qu'il n'y avait là que la consécration des règles qui sont suivies en Belgique et qui devraient l'être en France, sans qu'il fût besoin d'une disposition insérée dans un traité. Pourtant il y a une différence, tenant à ce que le tribunal qui accordera l'*exequatur* n'aura plus le droit d'examiner le jugement au fond, mais devra se borner à vérifier si certaines conditions, que précise le Titre II du traité, sont réalisées.

Le jugement d'homologation du concordat est soumis au même régime que le jugement déclaratif de faillite. Mais le traité ne l'envisage pas comme l'accessoire de ce dernier. Encore que le jugement déclaratif de faillite eût été rendu exécutoire par l'obtention de l'*exequatur*, il n'en faudrait pas moins obtenir, pour le jugement d'homologation du concordat, le permis d'exécuter, au cas où l'on voudrait se servir du concordat pour entreprendre de véritables actes d'exécution (V. *suprà*).

L'art. 442, C. com., prescrit pour le jugement déclaratif de faillite des mesures de publicité, afin de sauvegarder les intérêts des tiers. De droit commun, on peut se demander si ces formalités peuvent être accomplies en France, alors que la faillite a été déclarée à l'étranger (V. *suprà*). Désormais,

ques, nous croyons qu'elles ne pourront résulter d'un jugement déclaratif rendu en Belgique que s'il a été revêtu de *l'exequatur* en France, et inversement.

dans les rapports de la France et de la Belgique, cette question est résolue. La faillite, déclarée dans l'un des deux pays où est situé l'établissement principal, s'étendant de plein droit à l'autre pays, où se trouve, par exemple, une succursale, les formalités de publicité seront remplies à la fois au lieu de l'établissement principal et à celui de la succursale. On suivra, à cet égard, la loi respective de chaque pays. Telle est la solution donnée par l'art. 8, § 3 ainsi conçu: *Lorsque la faillite déclarée dans l'un des deux pays comprend une succursale ou un établissement dans l'autre, les formalités de publicité exigées par la législation de ce dernier pays sont remplies, à la diligence du syndic ou du curateur, au lieu de cette succursale ou de cet établissement.* (Compar. art. 13).

Enfin, en France, la loi admet pour les commerçants malheureux et de bonne foi le bénéfice de la liquidation judiciaire (loi du 4 mars 1889), et la législation belge accorde aux commerçants débiteurs des sursis et concordats préventifs (loi du 18 avril 1851). On leur applique la même règle qu'aux jugements déclaratifs de faillite ; d'après le § 4 de l'art. 8 : *les effets des sursis, concordats préventifs ou liquidations judiciaires, organisés par le tribunal du domicile du débiteur dans l'un des deux États, s'étendent, dans la mesure et sous les conditions ci-dessus spécifiées, au territoire de l'autre Etat.* Il y a là, en effet, un ensemble de mesures, entre lesquelles il n'y a pas lieu de faire de distinctions. Toutes produisent des effets extra-territoriaux [1].

1. L'art. 8, § 4 tranche ainsi dans le sens le plus favorable la controverse qui s'élève au sujet de ces sursis de paiement, accordés par les tribunaux aux commerçants débiteurs. Pour nous, il ne doit pas être fait de distinction ; comme le jugement d'homologation du concordat, la décision qui accorde un sursis doit avoir autorité de chose jugée en France. *Contrà*, Asser : *Eléments de droit inter-*

Les dispositions de cet art. 8 de la convention franco-belge doivent être pleinement approuvées. Aussi bien, que pourrait-on objecter à l'adoption du principe de l'unité et de l'universalité de la faillite? Nous n'insistons pas sur la prétendue indépendance des États. Mais que dire de l'intérêt de la souveraineté française, ou même tout simplement de l'intérêt des Français, invoqués si souvent l'un et l'autre par notre jurisprudence? La souveraineté française ne serait en jeu qu'autant que le tribunal compétent refuserait d'appliquer la loi française, au cas où elle serait applicable, par exemple, en ce qui concerne les immeubles du failli situés en France. Quant à l'intérêt des Français, est-il bien compris par la jurisprudence? Ne résultera-t-il pas, souvent, des règles qu'elle applique une impossibilité pour les créanciers d'obtenir satisfaction? Par exemple, si la faillite est déclarée en France, où ne se trouve pas l'établissement principal du commerçant, il arrivera que le tribunal étranger à qui on s'adressera pour obtenir *l'exequatur* refusera de le délivrer. C'est ce que nos tribunaux décident, d'ailleurs, au cas où le commerçant, déclaré en faillite à l'étranger, avait son principal établissement en France [1]. Sans compter les frais, les complications, les conflits engendrés par la pluralité de faillites.

Nous avons eu l'occasion de mentionner la disposition de l'art. 9 et celle de l'art. 10. Le premier consacre des règles admises déjà, soit par la législation belge (art. 52, 5° loi du 25 mars 1876) soit par la jurisprudence française, (V. *suprà*).

*nat. privé*, trad. Rivier, § 131, p. 226 et 246; Despagnet, *op. cit.*, p. 622. V. aussi sur cette question, Dubois sur Carle, *op. cit.*, note 121, p. 113.

1. Nancy, 8 mai 1875, Clunet, 1877, p. 144.

Quant à l'art. 10, il a pour objet à la fois de donner la règle à suivre au cas de silence des dispositions du traité et de laisser à chaque législation une sphère d'action propre, où elle puisse se développer librement.

# IIe PARTIE

## DE L'AUTORITÉ ET DE L'EXÉCUTION DES DÉCISIONS JUDICIAIRES ET DES SENTENCES ARBITRALES

---

## CHAPITRE PREMIER

### AUTORITÉ ET EXÉCUTION DES DÉCISIONS JUDICIAIRES

### SECTION PREMIÈRE

#### LES PRINCIPES

Tout jugement produit deux effets principaux : 1° la chose jugée a autorité entre les personnes qui ont été parties au procès ; elle s'impose à elles, sauf la possibilité d'exercer certaines voies de recours ; 2° celui qui a obtenu un jugement peut s'en prévaloir pour recourir à des mesures d'exécution, au cas où le perdant ne remplirait pas, de plein gré, ses engagements. A cet effet, le jugement est revêtu de la *formule exécutoire*, qui est un ordre aux autorités de prêter main-forte au requérant. Le jugement peut produire et produit dans certains pays un troisième effet : l'hypothèque judiciaire, qui permet au créancier, qui a obtenu un jugement de condamnation, d'être satisfait avant les autres. Mais cet effet n'est pas produit par le jugement dans tous les pays ;

il n'est, d'ailleurs, qu'un complément de la force exécutoire, dont il est l'accessoire.

Nous devons nous demander si ces deux effets principaux des jugements doivent ou non être localisés dans les limites de l'État où le jugement a été rendu. Pour résoudre cette question, il faut considérer quelle est la nature intime de chacun de ces deux attributs : l'autorité de la chose jugée, la force exécutoire.

Nous examinerons d'abord cette dernière, dont le caractère est facilement reconnaissable. La force exécutoire consiste dans un ordre donné aux autorités, à la force publique de prêter secours à celui qui a obtenu gain de cause pour la réalisation de son droit. Au nom de qui cet ordre est-il donné ? Au nom du Pouvoir souverain. « *Au nom du Peuple français*..... » dit le décret du 2 septembre 1871 qui fixe la teneur de la formule exécutoire. A qui l'ordre est-il donné ? Aux autorités auxquelles commande ce Pouvoir souverain et à elles seules. L'ordre ne vaut que dans les limites de la Souveraineté dont il émane. Par conséquent, la force exécutoire est, par sa nature même, *territoriale*. Mais rien n'empêche celui qui a obtenu un jugement dans un État de s'adresser à la puissance publique d'un autre État pour qu'elle appose sur ce jugement la formule exécutoire, à laquelle doivent obéir les autorités de ce pays.

Tout autre est le caractère de l'autorité de la chose jugée. Elle est, par sa nature même, *extra-territoriale*. Par exemple, une personne est actionnée devant les tribunaux belges par quelqu'un qui se prétend son créancier ; un jugement intervient qui déclare que cette personne n'est aucunement obligée, et le demandeur n'attaque pas cette décision. Désormais, il ne pourra plus poursuivre l'ex-défendeur en Belgique, en invoquant la même prétention. Mais, celui-ci quitte ce pays et vient s'établir en France. Son adversaire va-t-il pouvoir soulever de nouveau le litige devant les tribunaux français? Celui qu'il actionne ainsi pour la seconde fois ne pourra-t-il pas se prévoloir de ce qu'il y a eu chose jugée entre eux deux? Telle est notre opinion. Mais nous prévoyons une objection : pourquoi, dira-t-on, donner ici une solution différente de celle que l'on reconnaît applicable en ce qui concerne la force exécutoire? Dans les deux cas, n'y a-t-il pas un ordre donné par la puissance publique aux autorités? Tout à l'heure, l'ordre était positif et enjoignait aux délégués de la puissance publique d'aider à la réalisation du droit; ici l'ordre est négatif : il prescrit aux tribunaux de se dessaisir au cas où l'on prouverait que la cause a été déjà jugée. Ordre d'agir, défense de juger, tous deux émanent du pouvoir souverain. Ils ne peuvent l'un et l'autre avoir effet que dans les limites où celui-ci s'exerce. — L'objection est spécieuse; mais elle pèche par la base. Certes, il y a bien ici une défense de juger deux fois la même cause. Mais quel est le fondement de cette défense? C'est l'intérêt général qu'il y a à ce que les mêmes litiges ne soient pas indéfiniment renouvelés. Sacrifiant à cet intérêt, on décide, à la suite d'un jugement, que telle personne doit être tenue pour créancière ou que telle personne doit être considérée comme non débitrice. Pour l'une et l'autre, il y a droit acquis à la situation de créancier, de non-obligé. Or, ce droit, cette situation acquise les suit partout où elles se trouvent. Une personne, créancière en vertu d'une loi étrangère conserve cette qualité en dehors même du pays où elle l'a acquise;

pourquoi en serait-il autrement de celui qui est créancier en vertu d'un jugement ? N'y a-t-il pas là comme une loi dont les effets seraient limités quant aux personnes, une *lex specialis ?* C'est cette idée de droit acquis dont on doit, selon nous, s'inspirer pour reconnaître aux jugements étrangers l'autorité de la chose jugée.

Certains auteurs sont arrivés au même résultat en prenant une autre voie. « Les parties » a-t-on dit[1] « en procédant devant le juge ont formé une espèce de *quasi-contrat* qui les oblige à se conformer au jugement quand il est devenu définitif : *quasi contrahitur in judicio* ». Et l'on conclut que les parties ne peuvent se soustraire à cette obligation, pas plus qu'à celle qui serait née d'un véritable contrat conclu entre eux, par le seul fait qu'elles se transporteraient d'un pays dans un autre. Remarquons qu'ici encore il ne s'agit, véritablement, pour les parties que d'invoquer un droit acquis. Seulement on renforce cette idée par une analogie tirée de la matière des conventions. Or, on a fait à cette analogie une objection, que beaucoup considèrent comme victorieuse : il n'y a rien ici, a-t-on dit, de conventionnel ; à tel point que la loi prévoit le cas où le défendeur sera condamné sans avoir comparu, par défaut. Cette idée d'un quasi-contrat judiciaire est donc contredite par les faits. — A cette objection nous répondons qu'elle fait dire à l'argument ce que les termes de celui-ci ne nous révélaient pas. Personne n'a jamais parlé d'une véritable convention entre le demandeur et le défendeur, mais d'un quasi-contrat, ce qui est tout différent. Après la justice privée, qui n'est qu'une forme de la vengeance, est venue la justice arbitrale, rendue par un tiers

1. Massé, *Droit com.*, t. II, p. 71.

choisi par les parties. Puis l'État intervient. Il impose aux parties certaines formes de procéder. Le choix du juge existe encore pour les plaideurs, mais d'une façon limitée : c'est le système de la procédure formulaire, à Rome ; le nombre des personnes qui peuvent être choisies comme juges est restreint. Enfin l'État nomme lui-même les juges appelés à statuer. Désormais c'est de l'État qu'ils tirent leurs pouvoirs et non pas des individus. Mais l'État ne fait qu'interpréter la volonté des particuliers. Ils lui ont, pour ainsi dire, délégué leur droit de choix, parce qu'il est mieux à même de l'exercer, de connaître et de désigner des magistrats offrant toutes garanties de science et d'impartialité. Que si l'on objecte que cette volonté des particuliers est bien problématique, et qu'en tous cas elle est contredite par ce fait que le défendeur refuse, par exemple, de se présenter devant la justice, nous répondons : même dans cette hypothèse, l'argument du quasi-contrat judiciaire conserve toute sa force. N'y a-t-il pas des obligations qui se forment sans conventions et, parmi celles-ci, des obligations quasi-contractuelles, en vertu desquelles une personne pourra être obligée en dehors de tout consentement de sa part ? Celui dont l'affaire a été gérée est tenu envers le gérant d'affaires. D'où naît cette obligation ? De la loi qui, d'autorité, interprète la volonté présumée des parties. Il en est de même dans notre hypothèse. Il y a un quasi-contrat judiciaire, par suite duquel les deux parties en cause sont obligées de se conformer à la décision rendue, encore que l'une d'elles n'ait pas consenti au procès [1].

Nous croyons ainsi avoir démontré que, par sa nature,

1. *Contrà* : Fiore, *Effetti internazionali delle sentenze e degli atti* (1re partie), p. 64 ; de Bar, *Das internationale Privat-und Strafrecht*, § 125, p. 464.

l'autorité qui découle du jugement, à la différence de la force exécutoire qui y est attachée, n'est pas nécessairement confinée dans les limites du territoire où il a été rendu. Mais s'ensuit-il que cette autorité devra être reconnue par les États étrangers? Dire qu'une loi, qu'un jugement ont, par eux-mêmes, une force d'expansion ne suffit pas. Il faut encore se demander si, par le seul fait de la présence d'un autre État, d'une souveraineté étrangère, cette force d'expansion n'est pas paralysée.

Une idée vient d'abord à l'esprit : c'est de dire que les nations sont indépendantes. Il en résulterait qu'une loi adoptée par l'une d'elles, qu'un jugement rendu par les autorités d'un État ne pourraient avoir aucune force à l'égard des autres. Mais nous avons vu ce qu'est cette prétendue indépendance, et qu'en réalité elle se résolvait en une interdépendance fondée sur les nécessités des relations internationales. On s'accorde, désormais, à reconnaître que les lois ne sont pas nécessairement territoriales et que certaines étendent leur empire sur le territoire des États étrangers. Pourquoi l'indépendance des États s'opposerait-elle plutôt à l'expansion résultant d'un jugement rendu à l'étranger qu'à celle résultant d'une loi étrangère? Si l'on reconnaît à un État la capacité législative, ne doit-on pas lui reconnaître la capacité juridictionnelle [1]? La seule différence entre les lois et les jugements — et cette différence est à l'avantage des jugements — c'est que ceux-ci produiront toujours des effets extra-territoriaux, parce qu'ils créent des droits acquis, tandis que celles-là n'exerceront quelquefois leur empire que

1. Cpr. Lorimer, *The institute of the Law of the nations* : Édimburgh and London, 1883, t. II, p. 328 et s.

dans l'État où elles ont été promulguées. Dans certains cas, elles produiront des effets identiques à ceux des jugements : c'est lorsqu'il sera résulté de leur application un droit acquis ; par exemple, en vertu de la loi une personne s'est mariée, a été adoptée. La situation ainsi acquise à cette personne devra être reconnue par tous les États sur le territoire desquels cette personne se trouverait. S'il s'agit, au contraire, non pas d'une loi appliquée, mais d'une loi à appliquer, des distinctions devront être faites entre les lois : les unes seront territoriales, les autres extra-territoriales. Ce n'est pas ici le lieu d'étudier ces distinctions [1].

Mais, du moins, dira-t-on, les États sont souverains. Chacun est le maître sur son territoire. Ils peuvent bien, pour entretenir entre eux des relations de bonne amitié, et aussi par suite de considérations d'utilité et de convenances réciproques, se faire mutuellement des concessions, admettre, par exemple, sur leur territoire l'application de certaines lois étrangères, mais ce ne seront jamais que de simples concessions, révocables au gré de ceux qui les ont faites. Par application de cette théorie, qui est celle de la *comitas inter gentes* « aucun État n'a consenti à souffrir que, dans son territoire, l'exécution du jugement étranger se fit en vertu de

1. Cette distinction de la loi appliquée et de la loi à appliquer, du droit acquis ou du droit à acquérir est bien réelle. Le droit international en fait usage à chaque instant. En matière de mariage, par exemple : dans certains pays, la polygamie est autorisée. En Occident, en France, elle est interdite ; et cette interdiction est considérée comme d'ordre public absolu, comme s'imposant même aux nationaux des pays où cette interdiction n'existe pas et qui se trouvent résider en France. Ceux-ci ne pourraient y contracter un second mariage pendant la durée du premier. Mais, de l'avis de tous, si ce second mariage a été contracté dans son pays par un individu dont la loi autorise la polygamie, il sera parfaitement valable en France. C'est qu'il y a dans ce cas loi appliquée, droit acquis.

la seule autorité du juge qui l'a rendu ; partout l'État a réservé à ses propres juges le pouvoir d'ordonner cette exécution[1] ». Ici, les bienfaits de la *comitas* n'ont pu se faire sentir. Quant à l'autorité de la chose jugée, les États l'accorderaient ou non aux jugements étrangers, suivant leur intérêt. On a fait remarquer, avec raison, que « la *comitas* dépend de la politique des États qui est la chose la plus variable et la plus incertaine du monde, et ne peut servir de base à une doctrine scientifique[2] ». Quel critérium nous donne, en effet, cette doctrine ? Celui, pourrait-on dire, du bon plaisir. Certes, il est incontestable que les États sont souverains, et nous avons vu une application de cette souveraineté lorsque nous avons reconnu que chacun a seul le droit de commander sur son territoire. Mais cela veut-il dire qu'ils soient maîtres de faire ce que bon leur semble ? c'est justement le point en question. Une personne a un droit acquis en vertu d'un jugement ; ce droit acquis, par sa nature, produit des effets universels. Cette personne demande que son droit lui soit reconnu par un État étranger et cet État répond qu'il ne veut pas le lui reconnaître. Elle invoque aussi l'autorité de la chose jugée : or, celle-ci a son fondement dans cette nécessité sociale qui veut que les mêmes litiges ne soient pas indéfiniment renouvelés. Cette nécessité est de nature à être ressentie non seulement dans les limites d'un seul État, mais sur le territoire de tous. Les frontières politiques qui les séparent ne l'atténuent en rien. Enfin, l'État au nom duquel la

1. Fœlix, *op. cit.*, t. II, § 320 ; voy. aussi *eod.*, § 319.

2. Fiore, *op. cit.*, p. 65. Voy. aussi Savigny, *Droit rom.* (trad. Guenoux), t. VIII, § 348 ; Mancini, *Rapport à l'Institut de droit internat.* (1874-75) ; *Revue de droit internat.* 1875, p. 335.

justice a été rendue réclame que les décisions de ses tribunaux ne soient pas méconnues; et, à toutes ces raisons, la souveraineté étrangère répond simplement qu'elle veut se désintéresser de ce qui s'est passé en dehors d'elle, méconnaître ces décisions. En a-t-elle le droit? Quel est le pourquoi de cette détermination? Si elle ne repose sur aucun motif, les intérêts légitimes que nous avons énumérés doivent l'emporter sur un simple « *non volumus* ».

Il est certain que chaque État est souverain. Il l'est non moins qu'il n'est pas absolument indépendant. Or la souveraineté, telle que l'on vient de nous la représenter, même atténuée par la *comitas*, c'est l'indépendance. L'État dans lequel le jugement a été rendu réclame la reconnaissance de celui-ci en dehors de ses frontières au nom des nécessités du commerce international, partant, au nom de sa propre souveraineté dont c'est l'un des attributs, et non des moindres, de pouvoir revendiquer le droit au commerce international. A l'opposé, il s'agit de savoir quels intérêts légitimes peut invoquer l'État à qui l'on demande la reconnaissance du jugement étranger.

Tout d'abord, il est certain qu'il peut refuser que ce jugement s'exécute sur son territoire en dehors de sa participation. Il faudra donc s'adresser à lui pour qu'il accorde la force exécutoire. Même en dehors de la force exécutoire, il peut exercer un certain contrôle. Par exemple, il peut refuser que ce jugement produise aucun effet s'il est contraire aux principes de son droit public, ou à l'ordre public, qu'il est chargé de faire régner. A l'appui de ce refus, il invoque un intérêt essentiel pour chaque État: celui de sa conservation. Or, quelles que soient les nécessités du commerce international, elles ne doivent pas avoir pour résultat de nuire à ce droit de conservation. De même, enfin, l'État n'aura à reconnaître l'autorité de la chose jugée qu'à des jugements étrangers capables de l'engendrer : il la refusera donc si le jugement est vicié dans son principe par l'incompétence du juge qui l'a rendu, si toutes garanties n'ont pas été accordées à la défense. Mais, ces divers points mis à part, il doit reconnaître à la décision du juge étranger l'autorité qui lui est naturellement attachée. Soit donc que l'ex-défendeur oppose la chose jugée, soit que le demandeur dans le premier procès demande l'exécution du jugement étranger, le juge n'aura pas à exercer d'autre contrôle que celui que nous venons de lui reconnaître. Il ne doit pas juger à nouveau. Prétendrait-il mieux interpréter la loi étrangère que le juge étranger lui-même? Quel intérêt avouable pourrait-il invoquer pour pénétrer aussi profondément dans ce qui est du ressort d'une souveraineté étrangère, bien plus, pour s'insurger contre les nécessités si impérieuses du commerce international? Ne voit-on pas qu'autoriser la revision de la sentence étrangère, c'est obliger celui qui a bénéficié d'une sentence dans un pays à ne pas quitter ce pays, sous peine d'être exposé à autant de poursuites nouvelles qu'il parcourra de contrées, à succomber, peut-être, finalement, c'est donner à l'égard d'un État le droit d'appel à tous les autres? On invoque quelquefois, pour justifier ce droit exorbitant, l'intérêt des nationaux; mais nous verrons que même cet intérêt, sainement entendu, réclame précisément l'adoption des principes que nous venons d'exposer. D'ailleurs, comme nous l'avons fait remarquer dans notre Introduction, ces principes ne sont applicables dans leur intégralité qu'autant que l'on envisage les rapports entre nations arrivées à un égal développement, et présentant les mêmes garanties au point de vue de l'administration de la justice. Pour celles qui ne seraient pas à même de nous fournir ces garanties il y aurait lieu de consacrer un système plus restrictif, qui est précisément celui de notre législation, telle du moins que nous l'interprétons. On est ainsi conduit comme, nous l'avons montré, à poser une règle commune très protectrice, sauf à écarter, au moyen de traités conclus en connaissance de cause, toute protection devenue inutile et surannée [1].

## SECTION II

### LÉGISLATION ET JURISPRUDENCE FRANÇAISES

La matière de l'autorité et de l'exécution des jugements est régie par deux textes : l'art. 2123, al. 4, C. civ. et l'art. 546, C. pr. D'après l'art. 2123, al. 4 : *L'hypothèque ne peut pareillement résulter des jugements rendus en pays étranger, qu'autant qu'ils ont été déclarés exécutoires par un tribunal français ; sans préjudice des dispositions contraires qui peuvent être dans les lois politiques ou dans les traités.*

D'après l'art. 546, C. pr. : *Les jugements rendus par les tribunaux étrangers, et les actes reçus par les officiers étrangers, ne seront susceptibles d'exécution en France que de la manière et dans les cas prévus par les art.* 2123 *et* 2128 *du Code civil.* Il résulte de la combinaison de ces dispositions qu'en dehors d'une dérogation contenue dans un traité :

1° Un jugement étranger n'a force exécutoire en France

1. V. sur l'exécution des jugements étrangers en Allemagne : Keidel, trad. et annoté par Trigant-Genestc, Clunet 1899, p. 663 et s.

qu'autant qu'elle lui est accordée par un tribunal français, qui délivre un permis d'exécuter, un *exequatur*;

2° L'hypothèque judiciaire, attachée aux jugements français, ne résultera d'un jugement étranger qu'autant que celui-ci aura été en quelque sorte naturalisé par l'obtention de cet *exequatur*. Nous avons justifié par avance la première solution. Quant à la seconde, on l'explique par cette considération : l'hypothèque judiciaire n'est qu'un vestige, dont le maintien est d'ailleurs vivement critiqué, de l'ancienne règle d'après laquelle tous les actes authentiques emportaient hypothèque sur les biens de France. Le législateur a voulu qu'un pareil effet ne se produisit que si l'authenticité était donnée par une autorité française.

Ces textes ne prévoient, d'une façon explicite tout au moins, que ces deux effets des jugements. Quelle solution donner en ce qui concerne le troisième effet, l'autorité de la chose jugée? La question est délicate et a soulevé une vive controverse dont nous allons retracer les grandes lignes. Le point de départ commun est le silence de nos Codes. En présence de ce mutisme de la loi, quatre opinions peuvent être soutenues :

1° Puisque la loi est muette, a-t-on dit, il faut s'en référer aux principes généraux. Or, ils commandent que l'on reconnaisse aux jugements étrangers, en France, l'autorité de la chose jugée. S'agit-il d'exécuter un pareil jugement, le tribunal, chargé d'accorder l'*exequatur*, se bornera à examiner s'il réunit les conditions de forme nécessaires à sa validité, s'il est exécutoire d'après la loi étrangère, et si, de plus, il ne contrevient pas aux principes généraux de notre ordre public, s'il ne porte pas atteinte à quelqu'une des institutions de notre droit public. A ceux qui objectent que la loi semble vouloir que l'examen du tribunal soit plus minutieux, qu'il porte sur le fond même du droit, puisque, précisément, c'est à un tribunal et non à un juge unique, comme cela se passe pour les sentences arbitrales, qu'est confiée la tâche d'accorder l'*exequatur* au jugement étranger, les partisans de cette première opinion répondent que le rôle du tribunal est suffisamment délicat pour justifier l'intervention de plusieurs juges, et qu'en tout cas, l'opinion qui veut accorder au tribunal le droit de *reviser* la sentence étrangère se heurtera toujours à une contradiction. Sous couleur d'accorder la force exécutoire à un jugement étranger, on délivre aux parties un jugement français. Par cela seul qu'il s'agit de donner à un jugement la force exécutoire, n'est-ce pas que ce jugement a déjà par lui-même une certaine valeur? Cette valeur c'est précisément l'autorité de la chose jugée[1];

2° Non, répond une deuxième opinion qui est celle, dans la grande majorité des cas, de notre jurisprudence; car l'art. 2123, al. 4, C. civ. et l'art. 546, C. pr. sont muets. Rien ne permet donc de limiter aussi arbitrairement que le fait la première opinion le pouvoir d'examen du tribunal, chargé d'accorder l'*exequatur*. Il a donc le droit de vérifier si la sentence étrangère n'a pas méconnu les droits des

1. *Sic* : Bonfils, *op. cit.*, p. 228 et s. ; Dubois, sur Carle, *op. cit.*, note 92 ; Massé, *op. cit.*, t. II, n^os^ 800 et s. ; Weiss. *op. cit.*, p. 967 ; Labbé, note sous Douai, 22 déc. 1863 et Paris, 22 avril 1864, S. 65, 2, 60. Quelques arrêts ou jugements ont adopté ce premier système ; Paris, 23 févr. 1866. S. 66, 2, 300 ; Trib. Versailles, 8 mai 1877, Clunet, 1877, p. 424 ; Seine, 1^er^ avr. 1879, Clunet, 1881, p. 155 ; Aix, 9 févr. 1888, Clunet, 1890, p. 274 ; Trib. Laon, 21 juill. 1890, Clunet, 1890, p. 909.

parties, en un mot, il a un pouvoir de *revision*. Est-ce que, en allant au fond des choses, une sentence qui viole manifestement le droit n'est pas de nature à troubler l'ordre social, encore qu'elle ait toutes les apparences de validité et de régularité voulues? N'est-ce pas alors, pour le tribunal qui se trouve en présence d'une pareille sentence, un devoir de la redresser avant d'accorder la force exécutoire? Et, s'il en est ainsi, n'est-ce pas que les jugements étrangers ne jouissent pas en France de l'autorité de la chose jugée? Partant ils ne pourront produire en France aucun effet avant d'avoir subi ce large contrôle des tribunaux français. Aussi l'on s'explique la différence de rédaction des alinéas 3 et 4 de l'art. 2123, C. civ. Pour pouvoir mettre à exécution une sentence arbitrale il est aussi besoin d'un *exequatur*. Mais celui-ci est accordé par une ordonnance du président du tribunal. Le tribunal tout entier n'a pas à intervenir, comme il le doit d'après l'alinéa 4 du même article (C. pr. art. 1020, C. pr. et s.). C'est que, dans l'hypothèse prévue par l'alinéa 3, il y a eu entre les parties une convention (compromis); si la décision de l'arbitre est contraire au droit, elles n'ont à s'en prendre qu'à elles. La souveraineté française ne s'oppose pas à ce que les effets d'une semblable convention, comme de toute autre, se produisent en France; elle s'oppose, au contraire, à ce que les actes d'une souveraineté étrangère produisent sur notre territoire aucun effet sans son assentiment[1];

1. *Sic*. Lyon-Caen et Renault, *op. cit.*, t. VIII, n°s 1239 à 1241; Larombière, *Obligations*, t. V, sur l'art. 1351, n° 6; Demante et Colmet de Santerre: *Cours analytique*, t. IX, sur l'art. 2123, p. 174; Garsonnet, *Traité de procédure*, t. VII, n° 1435. — Cass., 19 avril 1819: S. 19, 1, 288; Toulouse, 29 janv. 1872: S. 73,

3° D'après une autre opinion, si le Code civil ne contient pas de disposition précise en cette matière, c'est évidemment que le législateur de 1804 a entendu s'en référer au droit antérieur. Or celui-ci réside tout entier dans l'art. 121 de l'Ordonnance de 1629 (Code Michaud); il résulte de cette disposition que les jugements étrangers n'avaient pas en France la force exécutoire et, partant, ne pouvaient emporter hypothèque sur les biens situés dans le Royaume. Néanmoins, cette force pouvait leur être conférée par les autorités françaises au moyen d'un *pareatis*. Quant à l'autorité de chose jugée, ils en jouissaient en France, sauf une réserve : si le jugement avait été rendu contre un Français, celui-ci avait la faculté de débattre à nouveau ses droits par devant les juges français. Tel serait le système qui devrait être encore appliqué sous l'empire du Code civil. D'ailleurs, dit-on, il est en complète conformité avec l'esprit des dispositions de nos lois à l'égard des étrangers. Ainsi l'art. 14, C. civ. nous révèle un sentiment de défiance du législateur envers les tribunaux étrangers, en tant qu'ils seraient appelés à statuer

2, 18, et les renvois; cet arrêt est intéressant parce qu'il assimile la *jurisdictio* à l'*imperium* et refuse à tous deux des effets extra-territoriaux. De plus, il invoque l'esprit de défiance à l'égard des autorités étrangères, qui a inspiré les rédacteurs du Code ; Rouen, 20 avril 1880 et Cass., 28 juin 1881 : S. 81, 1, 33 et 34 et le rapp. de M. Féraud-Giraud ; Seine, 3 nov. 1888 : *Droit*, 29 nov. 1888 ; Paris, 19 déc. 1888 : *Droit*, 5 janv. 1889 ; Seine, 11 juill. 1895 : Clunet, 1896, p. 356 et la note ; Seine, 3 déc. 1897 : Clunet, 1898, p. 545. — *Adde :* Féraud-Giraud : Clunet, 1880, p. 233. Mais une phrase paraît révéler une certaine nuance entre le système qu'il soutient et celui de la jurisprudence : « Les tribunaux français, par voie de revision, auront bien à apprécier le mérite de la décision rendue, mais à un point de vue tout spécial et local, au point de vue de l'exécution en France, matière dont non seulement ils peuvent connaître mais encore dont ils doivent seuls connaître, par application des règles du droit de souveraineté territoriale. » Dans ces termes, ce système se rapprocherait de celui que nous allons soutenir.

sur des intérêts français Eh bien ! l'art. 2123, alin. 4, interprété comme maintenant en vigueur la disposition de l'art. 121 de l'Ordonnance, est en parfaite concordance avec ce sentiment[1].

Le caractère qu'on s'accorde à reconnaître aux règles de compétence résultant des art. 14 et 15, C. civ. vient singulièrement infirmer la force de cet argument. Nous savons qu'on décide que le Français demandeur ou défendeur peut renoncer au bénéfice d'être jugé par ses tribunaux nationaux. Par conséquent, de deux choses l'une : ou le litige aura été jugé à l'étranger, en dehors de tout consentement du Français qui est en cause, et alors point n'est besoin de l'art. 2123, tel que l'interprète cette doctrine, pour permettre à nos tribunaux d'examiner à nouveau le fond de l'affaire. Il suffit au Français d'invoquer que le tribunal étranger était incompétent. Ou bien, au contraire, il a, en toute connaissance de cause, consenti à être jugé à l'étranger, et alors il sera bien mal venu à revenir sur son consentement et à vouloir que l'affaire soit de nouveau jugée en France. Cette défiance envers les tribunaux étrangers, pourrait-on dire, n'existe qu'autant que le plaideur français ne leur aura pas accordé confiance. Si l'opinion qui préconise l'application de l'art. 121 de l'Ordonnance était adoptée, n'arriverait-on pas à faire des art. 14 et 15 du Code civil des dispositions d'ordre public,

1. Valette, *Mélanges*, t. I, p. 351 ; Aubry et Rau, t. VIII, § 769 *ter*. ; t. I, § 31, 5e édit., texte et note 39 ; Colmet-Daage, *Leçons de procéd. civile* de Boitard, t. II, no 801, note 1 ; Fœlix et Demangeat, t. II, p. 83 et s. ; Griolet, *Autorité de la chose jugée*, p. 96 et s. En ce sens certaines décisions de jurisprudence : Angers, 4 juillet 1866 : D. 66, 2, 156 ; Seine, 18 août 1883 : Clunet, 1884, p. 189 ; 7 juillet 1885 : Clunet, 1886, p. 447 ; Trib. Meaux, 9 mars 1887 : *Droit*, 28 août 1887.

auxquelles les Français ne pourraient, en fait, déroger? D'ailleurs, il y a une réponse plus directe à faire à cette troisième opinion : c'est que l'Ordonnance de 1629 est abrogée par l'art. 7 de la loi du 30 ventôse de l'an XII, d'après lequel : « à compter du jour où ces lois (composant le Code civil) sont exécutoires, les lois romaines, les ordonnances, les coutumes générales ou locales, les statuts, les règlements cessent d'avoir force de loi générale ou particulière dans les matières qui sont l'objet desdites lois composant le présent Code ». Or, la matière de l'effet des jugements étrangers en France est l'objet de l'art. 2123, C. civ.

4° Restent les deux opinions extrêmes. Faut-il choisir entre elles ou adopter une opinion intermédiaire ?

La première présente un élément de vérité incontestable. Il est, selon nous, indéniable que le jugement étranger a, en France, une certaine force. Aussi est-ce ce jugement que les tribunaux français déclarent exécutoire et non pas une décision que ceux-ci lui auraient substituée. De plus, il paraît résulter de la combinaison des art. 2123, C. civ. et 546, C. pr. que les tribunaux français n'auront à accorder l'*exequatur* que lorsqu'il s'agira d'exécuter les jugements étrangers. Ces jugements, d'après l'art. 2123, sont *déclarés exécutoires* par les tribunaux français ; et l'art. 546, C. pr. précise que ce n'est qu'à cette condition qu'ils *seront susceptibles d'exécution* en France. Mais, ni de l'un, ni de l'autre de ces articles il ne ressort qu'il faudra également obtenir un *exequatur*, alors qu'il ne s'agira pas d'exécuter le jugement. Aussi bien, pourquoi demander la permission d'exécuter, alors qu'on ne veut nullement procéder à des actes d'exécution? Il faut bien se rendre compte, en effet, que le droit de revision emporte, pour les tribunaux français, le droit de substituer un nouveau jugement à la sentence étrangère qu'on croit mal rendue, et, de plus, cette conséquence que, le jugement ne pouvant servir que d'élément de décision à un tribunal français, chaque fois qu'il s'agira de faire produire un effet quelconque[1], d'exécution ou autre, à un jugement étranger, il faudra s'adresser à la juridiction française pour qu'elle décide si on doit tenir compte en France des éléments de décision que renferme ce jugement. La conclusion c'est qu'il faudra obtenir l'*exequatur* même en dehors de toute exécution du jugement. C'est cette solution contre laquelle nous nous élevons. L'art. 2123, C. civ. parle de *déclarer exécutoires* les jugements étrangers. Cela veut-il dire *les rendre susceptibles de produire un effet quelconque,* ou seulement *les rendre susceptibles de produire des effets ayant le caractère d'actes d'exécution?* Voilà tout le débat. Si l'on adopte la première interprétation, il en serait des jugements étrangers comme des lois françaises, qui ne produisent effet que lorsqu'elles ont été déclarées exécutoires (art. 1er, C. civ.). Le jugement étranger serait comme la représentation d'une loi étrangère, laquelle ne pourrait produire aucun effet avant d'avoir été promulguée en France : cette promulgation consisterait en l'*exequatur* accordé par le tribunal français. Mais, tout d'abord, lorsqu'il s'agit d'appliquer en France une loi étrangère, les tribunaux ne reconnaissent-ils pas comme suffisante la promulgation qui en a été faite par la souveraineté étrangère? De plus, ce rapprochement même entre le jugement et la loi nous fait apercevoir l'exagération commise en adoptant ce point de vue. Si la loi ne peut produire effet avant d'avoir

1. Paris, 24 nov. 1893: Clunet, 1894, p. 131.

été déclarée exécutoire, c'est que l'*application d'une loi en est précisément l'exécution*, et celle-ci ne peut avoir lieu que lorsque le pouvoir exécutif y a apposé son sceau. D'après l'art. 1er, alin. 2, du Code civil : « les lois ne seront *exécutées* (lisez : appliquées) que du moment où la promulgation en pourra être connue » ; rien de pareil pour les jugements : il y a là tout un système qui leur est inapplicable, et cela tient précisément *à ce qu'ils font l'application de la loi*. Celle-ci, dont ils ne sont que l'expression, produit tous ses effets par elle-même ; il ne peut s'agir de lui donner à nouveau force de loi. Qu'est-ce donc que la force exécutoire qui résulte de la formule apposée aux jugements ? Rien autre que la possibilité de procéder à des *voies d'exécution forcée*, en se servant du concours des officiers publics à ce destinés, et non une nouvelle promulgation de la loi. Le jugement, par lui-même, indépendamment de la formule exécutoire, a une certaine force qui est celle même de la loi dont il fait l'application. C'est la force de chose jugée, qui n'est, au fond, que *la force de la loi appliquée*. Conçoit-on que la formule exécutoire qu'appose le greffier donne quelque surcroît de force à la loi ? Cet officier ministériel donne, au nom de la puissance publique, un ordre aux agents de celle-ci, voilà son rôle. Cet ordre, seul un greffier français peut le donner en France ; mais la formule qu'il appose au jugement étranger n'ajoute rien à la force de la loi étrangère que celui-ci applique. Enfin, on peut ajouter qu'il y a, en vertu du jugement, des *droits acquis*, et que ces droits ne peuvent être méconnus, même par une souveraineté étrangère. Il résulte de ces diverses considérations que les jugements étrangers ont autorité de chose jugée en France.

1. Faisons à ce propos une remarque : si, par impossible, un jugement français

Mais supposons qu'il s'agisse, pour celui qui a obtenu un jugement à l'étranger, d'arriver à un acte d'exécution. Il demande au tribunal français l'*exequatur*, c'est-à-dire la délivrance de la formule exécutoire. Le tribunal exerce sur le jugement un certain droit de contrôle dont toutes les opinions reconnaissent la nécessité. Seulement les uns pensent que ce droit de contrôle est limité à certains points, tandis que d'autres prétendent qu'à cet égard les pouvoirs des juges sont sans limites. Nous pensons que, dans ce débat, ce sont ces derniers qui ont raison. Sur quoi se base-t-on, en effet, pour restreindre l'examen du juge? Un texte ne serait-il pas nécessaire? Que si l'on dit que les principes généraux doivent suffire, ne voit-on pas que ces principes, n'étant pas fixés par la loi elle-même, varieront avec les convictions personnelles de chaque juge? Aussi, nous pensons que, dans le silence de la loi, aucune limitation ne peut être apportée à l'exercice par le juge de son droit d'examen. Ce droit de large examen est-il le même que le droit de *revision* que lui accorde la jurisprudence? En aucune façon. Le droit de *revision*, tel que l'entend la jurisprudence, comprend deux termes : s'approprier un jugement étranger, si le tribunal l'approuve, et, dans le cas contraire, lui substituer un nouveau jugement, solution logique puisque les jugements étrangers n'auraient

n'avait été rédigé qu'en minute et qu'une grosse de ce jugement n'eût pas été délivrée, est-ce qu'il n'aurait pas cependant autorité de chose jugée ? Pour prendre un cas qui pourrait se présenter dans la pratique : si la formule exécutoire était modifiée par suite d'un changement de gouvernement, est-ce que les jugements rendus sous l'ancien gouvernement n'auraient pas autorité de chose jugée sous le nouveau? Qu'on doive obtenir la nouvelle formule exécutoire pour procéder à un acte d'exécution cela se comprend ; mais l'autorité de la chose jugée n'a subi aucune modification, et personne n'a jamais à songé vouloir la refuser dans notre hypothèse. Cpr. Boitard-Colmet, Daage et Glasson, *op. cit.*, t. II, n° 799 et la note.

aucune autorité en France, ne serviraient aux juges que d'éléments de décision. D'après notre interprétation, au contraire, ces jugements ont une certaine force qui est celle de la loi appliquée. Leur contenu ne peut être modifié. D'ailleurs, quel est le rôle du tribunal ? C'est d'examiner s'il doit accorder ou refuser l'*exequatur*, et non pas de juger à nouveau un litige qui est considéré comme définitivemant tranché à l'étranger. Son pouvoir d'examen n'est pas limité, soit; mais cela ne change pas son rôle. Il ne pourra jamais en résulter qu'un refus d'*exequatur* ou, au contraire, la permis sion d'exécuter [1].

Poussons plus loin l'analyse. Une personne est poursuivie devant les tribunaux français par quelqu'un qui se prétend son créancier. Cette personne oppose au demandeur un jugement étranger, d'après lequel elle ne serait tenue envers lui d'aucune obligation. D'après la jurisprudence, il faudrait, ce jugement n'ayant en France aucune valeur, en demander l'*exequatur*. Il en est tout autrement d'après notre théorie : ce jugement a sa valeur propre. Est-ce à dire que le tribunal devra l'accepter tel quel, sans pouvoir exercer sur lui aucun contrôle ? Nullement. Même les partisans de la doctrine qui ne reconnaissent aux juges chargés d'accorder l'*exequatur* qu'un droit d'examen limité admettent, dans cette nouvelle hypothèse, que le tribunal pourra vérifier si le jugement réunit les conditions de forme nécessaires à sa validité,

1. Quelques décisions de jurisprudence, si elles n'ont pas consacré toutes les solutions logiques que notre système déduit de son point de départ, ont du moins posé ce point de départ : autorité du jugement étranger, mais droit d'examen au fond. V. Cass., 15 nov. 1827 : S. 28, 1. 124 ; Trib. civ. Seine, 8 févr. 1898 : Clunet, 1898, p. 736 (Sol. implic.); Douai, 10 avril 1895 : Clunet, 1899, p. 375. Cette opinion intermédiaire est également celle qu'indiquait M. Lainé, dans son *Cours* (1896-1897).

car l'autorité de la chose jugée ne peut résulter que d'un jugement vraiment digne de ce nom. De même, il pourra examiner si la décision de la justice étrangère ne contrevient pas à l'ordre public ou aux règles du droit public français. Ici encore, nous disons : où trouve-t-on, dans la loi, cette limitation du pouvoir de contrôle du juge? Celui-ci pourra donc examiner le fond même du litige. Ensuite, ou bien il tiendra compte du jugement étranger, ou bien il passera outre, en en faisant complètement abstraction, aussi bien dans un sens que dans l'autre. Ainsi, les jugements étrangers ont autorité de chose jugée en France, voilà le principe. Mais, chaque fois qu'un tribunal français aura à connaîtr d'un de ces jugements, soit pour lui accorder la force exécutoire, soit parce qu'on l'invoque dans un litige, pendant devant ce tribunal, comme base de l'exception de chose jugée, ou pour tout autre motif, comme il est, d'une part, impossible de lui refuser un certain droit de contrôle, et comme, d'autre part, ce droit n'est en rien limité par la loi, il s'exercera dans toute sa plénitude et aboutira, dans un cas à lui faire ou non accorder l'*exequatur*, dans l'autre à ce que le tribunal tiendra compte ou, au contraire, fera complètement abstraction du jugement invoqué. Dans les deux hypothèses, les juges accordent ou refusent ce qu'on leur demande. Ils ne sortent pas de leur rôle, comme ils le font d'après la théorie de la jurisprudence.

Les conclusions pratiques de notre système peuvent se résumer dans les trois propositions suivantes :

1° Les jugements étrangers ont en France l'autorité de la chose jugée ; ils n'ont pas, par eux-mêmes, la force exécutoire ;

2° Pour obtenir la force exécutoire, les parties doivent s'adresser à un tribunal qui exerce sur le jugement un contrôle sans limites ; mais le seul rôle de ce tribunal est d'accorder ou de refuser l'*exequatur* ;

3° Les effets du jugement étranger qui ne consistent pas en des actes d'exécution seront produits en France, sans qu'il soit besoin de demander l'*exequatur* [1] ; mais si, dans le fait, un tribunal français a à prendre connaissance d'un jugement étranger, il exercera un contrôle pour lequel la loi ne fixe aucune limitation [2].

Nous avons fait l'application de ce système en matière de faillite : le dessaisissement du failli se produit de plein droit en France, sans qu'il y ait à demander l'*exequatur* du jugement étranger déclaratif de faillite. Mais, si les syndics veulent arriver à des actes d'exécution, le tribunal auquel ils s'adresseront pour obtenir l'*exequatur* examinera le jugement, non seulement quant à la forme, mais même quant au fond.

Une classe à part doit-elle être faite pour les jugements

1. Au cas où le jugement est invoqué comme base de l'exception de chose jugée, d'après le système de la jurisprudence on devrait renvoyer les parties à introduire une instance spéciale en *exequatur*. Mais il a été jugé, par suite de considérations pratiques, que l'*exequatur* pourrait être obtenu sur des conclusions incidentes, déposées au cours de la même instance : Paris, 11 mai 1869 : S. 70, 2, 10.

2. La Cour de Paris, dans un arrêt du 15 juin 1861 (S. 61, 2, 455), tirant du système de la jurisprudence ses conséquences logiques, a décidé que les tribunaux français n'étaient pas compétents pour accorder l'*exequatur* à un jugement étranger rendu entre étrangers. En effet, d'une part, les tribunaux français, d'après la jurisprudence, sont incompétents pour statuer entre étrangers, et, d'autre part, le tribunal, chargé d'accorder l'*exequatur* à un jugement étranger, a le droit de lui substituer une nouvelle décision. La Cour de cassation a rejeté cette interprétation : Cass., 10 mars 1863 : S. 63, 1, 293.

étrangers statuant en matière d'état des personnes ? La jurisprudence décide généralement que ces jugements ont autorité de chose jugée en France. N'est-ce pas en contradiction avec son système sur l'autorité des décisions des tribunaux étrangers ? Un jugement étranger, d'après ce système, ne devrait-il pas, même en matière d'état des personnes, être rendu exécutoire pour pouvoir produire aucun effet en France ? Voilà le langage de la logique. Mais la jurisprudence a très bien aperçu combien cette logique serait désastreuse. Il ne s'agissait rien moins que d'exiger l'obtention d'un permis d'exécuter une sentence en vertu de laquelle il n'y aura pas lieu, ordinairement, de procéder à des actes d'exécution ! Mais quels arguments la jurisprudence donne-t-elle à l'appui de cette dérogation ? Voici, dans ses grandes lignes, son raisonnement : l'état des personnes fait partie du *statut personnel*, c'est-à-dire, du statut qui est attaché à la personne, qui la suit en tous lieux. Les lois, en cette matière, ont pour caractère essentiel l'*exterritorialité*. C'est ce que nous donne à entendre l'art. 3, alin. 3 du Code civil. S'il en est ainsi des lois, pourquoi en serait-il autrement des jugements qui les interprètent et les appliquent ? Les uns comme les autres auront effet sur le territoire des États étrangers. D'ailleurs, concevrait-on qu'un individu fût, par exemple, considéré dans un pays comme aliéné et, dans un autre, reconnu sain d'esprit, qu'une personne fût à la fois mariée et non mariée, eût ici la qualité de père et ne l'eût pas là ?... Il y a là une nécessité : l'état de la personne est un ; il doit être partout identique[1].

1. V. Aubry et Rau, 5e édit., t. I, § 31 texte et notes 35 à 37 et t. VIII, § 769 *ter* ; Seine, 26 déc. 1882 : Clunet, 1883, p. 51 ; 3 avril 1883 : Clunet, 1883, p. 515 ;

Quant au premier argument, tiré de ce qu'il y a ici une matière de statut personnel, nous répondons que cette considération n'est d'aucun secours pour la solution de la question. Celle-ci est une question d'autorité des jugements. Lorsqu'on se demande si telle matière est ou non de statut personnel, c'est lorsqu'on recherche quelle loi doit être appliquée au conflit en présence duquel on se trouve : on veut savoir, par exemple, si telle personne peut se marier, divorcer, et d'après quelle loi elle le pourra. Rien de pareil dans notre hypothèse, puisqu'il s'agit non pas d'une loi à appliquer, mais d'une loi appliquée. La seule question qui se pose est une question de droits acquis. Or, les droits acquis doivent suivre leur titulaire en tous lieux, quel que soit leur caractère intrinsèque. Voici, par exemple, un pays où la loi admet le droit pour un enfant naturel d'intenter une action tendant à prouver que telle

Paris, 21 mai 1885 : Clunet, 1885, p. 542 ; Paris, 23 févr. 1888 : *Gaz. Pal.*, 88, 2, 484 ; Seine, 4 déc. 1886 : Clunet, 1886, p. 712 ; *Contrà* : Seine, 15 déc. 1897 : Clunet, 1898, p. 130. — Mais il faut demander l'*exequatur*, s'il y a lieu à des actes d'exécution : Seine, 25 janv. 1882 : Clunet, 1882, p. 74 ; 6 août 1885 : Clunet, 1885, p. 683 ; 1er juin 1888 ; Paris, 28 juin 1889 : Clunet, 1890, p. 329. — Cette distinction entre les jugements, suivant la matière sur laquelle ils portent, n'est pas nouvelle. Sous l'empire de l'Ordonnance de 1629, art. 121, à l'égard des étrangers la sentence d'un tribunal étranger avait autorité de chose jugée en France ; mais « s'il paraît » disait Boullenois (*Personnalité et réalité des Lois*, liv. I, tit. II, chap. IV, p. 646), « que le jugement a été incompétemment rendu, ou s'il viole l'ordre public, *ou s'il porte sur des matières réelles*, sur des biens situés en dehors de la domination du Prince, le juge doit ordonner que les parties contestent de nouveau ».

MM. Aubry et Rau, *op.* et *loc. cit.*, basent leur solution sur ce que les décisions judiciaires, en matière d'état, présentent un caractère particulier : « à la différence des jugements ordinaires, elles ne confèrent par elles-mêmes aucun droit individuel à celui qui les a provoquées, et ne constituent pas titre en sa faveur. » Mais cela ne résoud pas notre question. Tout ce qui en résulte c'est que ces jugements seront soustraits à la règle : *res inter alios judicata.....* ; mais cela ne prouve pas qu'ils produisent, de plein droit, leurs effets à l'étranger.

personne est son père (Allemagne). Cet enfant, se trouvant en France, ne pourra, de l'avis de tous, y faire cette recherche de paternité, qui est considérée comme contraire à notre ordre public (art. 340, C. civ.). D'après le raisonnement de la jurisprudence, on devrait dire : l'action ayant été intentée dans le pays de l'enfant et ayant abouti à un jugement, celui-ci ne produira aucun effet en France, puisqu'il n'est que l'application d'une loi qui, elle-même, ne peut avoir effet dans notre pays. Et pourtant, on s'accorde généralement à reconnaître que ce jugement déclaratif de la paternité d'une personne a effet en France[1]. Comme ce n'est point par suite du caractère de la loi applicable que cet effet se produit, ce ne peut être que parce qu'il y a eu loi appliquée, parce qu'il y a situation établie, droit acquis. Or, pourquoi en serait-il autrement lorsque la loi aura été appliquée en matière d'intérêts pécuniaires ? D'ailleurs, l'argument de la jurisprudence entraînerait d'autres conséquences qu'elle n'en déduit pas. On se base sur ce que les lois, en matière d'état, sont personnelles. Mais elles ne sont pas les seules à avoir ce caractère ; il faudrait donc donner effet aux jugements étrangers en France toutes les fois qu'ils appliqueraient des lois qui, si le litige s'était élevé en France, auraient dû y être observées. La vérité c'est que la question de la loi applicable n'a rien à voir en notre matière.

Mais, dit-on, conçoit-on qu'un individu soit fou dans un pays, sain d'esprit dans un autre..... ? Il ne s'agit pas de savoir si, physiologiquement, un individu peut à la fois être et n'être pas fou, mais bien de savoir si un jugement qui dé-

1. Paris, 2 août 1866 : S. 66, 2, 342 ; Pau, 17 janv. 1872 : S. 72, 2, 233 : Clunet, 1874, p. 77.

clare qu'une personne est atteinte d'aliénation mentale aura, par lui-même et de plein droit, effet dans un pays autre que celui où il a été rendu ? Sous cet aspect, la question est absolument la même s'agissant d'intérêts pécuniaires. Les arguments de la jurisprudence sont donc très peu probants. Néanmoins, la solution est exacte, non pas, il est vrai, à titre d'exception, mais en tant que règle générale. Il n'y a rien pour les jugements sur l'état des personnes qui diffère de ce qui se passe pour tous les autres jugements. Les uns et les autres ont, en France, autorité de chose jugée. La seule différence entre eux est dans le fait : elle consiste en ce que les premiers ne donneront pas lieu, ordinairement, à des actes d'exécution, que, la plupart du temps, les tribunaux n'auront pas à intervenir, et que par conséquent, en fait, ils auront une plus grande autorité en France que les seconds, qui sont exposés en maintes circonstances à un examen portant, comme nous l'avons vu, même sur le fond du droit. En théorie, la situation est identique et elle a pour base la *reconnaissance des droits acquis*[1].

1. Une application très intéressante de cette *théorie des droits acquis* se présentait, en matière de jugements étrangers prononçant le divorce, de 1816 à 1884. Plusieurs arrêts, au nom de l'ordre public, n'avaient reconnu à de pareils jugements aucune valeur en France. L'époux divorcé ne pouvait donc s'y remarier. Paris, 4 juill. 1859 : S. 59, 2, 401. Cette jurisprudence fut condamnée par la Cour de cassation, dans son arrêt du 28 février 1860 (Buckley c. Defresne) rendu sur réquisitoire du Procureur général Dupin : « Les auteurs et la jurisprudence » disait celui-ci, « sont d'accord pour reconnaître que les jugements rendus sur des questions d'état concernant la personne de leurs nationaux n'ont pas besoin pour produire leur effet, d'être rendus exécutoires par les tribunaux français », (S. 60, 1, 210 : D. 60, 1, 57). Cette nouvelle jurisprudence s'expliquait, selon nous, par l'idée de droit acquis. Au contraire, s'il s'était agi d'appliquer, en France, à un étranger sa loi nationale permettant le divorce, cette loi aurait dû être écartée. La question pourrait encore se poser au sujet d'une cause de divorce non recon-

Quelles sont les solutions appliquées par la jurisprudence aux décisions étrangères de juridiction gracieuse ? Elle fait généralement le raisonnement suivant : il ne s'agit pas là, à proprement parler, d'actes de juridiction. Il n'y a pas conflit. Il s'agit de donner des autorisations, de constater authentiquement certains faits, de procéder à des nominations. On doit donc reconnaître à de pareilles décisions autorité en France[1]. L'obtention de l'*exequatur* est, au contraire, nécessaire s'il s'agit de les faire servir de base à des actes d'exécution[2]. Mais pourquoi, en dehors de ce cas exceptionnel, exiger l'*exequatur* pour une décision qui n'est invoquée que pour établir la constatation d'un fait ou pour faire reconnaître à une personne une qualité qui lui a été valablement attribuée et qui doit la suivre en tous lieux ? — Certes, nous reconnaissons qu'il n'y a pas besoin de demander l'*exequatur* si l'on ne veut pas procéder à des actes d'exécution. Mais, est-ce que cela tient au caractère particulier de ces jugements ? Nous ne le croyons pas, et nous pourrions faire ici la même remarque qu'à propos des jugements rendus en matière d'état des personnes. Comme ceux-ci, comme toute espèce de jugements, les décisions de la juridiction gracieuse

nue par la loi française. S'il y a eu jugement rendu à l'étranger, loi appliquée, les effets de ce jugement doivent être reconnus en France. Mais ce n'est pas parce que le statut personnel suit l'étranger en France, mais parce qu'il y a situation acquise.

1. *Sic.* Bonfils, *op. cit.*, p. 209 ; V. les autorités citées par nous en matière de faillite ; Paris, 13 mars 1850 : S. 51, 2, 791 ; Trib. Seine, 29 avril 1892 : Clunet, 1892, p. 684 ; *Contrà* : Trib. Seine, 3 déc. 1897 : Clunet, 1898, p. 545.

2. Paris, 2 févr. 1869 : *Bull. Cour Paris*, 1869, p. 86 ; mais la Cour déclare qu'il faut demander l'*exequatur* non au tribunal, mais à son président (V. *infrà*) ; Cass. 9 mars 1853 : S. 53, 1, 269 ; Trib. Seine, 6 août 1885 : Clunet, 1885, p. 683.

ont autorité en France. Ce qui est vrai, c'est que, ne donnant pas lieu ordinairement à des actes d'exécution, elles ont toute leur force, toute leur autorité sur notre territoire, sans qu'il soit besoin de recourir à aucune formalité d'*exequatur*. A tout prendre, les décisions qui s'écartent de la jurisprudence commune, et qui assimilent ces jugements à ceux rendus en matière contentieuse, sont plus logiques [1].

## SECTION III

### LÉGISLATION ET JURISPRUDENCE BELGES

Dans ses grandes lignes, la législation belge, telle que l'applique la jurisprudence, est identique à la législation française, d'après l'interprétation qu'en donnent, en général, nos tribunaux. Pourtant, les dispositions du Code civil de 1804 sur les effets des jugements étrangers ont subi, en Belgique, l'épreuve d'une discussion législative. Lors de la rédaction de la loi du 25 mars 1876, la Commission extra-parlementaire avait proposé un article, d'après lequel les tribunaux belges, à qui l'on demanderait l'*exequatur* d'un jugement étranger, ne pourraient exercer un droit de contrôle que sur des points limités, par exemple, sur celui de savoir si le jugement n'était pas contraire à l'ordre public, s'il avait été régulièrement rendu..... et cela sans qu'aucune condition de réciprocité fût exigée de la part des autres États [2] : c'était la consécration du système très libéral admis par le législateur italien : (art. 10 disposit. prélimin., C. civ. 1865 et art. 941,

1. Seine, 3 déc. 1897, précité.
2. V. le Rapport de M. Allard, § XXII (Clœs, *Comment.*, n° 40, p. 37-38).

C. pr. civ.). Pourtant ce système ne fut pas celui qu'adopta le législateur de 1876. Et, à ce propos, il n'est pas sans intérêt de donner les raisons qui motivèrent le rejet de la proposition de la Commission extra-parlementaire. En effet, ces raisons viennent à l'appui de l'opinion que nous avons émise dans notre Introduction, opinion d'après laquelle ces matières doivent être réglées, non par une disposition législative, ni même par un traité général, pour la conclusion duquel on ferait appel à toutes les nations, mais par des traités particuliers avec les différents États. On fit ressortir, en effet, les graves inconvénients qu'il y aurait à admettre au bénéfice de l'*exequatur* les décisions judiciaires rendues dans n'importe quel État, sans que le juge belge eût à se préoccuper d'autre chose que d'une question de forme ou aussi de savoir si le jugement ne contrevenait pas aux règles de l'ordre public belge. C'était s'exposer à rendre exécutoires des jugements rendus par des juges ne présentant pas des conditions de capacité, voire même d'impartialité, nécessaires à toute bonne justice. Il faut, a-t-on dit, exiger de la part des autres États la réciprocité, non seulement législative, mais même diplomatique. De cette façon « avant de signer un traité » a dit M. Thonissen[1], « le gouvernement ne manquera pas d'examiner la valeur des lois d'organisation judiciaire, de compétence et de procédure du pays contractant. Il ne manquera pas davantage à l'obligation de s'informer de la capacité et de l'intégrité des juges ». Ce passage indique très nettement la nécessité qu'il y a, spécialement en notre matière, de procéder par la voie de traités particuliers. Aussi, ne serions-nous pas partisan d'une réforme législative dans le sens de celle

1. Rapport à la Chambre des Représentants : Clœs, *Comment.*, n° 122, p. 103.

opérée en Italie. Que les jugements étrangers ne soient pas, en l'absence d'un traité, totalement dépourvus de valeur en France, soit : c'est, comme nous l'avons montré la solution de notre législation, solution imposée par cette considération qu'il s'agit de droits acquis, lesquels suivent leurs titulaires partout où ils se trouvent. Mais, ces droits venant à être invoqués devant nos tribunaux, soit que l'on exige qu'ils se dessaisissent (exception de chose jugée), soit qu'on leur demande un permis d'exécution, nous ne croyons pas qu'il soit prudent de décider, que, de droit commun, nos tribunaux devront s'en tenir, dans leur examen, à certains points limitativement déterminés. N'est-ce pas là, pourtant, la solution imposée par les principes généraux, que nous avons rappelés au début de ces développements ? Nullement : le centre de gravité de tout le système que nous avons édifié sur le terrain des principes se trouve, en effet, résider dans la nécessité du commerce international. Or, de même que les échanges entre individus s'effectuent sur la base de l'utilité, de même les relations internationales, qui ne sont qu'un ensemble d'échanges, ne supposent un traitement égal qu'autant que les nations qui sont en rapport sont elles-mêmes sur un pied d'égalité. L'application des principes que nous avons posés ne peut se faire complètement qu'entre nations ayant un même développement de civilisation, des institutions analogues et, ici spécialement, une organisation judiciaire offrant les mêmes garanties. Sinon, ne voit-on pas que la nation la plus civilisée, la mieux organisée donnerait plus aux autres que celles-ci ne lui fourniraient ? Mais, dira-t-on, il faut, du moins, faire de l'égalité de traitement la règle et non pas l'exception. — Non, répondons-nous, car il faudrait préciser les exceptions, dire quelles nations sont indignes du traitement le meilleur..... Le mieux est de s'en tenir à la règle que nous croyons être celle de notre législation : les jugements étrangers ont, par eux-mêmes, effet en France; mais, si l'on veut les invoquer devant nos tribunaux, ceux-ci ont le droit d'exercer sur eux un contrôle sans autre limite que celle résultant du but dans lequel ils l'exercent: refuser l'*exequatur* ou refuser de se dessaisir, au cas où on les invoquerait comme fondement de l'exception de chose jugée. Voilà le droit commun. Quant à l'exception, de plus en plus compréhensive, elle résultera d'ententes de nation à nation, de conventions faites dans le sens de l'entière application des principes.

Si la législation française était telle que le dit la jurisprudence, elle devrait être changée, car elle érigerait nos tribunaux en juridictions d'appel à l'égard des juridictions étrangères, et cela elle n'a pas le droit de le faire; si, au contraire, ses solutions sont celles que nous avons indiquées, il n'y a pas lieu de la réformer.

C'est dans ce même esprit que le législateur belge de 1876 a refusé de transposer en Belgique le système de la loi italienne. Il n'a fait, dans l'art. 10 de la loi du 25 mars 1876, que maintenir le droit antérieur, en en précisant toutefois les conditions d'application. L'art. 10 de la loi du 25 mars 1876 est ainsi conçu : *Ils (les tribunaux de première instance) connaissent enfin des décisions rendues par les juges étrangers en matière civile et en matière commerciale. — S'il existe entre la Belgique et le pays où la décision a été rendue un traité conclu sur la base de la réciprocité, leur examen ne portera que sur les points suivants :*

1° *Si la décision ne renferme rien de contraire à l'ordre public, ni aux principes du droit public belge;*

2° *Si, d'après la loi du pays où la décision a été rendue, elle est passée en force de chose jugée;*

3° *Si, d'après la même loi, l'expédition qui en est produite réunit les conditions nécessaires à son authenticité;*

4° *Si les droits de la défense ont été respectés;*

5° *Si le tribunal étranger n'est pas uniquement compétent à raison de la nationalité du défendeur.*

Cet article laisse intactes les règles du droit antérieur. En somme, il contient un programme des négociations futures. Il n'est qu'une sorte de projet de traité permanent. Quel était donc ce droit antérieur qui sert encore de droit commun en Belgique? Il se trouvait dans l'art. 546, C. pr. Quant à l'art. 2123, C. civ., il avait été abrogé par la loi du 16 décembre 1851, sur la réforme du régime hypothécaire. Comment l'art. 546, C. pr. était-il interprété par la jurisprudence belge? Celle-ci, comme la nôtre, concluait généralement au droit de *revision* pour les tribunaux belges chargés d'accorder l'*exequatur* à un jugement étranger. Telle est donc encore la règle en Belgique, en l'absence d'un traité : les jugements étrangers n'ont pas l'autorité de chose jugée. En principe, les juges belges revoient le fond même de l'affaire au sujet de laquelle est intervenue la décision étrangère, et ils ont le droit, au cas où ils croient celle-ci injuste, de statuer à nouveau[1]. Mais la jurisprudence apporte à ce principe des atténuations : et d'abord, une atténuation, analogue à celle de notre jurisprudence, en ce qui concerne les jugements étrangers statuant sur l'état des personnes. Ils

1. Cass. 19 juill. 1849 : *Pas.* 1849, 1, 341 ; 9 mars 1871 : *Pas.* 71, 1, 130 ; Bruxelles, 12 févr. 1879 et 13 mai 1879 : *Pas.* 1879, 2, 135 et 221.

ont en Belgique, comme en France, l'autorité de la chose jugée, sans qu'il soit besoin d'obtenir un *exequatur*. Mais celui-ci est nécessaire, s'il s'agit exceptionnellement d'arriver à des actes d'exécution[1].

Nous avons vu la jurisprudence belge apporter au principe posé par elle une dérogation, plus grave encore, en matière de faillite, et consacrer une solution tout opposée à celle de la jurisprudence française.

La France et la Belgique ayant une organisation judiciaire analogue, pouvant avoir pleine confiance dans les décisions de leurs juridictions respectives et, partant, devant retirer les mêmes avantages de l'application des principes rationnels, celle-ci devenait non seulement possible, mais nécessaire. Même en interprétant la législation française — et, par conséquent, la législation belge identique à la nôtre — d'après notre manière de voir, il y aurait eu grand intérêt à préciser et à limiter le droit d'examen du juge. Cet intérêt était plus considérable encore, étant donné les solutions des jurisprudences belge et française. Il ne s'agissait rien moins que d'accorder aux jugements français en Belgique et aux jugements belges en France l'autorité de la chose jugée qui leur était jusqu'alors refusée, de supprimer entre la France et la Belgique les barrières qui s'opposaient au fonctionnement de l'exception de chose jugée, reconnue pourtant par les législations internes des deux pays comme

1. Bruxelles, 5 août 1880 : *Pas.* 1880, 2, 319 : Clunet, 1880, p. 508. Mais, si l'ordre public est en jeu, même en matière d'état le jugement n'a aucune autorité en Belgique : Bruxelles, 25 mars 1838 : *Pas.* 38, 2, 206. D'ailleurs le droit de revision du juge belge reprend son empire si le jugement a trait au patrimoine ne fût-ce qu'indirectement ; Cpr. Bruxelles, 25 mars 1861 : *Pas.* 1862, 3, 180; voy. aussi Bruxelles, 5 août 1880, précité.

une institution nécessaire au bon ordre social. Mais n'y avait-il pas, du côté de la France, un intérêt plus grand encore à entamer des négociations sur ce point avec la Belgique ? Pour s'en rendre compte, il faut se reporter à un arrêté législatif du prince souverain des Pays-Bas du 9 septembre 1814 dont l'art. 1er décidait que : *les arrêts et jugements rendus en France n'auront aucune exécution en Belgique*. D'après l'art. 2 : *les contrats y tiendront lieu de simple promesse*. Enfin, en vertu de l'art. 3 : *nonobstant ces jugements, les habitants de la Belgique pourront de nouveau débattre leurs droits devant les tribunaux qui y sont établis, soit en demandant, soit en défendant*. Ces dispositions sont calquées sur celles de l'Ordonnance de 1629, art. 121. Leur portée était-elle la même que celle de l'art. 121 ? D'après les termes de cet arrêté, il semble que l'affirmative ne soit pas douteuse. Mais ce qui peut faire doute c'est l'esprit dans lequel cet arrêté a été conçu : son but n'a-t-il pas été simplement de décider que les jugements français ne pourraient être exécutés en Belgique qu'après revison au fond? Si, au contraire, l'art. 121 n'avait été que transposé dans l'arrêté de 1814 les jugements français n'auraient été soumis à ce régime que s'ils n'avaient pas été rendus contre des Belges.

Dans cette dernière hypothèse, ils auraient subi le traitement appliqué par l'Ordonnance de 1629 aux jugements rendus contre des Français. Quelle aurait donc été la différence de traitement ? C'est que, de droit commun, le jugement étranger est soumis à revision, ce qui implique le droit pour le tribunal de le maintenir en entier en lui accordant l'*exequatur*, au cas où il reconnaît le bien jugé, tandis que, d'après le régime d'exception qui aurait été applicable aux jugements français rendus contre des Belges, il n'eût même pas été question de reviser la sentence : un nouveau débat aurait toujours eu lieu, suivi d'une décision belge, encore que la sentence française eût été jugée bien rendue.

Mais, en tous cas, la loi du 25 mars 1876 n'a-t-elle pas abrogé l'arrêté-loi de 1814? Sur ces divers points des controverses se sont élevées[1]. Mais, en définitive, on peut dire qu'on n'appliquait pas, en Belgique, l'arrêté-loi de 1814 aux jugements français[2]. Les deux pays avaient donc le même intérêt à l'application des principes rationnels. « Plus les relations entre les différents peuples sont nombreuses et actives » dit de Savigny[3] « plus on doit se convaincre qu'il faut renoncer à ce principe d'exclusion pour adopter le principe contraire. C'est ainsi que l'on tend à la réciprocité dans l'appréciation des rapports de droit, à établir devant la justice entre les étrangers et les nationaux une égalité que réclame l'intérêt des peuples et des individus ».

## SECTION IV

### SOLUTIONS DU TRAITÉ

### § 1er. — *Autorité de chose jugée.*

Nous avons vu l'application des art. 14 et 15 du Code civil

1. La majorité de la jurisprudence admettait pour les jugements français, même rendus contre des Belges, le régime de droit commun: V. Cass. 9 mars 1871, *Pas.* 71, 1, 130. V. cepend. Bruxelles, 20 déc. 1876, *Pas.* p. 252. Une décision semble admettre que l'arrêté-loi n'a pas été abrogé : Bruxelles, 10 févr. 1877, *Pas.* 78, 2, 86.

2. Cpr. Trib. civ., Courtrai, 31 juill. 1890 et Bruxelles, 5 nov. 1890, Clunet, 1891, p. 276.

3. Savigny, *Droit rom.*, trad. Guenoux, t. VIII, § 348.

supprimée dans les rapports de la France et de la Belgique, et des règles rationnelles de compétence adoptées, en dehors de toute considération tirée de la nationalité du tribunal chargé de statuer par suite de la consécration de ces règles. C'était, de la part de chaque pays, proclamer sa confiance envers l'organisation judiciaire de l'autre ; c'était dire : non seulement nous reconnaissons que nos tribunaux respectifs réunissent les mêmes conditions de capacité et d'intégrité, mais même qu'ils savent se soustraire, dans l'administration de la justice, à toute influence tirée de la considération des personnes en cause, principalement de leur nationalité. Pouvait-on ne pas reconnaître en France, en Belgique, aux jugements belges et français l'autorité de chose jugée. Ici encore, on se rend compte de la force du lien qui unit la matière de la compétence à celle de l'effet des jugements. Reconnaître que le tribunal du domicile du défendeur est compétent, même si c'est un tribunal étranger, le défendeur étant français, c'est reconnaître implicitement que les décisions de ce tribunal devront avoir l'autorité de la chose jugée en France. Inversement, admettre que les jugements rendus dans un pays auront l'autorité de la chose jugée en France, c'est accorder pleine confiance aux tribunaux de ce pays : des règles exceptionnelles, issues d'un esprit de défiance, n'ont donc plus de raison d'être. Telle est pourtant la contradiction qui résulte du traité franco-italien. Aussi nous verrons les graves inconvénients qui en sont résultés.

Le traité franco-belge a bénéficié de cette expérience du passé. Abolissant, dans les rapports de la France et de la Belgique, les dispositions exorbitantes des art. 14 et 15,

C. civ., il a, d'autre part, reconnu aux jugements belges en France l'autorité de la chose jugée.

Mais, quelle que soit la confiance accordée par un État aux tribunaux d'un autre État, il ne doit pas permettre que les jugements rendus par ces tribunaux aient autorité sur son territoire sans que ses propres juges, ayant à connaître de ces décisions, puissent exercer sur elles aucun contrôle. Il est des points à l'égard desquels le droit d'examen d'un État sur les jugements rendus en pays étranger est inaliénable. Tout en décidant que le fond même des litiges ne pourra être soumis à revision, l'examen de ces différents points doit être réservé[1]. Sous des formules variables, ces divers points peuvent être classés sous ces deux chefs principaux:

1° Les tribunaux d'un pays doivent pouvoir toujours

1. A ce sujet voy. la Convention conclue à Paris, le 14 mai 1870, entre la France et l'Espagne, pour régler la jouissance des droits civils et l'exécution réciproque des jugements : (V. de Clercq. *Recueil des Traités de la France*, t. X, p. 364). D'après l'art. 3 de cette convention : « En matière personnelle et en matière mobilière, les Français résidant en Espagne et les Espagnols résidant en France seront valablement actionnés devant le tribunal de leur résidence. »
L'art. 4 consacrait la compétence du *forum rei sitæ* en matière immobilière. L'art. 6 décidait que : « Quel que soit la nationalité des parties, les jugements régulièrement rendus par les tribunaux civils ou commerciaux français, et qui auront acquis en France force de chose jugée, auront en Espagne la même autorité et la même force qu'en France, et, réciproquement, les jugements rendus par les tribunaux civils ou commerciaux espagnols, ayant acquis en Espagne force de chose jugée, auront en France la même autorité et la même force. » Et d'après l'article additionnel complétant la Convention. « Les Agents diplomatiques et consulaires de chacune des deux nations recevrait une délégation expresse de leur Souverain respectif à l'effet d'apposer la formule exécutoire sur les jugements. » Ainsi l'on supprimait la nécessité d'un *exequatur*, accordé par les tribunaux du pays où l'on veut exécuter le jugement après un examen, même limité. La réforme était trop hardie. Aussi, cette convention n'a-t-elle pas été ratifiée. V. la discussion qui a eu lieu au Sénat, le 21 juin 1870 (*Journal officiel* du 22 juin).

examiner si la reconnaissance de l'autorité de chose jugée aux jugements étrangers n'est pas de nature à porter atteinte au droit, essentiel pour chaque État, de veiller à sa conservation ;

2° Ils doivent aussi se rendre compte si, dans la décision qu'on invoque devant eux, il y a vraiment chose jugée.

L'article 11 de la convention franco-belge énumère un certain nombre de conditions qui devront être réunies pour que les jugements rendus dans l'un des deux pays aient autorité de chose jugée dans l'autre. Ces conditions, au sujet desquelles les juges belges ou français auront un droit de contrôle, peuvent être classées sous les deux chefs que nous avons indiqués :

1° Celles ayant trait au *droit de conservation* de l'État ;

2° Celles sans lesquelles il n'y a pas véritablement *chose jugée.*

### A. — Conditions se rapportant au droit de conservation de l'État

D'après l'art. 11 de la Convention : *Les décisions des Cours et Tribunaux rendues en matière civile ou en matière commerciale dans l'un des deux États ont dans l'autre l'autorité de la chose jugée, si elles réunissent les conditions suivantes :*

1° *Que la décision ne contienne rien de contraire à l'ordre public ou aux principes du droit public du pays où elle est invoquée.*

A un point de vue purement doctrinal, on peut critiquer la terminologie employée dans cet article. Il distingue, en effet, ce qui serait contraire, d'une part à l'ordre public et, d'autre part, aux principes du droit public du pays où la décision est invoquée. En cela il ne fait que reproduire les termes mêmes de l'art. 10, 1° de la loi du 25 mars 1876 qui sont aussi ceux de l'article 941, 4° du Code de procédure italien. Or cette terminologie pourrait porter à croire que l'ordre public est quelque chose de général, d'universel, que ce qui est considéré comme d'ordre public dans un pays l'est également dans les autres, au lieu que les principes du droit public sont essentiellement variables de nation à nation. La vérité est que l'ordre public est, lui aussi, variable suivant les nations et même suivant les époques. Il y a là une notion d'une très grande souplesse, ce qui en fait un instrument merveilleux permettant l'adaptation constante du droit à l'état social présent. L'expression d'*ordre public* seule aurait suffi : les principes du droit public d'un pays ne doivent-ils pas, au premier chef, être considérés comme d'ordre public ?

Quelque conception qu'on eût du droit international privé, dès lors, du moins, que l'on admettait une certaine part d'application aux lois étrangères, cette restriction a toujours été faite : qu'une loi étrangère ne pourrait être appliquée dans un pays si elle y contrevenait à l'ordre public. Déjà le jurisconsulte Huber[1] disait : « *Summæ potestates cujusque reipublicæ indulgeant sibi mutuo, ut jura legesque aliarum in aliarum territoriis effectum habeant, quatenus sine præjudicio indulgentium fieri potest.* » C'est que cette restriction correspond à un droit essentiel et imprescriptible pour chaque État : celui de veiller à sa conservation. Aucun acte émanant d'une souveraineté étrangère ne doit être permis, aucune convention ne doit être sanctionnée, aucun

1. Huberus, *De jure civitatis*, lib. III, cap. I, n° 14.

jugement ne doit être agréé qui mettent l'État en péril ; celui-ci a le devoir strict d'empêcher que l'ordre social soit troublé sur son territoire et les principes de son organisation politique méconnus, qu'aucun scandale puisse naître par suite de la violation de cet ensemble de préceptes de stricte moralité qu'on a coutume de désigner sous ce nom générique : les bonnes mœurs. Telle est l'idée d'ensemble qu'on peut se faire de la notion d'ordre public. Quant à préciser quelles règles sont ou ne sont pas d'ordre public, nous ne pouvons songer à le faire ici [1]. Aussi bien, l'intérêt est restreint dans les rapports de la France et de la Belgique, étant donné la grande analogie existant entre les législations des deux pays. Néanmoins, en supposant même deux législations identiques, il peut y avoir à faire intervenir cette restriction concernant l'ordre public. Il est possible que les tribunaux aient mal interprété la loi de leur pays et qu'il résulte de leurs décisions une atteinte à l'ordre public dans un autre pays. Cette situation pourrait se présenter dans les rapports de la France et de la Belgique. On appliquerait alors la règle que l'ordre public s'oppose à ce que le jugement qui lui est contraire ait aucune autorité. La même règle serait applicable au cas où un jugement belge contredirait un jugement français précédemment passé en force de chose jugée [2].

1. V. sur cette question : Weiss, t. III, p. 83 et s. ; Despagnet : Clunet, 1889, p. 5 et s., p. 207 et s. ; Pillet, *De l'ordre public en droit international privé*, 1890 ; Extrait des *Annales de l'Enseignement supérieur de Grenoble*, t. II, n° 2 ; Mancini, *Revue de droit internat.*, 1875, p. 352 ; de Bar, *Theorie und Praxis des internat. Privatrechts*, 2e édit. t. I, p. 127 et s. ; Cass. 18 nov. 1891, Clunet 1892, p. 667 et le rapport de M. Faure-Biguet.

2. Cpr. Trib. Marseille, 4 déc. 1880, S. 83, 2, 249 ; Paris, 1er févr. 1884, *Droit*, 13 févr. 1884.

L'expression « principes du droit public » comprend non seulement les règles concernant l'organisation politique, telle qu'elle résulte dans chaque pays de la constitution, mais aussi les principes fondamentaux qui sont considérés comme la base même de cette organisation. Telles seraient en France : la liberté individuelle, considérée comme inaliénable et imprescriptible, la liberté de conscience, etc. On peut supposer un jugement belge accordant effet à une convention par laquelle une personne s'est engagée envers une autre à exercer toujours telle profession ; ce jugement n'aurait pas en France l'autorité de chose jugée.

En France, on est d'accord généralement pour distinguer deux sortes de lois d'ordre public : les unes, d'ordre public interne ou relatif, s'imposeraient aux Français, mais non aux étrangers qui se trouvent en France : telles seraient, en général, les lois concernant l'état des personnes, la constitution de la famille. Des Français ne peuvent déroger à ces lois par des conventions particulières (art. 6, C. civ.) ; mais rien ne s'oppose à ce que des étrangers se voient appliquer en France leur propre loi, quoique différente de la loi française. Il est de règle, en effet, que l'état et la capacité des personnes sont réglés par leur loi nationale (art. 3, § 3, C. civ.). Les autres lois d'ordre public, appelées lois d'ordre public international ou absolu, non seulement s'imposent aux Français, mais même mettent obstacle à l'application, en France, des lois étrangères qui y contreviennent. Il peut y avoir des lois ayant ce caractère en matière d'état des personnes : telle serait, par exemple, une loi prohibant le divorce dans un pays ; un étranger résidant dans ce pays ne pourrait s'y prévaloir de ce que sa loi nationale autorise le divorce. Mais il est possible que cette loi, autorisant le divorce, ait été appliquée à cet étranger dans son pays, qu'un jugement soit intervenu, prononçant le divorce. Ce jugement pourra-t-il être reconnu comme ayant autorité de chose jugée par les juges d'un autre pays où le divorce est prohibé? C'est notre sentiment; car, la loi ayant été appliquée, il y a alors un droit acquis pour cet étranger et il doit pouvoir se remarier en tous pays. Les mêmes règles seraient applicables actuellement dans les rapports de la France et de la Belgique, en ce qui concerne le divorce par consentement mutuel qu'autorise la législation belge (Code civil de 1804) : un Belge en France ne pourrait divorcer dans ces conditions ; mais un jugement belge, prononçant le divorce par suite du consentement mutuel des époux, devrait être reconnu comme ayant autorité de chose jugée en France. Un Belge, ayant ainsi divorcé, pourrait donc se remarier en France en invoquant un tel jugement. Est-ce à dire qu'il y aura toujours, à la suite d'un jugement intervenu, droit acquis et que, partant, il ne pourra jamais en résulter une atteinte à l'ordre public? Nullement. Et, par exemple, dans l'hypothèse, que nous avons prévue, d'un jugement sanctionnant l'obligation pour une personne de demeurer toujours dans les liens de sa profession actuelle, il y aurait certainement cette atteinte à l'ordre public qui obligera le tribunal à refuser de donner effet au jugement. C'est que la situation est ici toute différente: dans le cas d'un divorce à prononcer dans un pays où le divorce est interdit, soit d'une façon absolue, soit sur le fondement des motifs invoqués, l'atteinte à l'ordre public se produit à un seul moment: lorsqu'il s'agit de prononcer le divorce. Mais, si l'on suppose le divorce prononcé à l'étranger, l'ordre public n'est nullement troublé par la résidence des personnes divorcées dans le pays où le divorce est prohibé, ni par le fait qu'une d'elles voudrait s'y remarier. Au contraire, dans le cas d'une convention limitant le droit pour une personne de disposer librement de son intelligence et de son travail, il n'y a pas seulement atteinte à l'ordre public au moment de la conclusion du contrat, mais encore à chaque instant où l'obligé, voulant contrevenir à la promesse qu'il a faite, se verra opposer la convention. Il y a ici quelque chose de très analogue à ce que les civilistes appellent une « obligation successive ». Il renaît, à chaque instant de la vie de l'obligé, un droit à se déterminer librement dans le choix d'une profession, et ce droit ne peut lui être méconnu sans porter atteinte à l'ordre public.

Reste la question de preuve. « Nous n'hésitons pas » dit M. Pillet[1], « à décider que la personne qui poursuit en France l'exécution d'un jugement étranger n'a pas à démontrer que ce jugement ne présente rien qui soit de nature à troubler l'ordre public français ; c'est à son adversaire que revient le droit de soulever, s'il y a lieu, cette exception et de la justifier ; à défaut de celui-ci, ce soin incombe au ministère public ». La présomption sera donc que le jugement belge est conforme aux exigences de l'ordre public français. Celui qui s'élèvera contre cette présomption devra justifier son dire, en vertu de la règle *reus in excipiendo fit actor*. Quant au droit pour le ministère public de soulever l'exception tirée de l'ordre public, sa source est dans l'art. 46 de la loi du 20 avril 1810.

Il faut prévoir une situation qui, dans un avenir plus ou

1. Pillet, *Ordre public... op. cit.*, p. 229.

moins rapproché serait de nature à se présenter. Si le projet de revision du Code civil belge était voté, la loi applicable aux successions immobilières serait la loi nationale : un jugement belge, appliquant la loi belge pour le règlement de la succession d'un Belge comprenant des immeubles situés en France, pourrait-il être considéré comme contraire à l'ordre public français ? En bonne théorie « il n'y a rien là qui touche à la conservation de l'État, rien, quoiqu'on en dise, qui appartienne à l'ordre public [1] ». Néanmoins, dans l'état actuel de notre législation, on devrait refuser effet à un jugement contraire aux dispositions de la loi française en cette matière.

### B. — Conditions correspondant à la nécessité qu'il y ait chose jugée.

Il est très légitime, nécessaire même, qu'un État n'accorde l'autorité de chose jugée qu'à des décisions en vertu desquelles il y a vraiment chose jugée. Les jugements rendus par les tribunaux d'un pays peuvent avoir une autorité plus ou moins grande suivant le temps qui s'est écoulé depuis qu'ils sont intervenus, suivant qu'il y a ou non, contre eux, des voies de recours possibles et, s'il est permis de les attaquer, suivant qu'on aura ou non usé de cette faculté. A cet égard, des distinctions ne doivent-elles pas être faites entre les décisions pour lesquelles on réclame autorité à l'étranger ? De plus, comment les tribunaux d'un État, à qui l'on demande de sanctionner un jugement étranger, sauront-ils s'il s'agit d'un véritable jugement ? Ne devront-ils pas exiger qu'on produise une preuve, et dans quelles limites s'exercera cette exigence ? D'ailleurs, il se peut que le jugement n'ait que

1. Pillet, *Ordre public*... p. 210-211.

les apparences de la chose jugée. Juger, c'est apprécier les mérites respectifs de prétentions contraires. Pour qu'il y ait jugement, il faut donc que ces prétentions qui se contredisent aient été à même de se faire connaître. Enfin, il est possible que le point de départ même de toute la procédure, d'où est sorti le jugement pour lequel on réclame autorité à l'étranger, ait été vicié par suite de l'incompétence du tribunal saisi du litige. Si l'on considère que le tribunal n'aurait pas dû juger, peut-on dire qu'il y a véritablement chose jugée ? Sur tous ces points, il y a pour le tribunal étranger un droit de contrôle, droit bien compréhensible, puisque ce que l'on réclame pour la décision, c'est qu'elle ait autorité de chose jugée, et qu'on veut contrôler précisément s'il y a chose jugée. Comme l'art. 10 de la loi du 25 mars 1876, le traité fixe, à ces divers points de vue, les pouvoirs du tribunal chargé de reconnaître l'autorité de la chose jugée à la décision étrangère. Étudions successivement les diverses manifestations de ce droit d'examen.

1° D'après l'article 11 de la convention franco-belge, pour que les décisions rendues dans l'un des deux pays aient autorité de chose jugée dans l'autre, il faut :

2° *Que, d'après la loi du pays où la décision a été rendue, elle soit passée en force de chose jugée.* Cette condition est la reproduction de l'article 10, 2° de la loi du 25 mars 1876. Nous devons donc rechercher comment cette disposition est interprétée en Belgique. En effet, deux solutions sont possibles. On peut dire d'abord : par décision passée en force de chose jugée, il faut entendre une décision contre laquelle n'est plus possible aucune voie de recours ordinaire, opposition ou appel; un tel jugement possède bien alors la force de chose jugée, Si, au contraire, l'appel ou l'opposition sont possibles, la décision intervenue n'a pas force de chose jugée, tant que l'on peut l'attaquer et la faire réformer au moyen de ces voies de recours. Au point de vue pratique, ne voit-on pas l'inconvénient qu'il y aurait à permettre d'exécuter à l'étranger une sentence, dont il ne restera peut-être aucun élément si elle est attaquée? — Il y a force de chose jugée, répond une deuxième opinion, dès que la chose jugée peut être mise à exécution. Qu'importe que des voies de recours soient possibles, qu'il puisse en résulter la rétractation (opposition) ou la réformation (appel) du jugement? Ce qu'il faut, c'est permettre l'exécution à l'étranger dans les mêmes conditions où elle serait possible dans le pays où le jugement a été rendu. Pourquoi en serait-il autrement à l'étranger? Est-ce que cela met en péril l'État où l'exécution est demandée, trouble en quoi que ce soit l'ordre juridique dans ce pays? Nullement, pas plus que l'État où le jugement a été rendu n'est mis en péril, que son ordre n'est troublé par l'exécution de la sentence durant le délai imparti pour l'attaquer. Quant aux inconvénients pratiques, ils sont largement compensés par l'avantage qu'il y a à ce que les décisions de justice soient promptement réalisées. Et d'ailleurs, ils ne sont ni plus ni moins péremptoires dans les rapports internationaux qu'en droit interne. Donc, dans tous les cas, la sentence rendue a force par elle-même, et l'éventualité d'un recours qui, peut-être, ne se produira pas ne doit par plus avoir d'effet en droit international qu'en droit interne. Au surplus, l'opinion contraire ne devrait-elle pas, pour rester logique avec elle-même, admettre que le recours en cassation aura, à l'étranger, à l'égard de la sentence, le même effet que l'appel, qu'il faudra attendre que ce recours ne soit plus possible ou que le pourvoi ait été rejeté ? Que si l'on répond que la situation n'est pas la même, que le pourvoi en cassation, même formé, n'est pas suspensif d'exécution, à la différence de l'appel interjeté, nous objectons : si l'on se base sur ce que telle ou telle voie de recours est ou non suspensive d'exécution, pourquoi ne tient-on pas compte de ce que le délai d'appel n'est pas suffisant pour empêcher l'exécution ? Ce qu'il faut donc exiger c'est que le jugement puisse être exécuté dans le pays où il a été rendu. A cette condition il peut avoir effet à l'étranger.

C'est cette solution qui a prévalu en Belgique, par interprétation de l'art. 10, 2° de la loi de 1876. En cela la jurisprudence belge s'est conformée à l'indication que lui fournissaient, à cet égard, les travaux préparatoires de cette loi : « Les mots *passée en force de jugée* » disait M. Allard, dans son Rapport [1], « sont plus exacts que ceux-ci : *contre laquelle il n'existe aucune voie de recours* comme le disent plusieurs traités et comme le proposent quelques auteurs ; car ni le délai du pourvoi en cassation, ni le pourvoi lui-même ne sont suspensifs. Ce que nous voulons, *c'est qu'on puisse exécuter en Belgique précisément dans le cas où l'on pourrait le faire à l'étranger* ». La jurisprudence belge s'est conformée à cette volonté. Déjà, auparavant, la Cour de cassation de Belgique avait admis, par arrêt du 9 mars 1871 [2] que l'exécution d'un jugement rendu par défaut en France pouvait être demandée

1. § XXII, *in fine* (Clœs : *Comment.* n° 40, *in fine*, p. 38).

2. *Pas.* 71, 1, 130, *Belg. jud.* XXIX, p. 532 ; Bruxelles, 13 mai 1879 : *Pas.* 79, 2, 221 ; Trib. Courtrai, 21 juin 1879 : *Pas.* 79, 3, 341. — V. cep. *Contrà*, Trib. Liège, 19 janv. 1881 : *Pas.* 81, 3, 278 ; Trib. civ. Anvers, 20 juillet 1899, Clunet 1900, p. 183.

en Belgique, tant que le défaillant n'avait pas fait usage de son droit d'arrêter l'exécution en faisant opposition. On appliquait donc, en Belgique, aux jugements français rendus par défaut l'art. 155, C. pr. d'après lequel défense est faite d'exécuter les jugements par défaut dans la huitaine de leur signification, et aussi les tempéraments que cet article apporte à cette règle [1]; de même on appliquait les art. 156 à 160, C. pr. Ainsi l'exécution d'un jugement rendu en France contre une partie n'ayant pas d'avoué était possible en Belgique dans les six mois de son obtention, si l'opposition n'était pas soulevée par le défaillant. Dans le cas d'un jugement par défaut contre avoué, par suite de la combinaison des art. 155 et 157, C. pr. l'exécution n'était possible en Belgique que quand l'opposition n'était plus possible en France.

En ce qui concerne les jugements susceptibles d'appel, on appliquait les art. 449 et 450, C. pr., interdisant d'interjeter appel et, comme conséquence, d'exécuter le jugement pendant un délai de huitaine à dater du jour du jugement; l'art. 457, C. pr., d'après lequel l'appel sera suspensif si le jugement ne prononce pas l'exécution provisoire dans les cas où elle est autorisée (ajoutez : ou ordonnée : art. 135, C. pr.).

La même solution est admise en France : ce que le juge a à examiner c'est seulement si le jugement étranger « est passé en force de chose jugée *de sorte qu'il soit susceptible de recevoir dans le pays d'où il vient l'exécution qu'on demande pour lui en France* [2] ».

1. V. Boitard, Colmet, Daage et Glasson, *op. cit.*, 15e édit., t. I, nos 319 et s.

2. Paris, 23 févr. 1866, S. 66, 2, 300; Bordeaux, 30 nov. 1869, D. 71, 2, 121; Paris, 11 mai 1869, S. 70, 2, 10; Cpr. Cass. 28 juin 1881, S. 82, 1, 33 et la note;

Quoique les auteurs ne soient pas toujours, sur cette question, aussi précis qu'on pourrait le désirer, c'est aussi la solution qui paraît rallier leurs suffrages. « Les juges » dit M. Massé[1], « doivent d'abord vérifier si l'acte qu'on leur présente est un jugement, en d'autres termes, si le jugement réunit toutes les conditions nécessaires pour le rendre valable et définitif dans le lieu où il a été rendu ; *car on ne comprendrait pas qu'un acte produisit en France les effets dont il serait dépourvu au lieu de sa confection* » ; et MM. Aubry et Rau[2] font la remarque suivante : « Lorsque, d'après la loi étrangère, les jugements ne peuvent être mis à exécution qu'autant qu'ils sont passés en force de chose jugée, le juge français devra vérifier si cette condition se trouve accomplie. » En somme, ce dont ces auteurs se préoccupent c'est que le jugement produise en France les effets dont il est pourvu au lieu de sa confection, qu'il puisse être mis à exécution en France au cas où il le pourrait être dans le pays où il a été rendu. La raison c'est que le droit de contrôle du tribunal, devant qui le jugement est invoqué, n'a pas pour but la sauvegarde du droit de conservation de l'État dont dépend ce tribunal, mais bien de n'accorder pas plus d'effets à un jugement étranger qu'il n'en peut produire dans le pays même où il a été rendu. Mais on doit lui accorder tous les effets qu'il y produit. C'est ce qui explique qu'on se réfère à la loi du lieu de la confection du jugement. En somme, on se trouve ici sous l'empire de la règle *locus regit actum*. Certes, il ne

Seine, 5 juill. 1881, Clunet, 1882, p. 530 ; 7 juill. 1885, Clunet, 1886, p. 447 ; Trib. Versailles, 17 août 1883, Clunet, 1885, p. 87 ; Cpr. Seine, 8 févr. 1898, Clunet, 1898, p. 736. — V. cep., Seine, 8 févr. 1881, Clunet, 1881, p. 430.

2. Massé, *Droit com.*, t. II, n° 801.

3 Aubry et Rau, t. VIII, § 769 *ter*, note 7.

s'agit pas, à proprement parler, d'une question concernant la forme des jugements, mais leurs effets. Mais, si la distinction de ces deux points de vue peut être faite facilement en matière de contrats, elle ne le peut en matière de décisions judiciaires, où tout ce qui concerne les effets est intimement lié à la procédure, par conséquent à la forme : il y a ici un jugement ayant forme suffisante dans un pays pour pouvoir être exécuté, la même forme doit suffire dans tout autre pays. Un obstacle ne pourrait venir que de la règle d'après laquelle un État a le droit de veiller, par tous les moyens, à sa conservation, et nous avons vu que cette règle n'avait pas ici à intervenir.

Tout ce que nous venons de dire doit s'appliquer à la disposition de l'art. 11, 2° du traité franco-belge. Tout d'abord il reproduit les termes mêmes de l'art. 10, 2° de la loi belge du 25 mars 1876 et on doit donc s'en référer à l'interprétation qui en était généralement donnée ; mais, de plus, l'attention des délégués du gouvernement français a été spécialement appelée sur cette question et ils ont déclaré approuver l'interprétation donnée de ces mots « passée en force de chose jugée » par les délégués du gouvernement belge [1].

2° D'après l'art. 11, 3°, pour que les décisions des Cours et tribunaux rendues dans l'un des deux États aient dans l'autre l'autorité de la chose jugée, il faut en outre : *que d'après la même loi (celle du pays où la décision a été rendue) l'expédition qui en est produite réunisse les conditions nécessaires à son authenticité.* Point n'est besoin d'insister sur la légitimité de

1. V. l'Exposé des motifs du projet de loi portant approbation de la convention franco-belge, n° 1355 (Chambre des députés). Annexe au procès-verbal de la séance du 22 janv. 1900, p. 11 *in fine*.

cette exigence. Il faut que les tribunaux, devant qui on invoque un jugement étranger, puissent s'assurer s'il y a eu un véritable jugement, s'il y a chose jugée. Il s'agit en effet d'une question de preuve : la partie qui invoque la chose jugée à l'étranger doit donner des preuves à l'appui de sa prétention : elle produira une expédition du jugement. Cette expédition doit réunir les conditions nécessaires, d'après la loi du lieu où le jugement a été rendu, à son authenticité. Il n'y a là que la stricte application de la règle : *locus regit actum.* Ce qu'on examine, en effet, c'est une question de forme. L'art. 11, 3° est la reproduction textuelle de l'art. 10, 3° de la loi du 25 mars 1876.

3° Il faut, avons-nous dit, pour que la décision invoquée en France puisse y trouver quelque crédit, qu'elle soit un véritable jugement, c'est-à-dire une sentence issue de l'appréciation de deux ou plusieurs prétentions qui se contredisent. Il faut donc que la contradiction se soit produite ou, du moins, qu'elle ait été possible pratiquement, que le défendeur ait présenté sa défense, ou, en tous cas, ait été mis à même de la présenter. Suivant quelle loi le tribunal appréciera-t-il que le jugement satisfait à cette exigence ? Suivant la loi du lieu où ce jugement a été rendu. Il s'agit, en effet, exclusivement d'une question de forme ; on est donc sous l'empire de la règle : *locus regit actum.* Recourir à une autre loi, ne serait-ce pas, en quelque sorte, exiger rétrospectivement que les tribunaux d'un pays eussent à méconnaître une loi de procédure de ce pays, une partie de son organisation judiciaire, partant, une loi qui y est considérée comme d'ordre public ? Or, cette loi d'ordre public, rigoureusement territoriale, ne doit-elle pas seule s'appliquer, à l'exclusion de toute loi étrangère qui lui serait contraire ? Les tribunaux étrangers devant qui la décision est invoquée doivent donc se soumettre aux exigences de cette loi d'ordre public *au même titre qu'ils devraient écarter une loi étrangère qui violerait l'ordre public de leur pays* [1]. Tout ceci a été très bien compris par le traité.

Mais, sur ce point, il s'écarte un peu, non pas au fond, mais dans la forme, de la loi du 25 mars 1876 (art. 10, 4°), qui exige pour que le jugement étranger ait autorité en Belgique, dans l'hypothèse d'un traité, « que les droits de la défense aient été respectés ». Le traité de 1899 (art. 11, 4°) exprime, au fond, la même idée sous une autre forme. Il exige « *que les parties aient été légalement citées, représentées ou défaillantes* ». Cette formule exprime mieux que celle de la loi de 1876 qu'il s'agit ici d'une question de procédure et, partant, qu'il faut s'en référer à la règle *locus regit actum* (Cpr. art. 941, C. pr. italien) [2].

4° Enfin, se rattachant au même ordre d'idées : la nécessité qu'il y ait vraiment chose jugée, il y a une dernière condition que toutes les opinions sont d'accord pour exiger, c'est que la décision émane d'un tribunal compétent. En effet, l'on peut dire : si le tribunal étranger qui a statué

1. Il y a ici l'application de ce que M. Pillet (*Ordre public...*, p. 275) appelle très justement l'effet indirect de l'ordre public, effet indirect qui consiste en ce que le juge d'un État a le devoir de respecter, de la part des États étrangers, l'exercice du droit qu'il a lui-même d'appliquer le principe de la territorialité des lois d'ordre public. Ne pas reconnaître ce droit, ce n'est adopter qu'à demi le point de vue des relations internationales qui est un point de vue bilatéral et s'en tenir à un point de vue unilatéral et égoïste.

2. Le traité ne fait que consacrer la règle qui a toujours été admise en France ; voy. Rennes, 26 déc. 1879 : S. 81, 2, 81 : Clunet, 1880, p. 105 ; Aix, 16 janv. 1894 : Clunet, 1894, p. 130 ; Lyon, 21 janv. 1897 : Clunet, 1897, p. 797.

était incompétent, la décision rendue est viciée dans son principe ; elle ne peut donc avoir effet en France. Mais il est nécessaire de décider ce que l'on doit entendre par « tribunal compétent ». Tout d'abord, il est certain qu'on est en droit d'exiger que le tribunal qui a statué soit compétent d'après la loi du lieu où il est situé. Et il n'y a pas même à faire de distinction entre l'incompétence absolue et l'incompétence relative ; certes, le vice résultant de la première est plus profond que celui résultant de la seconde; mais celui-ci n'en est pas moins de nature à infirmer à l'étranger l'autorité qu'on réclame pour la décision ainsi viciée à son point de départ [1]. Mais, en l'absence d'une disposition formelle d'un traité, ne faut-il pas aller plus loin et exiger que le tribunal étranger qui a statué soit compétent au point de vue, non seulement de sa propre loi, mais encore de la loi du lieu où le jugement doit être exécuté, de la loi française par exemple ? On l'a prétendu [2], et, en ce sens, on peut dire : peut-on accorder à un jugement étranger autorité en France, alors que le tribunal qui l'a rendu n'aurait pas dû statuer

1. Mais, pour que la question se pose en ce qui concerne l'incompétence relative, il faut qu'elle n'ait pas été couverte ; ce qui arrivera si la partie qui peut s'en prévaloir ne l'a pas fait, ou même si, ayant opposé l'incompétence et que le tribunal ait passé outre, elle n'attaque pas le jugement dans les délais. La question ne se posera donc qu'au cas où le tribunal a statué, malgré l'exception d'incompétence opposée en temps utile, et si l'on se trouve dans les délais impartis pour attaquer le jugement, ou encore lorsque, le jugement ayant été attaqué, il a été confirmé par la juridiction supérieure. On comprend que, dans ce cas, on doive refuser de sanctionner la décision étrangère. Ne peut-on pas dire qu'outre le vice initial dont elle est entachée, il y a une plus grande probabilité pour qu'elle ait été mal rendue ?

2. V. Trib. Bayonne, 17 mars 1874 : Clunet, 1875, p. 271 ; Nancy, 6 juillet 1877 : S. 78, 2, 129 ; *Contrà* : Aix, 13 mai 1874, Clunet, 1875, p. 188 ; Paris, 13 février 1883, Clunet, 1883, p. 286 ; Cpr. Lyon, 21 janv. 1897, Clunet, 1897, p. 797.

d'après la loi française ? Cette décision, intervenue en France dans les mêmes conditions, serait viciée ; pourquoi en serait-il autrement parce qu'elle est intervenue à l'étranger ? — Nous répondons : la raison c'est que la compétence fait partie de la procédure, c'est-à-dire, d'un ensemble de formalités qui obéissent à la règle : *locus regit actum*. Les tribunaux d'un pays ont le devoir d'appliquer les règles de procédure, de compétence en vigueur dans ce pays. Or, n'est-ce pas méconnaitre ce devoir que de refuser de donner effet à un jugement étranger, dont le seul tort est d'avoir été rendu en conformité avec les lois locales ? Ne peut-on pas redire ici : il s'agit d'une loi d'ordre public, rigoureusement territoriale ; donc une loi étrangère, ici la loi française est inapplicable, même par les juges français, à la décision étrangère ?

La vérité c'est que les tribunaux français se préoccupent surtout, en exigeant la compétence du tribunal étranger, même au point de vue de la loi française, de faire respecter les art. 14 et 15 du Code civil. D'autre part, nous avons vu que la jurisprudence admet la possibilité pour le Français de renoncer au bénéfice de ces articles[1]. Le tribunal français, chargé de reconnaître à une décision étrangère autorité en France devra donc se préoccuper de savoir si cette renonciation n'existait pas en l'espèce [2]. Etant donné le maintien dans notre loi des art. 14 et 15, C. civ., il ne nous paraît pas douteux qu'on doive accorder au tribunal français le droit de contrôler s'ils n'ont pas été violés. Mais le résultat n'en est pas moins désastreux. D'une part, les tribunaux étrangers se

1. *Adde* : Cass. 16 mars 1885 : S. 85, 1, 313.

2. Seine, 10 avril 1885 et Paris, 27 juill. 1886 : Clunet, 1886, p. 87 et p. 712. Cpr. Seine. 4 févr. 1880 : Clunet, 1880, p. 110.

déclareront compétents en observant leur propre loi — et ils ont le devoir de ne pas en observer d'autre, — et, d'autre part, les tribunaux français refuseront autorité en France aux jugements rendus dans ces conditions [1] (Voy. pourtant *infrà* nos observations sur le ***Traité** franco-italien*).

Il est un autre aspect sous lequel, d'après la jurisprudence, la question de compétence du tribunal étranger doit être examinée au point de vue de la loi française. Nous savons que, d'après un certain nombre de décisions, les questions d'état concernant les Français doivent être portées devant les tribunaux Français. Un jugement rendu à l'étranger entre Français en matière d'état se verra donc refuser autorité en France, parce qu'il a été rendu par un juge incompétent d'après la loi française.[2] De plus, il semble bien que cette incompétence du tribunal étranger soit, dans cette opinion, considérée comme absolue [3]; partant, il n'y aura pas à se préoccuper d'une renonciation de la part des Français [4]. Si telle était la règle de compétence en matière d'état des personnes, il ne nous paraît pas douteux que le tribunal français aurait le droit d'examiner la compétence non seulement au point de vue de la loi étrangère, mais aussi de la loi française. Ce droit servirait à cette règle de sanction. Mais telle n'est pas la règle et une jurisprudence plus récente semble s'écarter de cette solution [5].

1. Seine, 20 mars 1897 : Clunet, 1897, p. 547 et la note.

2. Seine, 30 juin 1876 : Clunet, 1877, p. 146 ; Cpr. Paris, 28 mai 1884 : Clunet, 1884, p. 622.

3. Voy. Seine, 30 juin 1876, précité.

4. V. cep. Seine, 4 juin 1885 : *Gaz. Trib.*, 5 juin 1885.

5. Seine, 2 août 1887 : Clunet, 1888, p. 86 ; il s'agissait d'un jugement du trib. civil de Bruxelles du 17 avr. 1886.

En tous cas, ce que l'on doit interdire formellement au tribunal français c'est, en dehors de ces hypothèses (art. 14, C. civ. et contestations en matière d'état, d'après une certaine jurisprudence), de considérer si le tribunal étranger était compétent au double point de vue de la loi étrangère et de la loi française.

Le traité franco-belge supprime les deux intérêts du droit d'examen du tribunal français au point de vue de la loi française : les art. 14 et 15 du Code civil n'existent plus et, d'autre part, nous avons vu qu'il ne fait aucune distinction, en ce qui concerne la compétence, entre les questions d'état des personnes et les questions de pur intérêt pécuniaire. — Mais, d'autre part, il pose des règles de compétence communes à la France et à la Belgique ; il était naturel qu'il exigeât que ces règles fussent observées. La sanction se trouve dans le droit pour le tribunal belge ou français de refuser autorité et exécution au jugement français ou belge qui n'aurait pas été rendu conformément à ces règles. C'est la disposition de l'art. 11, 5° : pour que les décisions des Cours et tribunaux rendues dans l'un des deux États aient, dans l'autre, l'autorité de la chose jugée, il faut *que les règles de compétencer endues communes aux deux pays par la convention n'aient pas été méconnues*.

Mais une question se pose : quel sera le caractère de l'incompétence au cas où l'une de ces règles communes aurait été transgressée ? Y aura-t-il une incompétence absolue, telle qu'elle ne pourrait être couverte par le consentement exprès ou tacite des parties, ou, au contraire, ne sera-t-elle que relative, établie dans l'intérêt des plaideurs qui peuvent ne pas s'en prévaloir ? L'intérêt de cette question se présente à un double point de vue :

1° Au sujet de l'application des art. 168 à 170, C. pr. Par exemple, le tribunal français, saisi par le demandeur contrairement aux règles communes énoncées au traité, peut-il se dessaisir d'office et renvoyer l'affaire devant le tribunal belge, ou le défendeur doit-t-il invoquer son incompétence ; de même, cette incompétence peut-elle être invoquée en tout état de cause et par les deux parties ou seulement *in limine litis* et par le défendeur seul ?

2° Au sujet de la question de l'autorité à accorder au jugement rendu contrairement aux règles communes de compétence posées par le traité : cette autorité doit-elle lui être refusée par cela seul que ces règles ont été méconnues ou le tribunal ne doit-il pas plutôt se préoccuper de savoir si les parties ont renoncé à opposer cette incompétence qui ne serait que relative ?

Pour nous, les règles de compétence posées par le traité sont des règles de compétence *ratione personæ*. L'incompétence absolue est une incompétence établie par suite de considérations tirées de l'ordre public. Ici, rien de pareil. Les règles de compétence, inscrites dans la convention, sont des règles établies en vue des convenances des parties. Ce que veut le traité c'est améliorer la condition des Belges en France, des Français en Belgique, au point de vue de la compétence, leur permettre d'obtenir plus promptement justice, les soustraire à des règles de compétence exceptionnelle tirée de leur nationalité, revenir au droit commun. Or quel est ce droit commun ? C'est la règle *actor sequitur forum rei*, règle de compétence relative au premier chef, ou ce sont d'autres règles considérées comme satisfaisant mieux les besoins de la pratique, les convenances des particuliers. Nous avons vu le traité faire lui-même une application du caractère relatif de la compétence, en décidant que les tribunaux ne peuvent se dessaisir d'office pour cause de litispendance ou de connexité. D'autre part l'art. 3 décide qu'au cas d'élection de domicile, les juges du domicile élu sont seuls compétents. N'est-ce pas l'expression manifeste de cette intention de faire prévaloir la volonté des parties ? Enfin, et surtout, la règle primordiale du traité n'est-elle pas l'assimilation aux nationaux, partant, la consécration du caractère même qu'a la compétence dans chaque pays ? Sous une autre forme, nous avons vu que la convention a pour but de supprimer, au point de vue de la compétence, les frontières politiques qui séparent les deux pays ; les règles de compétence, dans les rapports entre Français et Belges, doivent donc être envisagées comme s'il ne s'agissait que de la France, comme s'il ne s'agissait que de la Belgique : ce sont donc des règles de compétence relative. A ce principe, une restriction doit pourtant, selon nous, être faite en ce qui concerne les règles de compétence posées par le traité en matière de faillite. Cette restriction est basée sur la considération suivante : c'est que cette compétence d'un tribunal unique, situé au lieu du principal établissement, met en jeu non pas tant l'intérêt des particuliers que celui du crédit, qui est un intérêt général. D'ailleurs, l'art. 8 paraît bien autoriser cette interprétation en disant que ce tribunal est *seul* compétent.

En dehors de cette restriction, le tribunal français, saisi contrairement aux règles du traité, ne peut se dessaisir d'office ; l'incompétence ne peut être opposée que par le défendeur, elle doit l'être *in limine litis*.

Rappelons cependant que nous avons interprété l'art. 4, comme donnant le droit aux deux parties d'opposer l'incompétence qu'il édicte. Ce texte, en effet, nous paraît formel.

Quant à l'autorité de chose jugée, le jugement belge en France, le jugement français en Belgique, en jouira si l'incompétence n'a pas été opposée par le défendeur en temps utile ; elle lui sera, au contraire, refusée au cas où, l'incompétence ayant été utilement invoquée, le tribunal aurait passé outre. Le tribunal français, devant qui un jugement belge, rendu dans de telles conditions, serait invoqué devrait lui refuser l'autorité de chose jugée, en France.

En résumé, il y a là des règles de compétence établies dans l'intérêt des Belges et des Français, pour leur permettre de retirer des relations internationales tous leurs avantages. Il ne faut pas les leur imposer ; il se peut que telle autre règle soit mieux appropriée à leurs convenances ; libre à eux de concevoir leur intérêt comme ils l'entendront.

De droit commun, le juge français, à l'appréciation duquel est soumis un jugement étranger, a le droit d'examiner si le tribunal qui a rendu ce jugement était compétent d'après sa propre loi. Or, à côté des règles communes, posées par le traité, il est d'autres points qui, d'après l'art. 10, continueront à être régis par la loi propre à la France ou à la Belgique. Le tribunal français, à qui le jugement belge est présenté, aura-t-il le droit d'examiner si la loi belge a été respectée en ce qui concerne ces points particuliers ? Par exemple, d'après le traité un tribunal belge était compétent. Mais la convention laisse aux tribunaux belges le soin d'apprécier si ce sera un tribunal civil ou un tribunal de commerce qui devra statuer. Le juge français pourra-t-il contrôler si le tribunal belge a bien interprété la loi belge ? Nous ne le croyons pas. C'est qu'ici la situation est tout autre que celle qui résulte du droit commun. Un traité est intervenu entre deux nations sur la base d'une confiance réciproque dans les décisions rendues par leurs tribunaux respectifs. Ne serait-ce pas contredire ce point de départ que de contrôler l'interprétation que ces tribunaux donneront de leur propre loi ?

Une question reste à examiner au sujet de l'autorité des jugements. Un jugement belge rendu entre étrangers, entre Anglais par exemple, devra-t-il être assimilé, au point de vue de son autorité en France, à un jugement rendu entre Belges ? Nous nous prononçons en faveur de l'assimilation. Et d'abord, le texte de l'art. 11 ne fait pas de distinction : « les décisions des Cours et Tribunaux rendues dans l'un des deux États » dit-il. Mais, de plus, quel est le résultat immédiat du droit de revision exercé à l'encontre d'une décision étrangère ? Une atteinte portée à la souveraineté de l'État sur le territoire duquel le jugement a été rendu. Cette atteinte est légitime, dit-on, parce qu'on ne peut accorder confiance aux tribunaux de n'importe quel État. Soit. Mais, ici, l'on a proclamé sa confiance envers les tribunaux d'une nation. Toute atteinte à la souveraineté de cette nation serait, sur ce terrain, injustifiable. Or, cette atteinte se produirait aussi bien par la revision d'une décision rendue entre étrangers que par celle d'un jugement statuant entre régnicoles. Que si l'on dit que la maxime *res inter alios acta aliis non prodest* s'oppose à ce qu'une convention conclue entre la France et la Belgique puisse être invoquée par un État tiers, nous répondrons : ce n'est pas cet État, mais bien l'une des nations contractantes qui invoque les stipulations du traité ; elle fait respecter les décisions rendues par ses tribunaux quelles que soient les personnes en cause. Si les sujets d'un autre État en profitent, c'est seulement par contre-coup [1].

1. Des critiques ont, récemment, été adressées à cette partie du traité qui accorde l'autorité de chose jugée, en France, aux décisions des tribunaux belges. Voici dans quelles circonstances ces critiques se sont produites. Un assez grand nombre d'ouvriers belges sont employés dans nos industries de la région du Nord. Qu'adviendra-t-il au cas où l'un de ces ouvriers serait victime d'un accident d'usine ? « Avant la Convention du 8 juillet » dit M. Georges Graux, dans un article paru dans la *République française* du 10 avril 1900, « des ouvriers belges, victimes d'un accident arrivé en France, ont fréquemment assigné les industriels français devant les tribunaux belges. Ces tribunaux se sont déclarés compétents..... Les tribunaux belges, et particulièrement le tribunal d'Arlon et la Cour de Liège allouaient aux ouvriers belges, blessés en France, des indemnités supérieures à celles qu'obtenaient les ouvriers blessés en Belgique et condamnaient les industriels français plus durement que ne l'eussent fait les tribunaux français, même en faisant application de la loi du 9 avril 1898..... Si, avant la convention du 8 juillet 1899, les industriels français avaient à redouter les rigueurs de la justice belge, ceux d'entre eux qui ne possédaient pas d'établissements en Belgique avaient au moins une garantie. Pour que le jugement belge condamnant l'industriel français fut exécutoire en France, il fallait qu'un tribunal français donnât le *pareatis*. La convention du 8 juillet enlève à nos nationaux cette garantie..... » Il y a, dans ces dernières phrases, une exagération, au moins dans les termes : la convention franco-belge ne supprime pas la nécessité de l'*exequatur*, mais seulement le droit de revision du tribunal chargé de l'accorder. Aussi bien, c'est ce droit de revision dont l'auteur de l'article regrette la disparition. Il y avait là, selon lui, une « garantie » pour les industriels français. Soit ; mais cette garantie n'a plus de raison d'être. Si les tribunaux belges statuaient sur les demandes intentées par les ouvriers belges qui avaient été victimes, en France, d'un accident d'usine, c'était uniquement en vertu de l'art. 54, § 1 de la loi du 25 mars 1876, qui retournait contre nous la règle exceptionnelle de compétence consacrée par l'art. 14, C. civ. Or, l'art. 14, C. civ. et par suite l'art. 54, § 1 de la loi de 1876 n'ont plus d'application en vertu de l'art. 1er de la Convention. La situation des industriels francais sera même améliorée par la Convention de 1899. De l'aveu même de l'auteur de l'article, si l'industriel, condamné en Belgique, avait un établissement ou des biens dans ce pays, ceux-ci permettaient à l'ouvrier créancier d'obtenir satisfaction, indépendamment de toute demande d'*exequatur* en

### § 2. — *Force exécutoire.*

Quelle que fût l'autorité accordée aux jugements belges et français il était nécessaire de réserver à la souveraineté locale le droit de les rendre exécutoires sur le territoire soumis à son autorité. C'est là, nous l'avons vu, un point sur lequel les droits de la souveraineté sont inaliénables. Aussi, l'art. 12, alin. 1 dispose-t-il :

*Les décisions des Cours et Tribunaux, rendues dans l'un des deux Etats peuvent être mises à exécution dans l'autre Etat, tant sur les meubles que sur les immeubles, après y avoir été déclarées exécutoires.*

Ainsi la distinction entre la force de chose jugée et la force exécutoire est faite très nettement. Les jugements belges en France, les jugements français en Belgique ont autorité de chose jugée, moyennant qu'ils réunissent certaines conditions qu'énumère l'art. 11. Ils n'ont force exécutoire qu'en vertu de la formule exécutoire délivrée par l'autorité

France. Or, tout autre sera, désormais, la situation. Le plus souvent — et c'est là le cas intéressant — l'industriel français aura en France son principal établissement, donc son domicile. En vertu de la convention, il devra être actionné en France, les tribunaux belges seront incompétents. Allons plus loin et faisons intervenir la compétence du *forum contractus* (art. 2). Généralement, le contrat entre le patron et l'ouvrier aura été passé en France : c'est donc encore un tribunal français qui, de ce chef, aura compétence. Mais, même en supposant le contrat conclu en Belgique, il n'en résultera pas nécessairement la compétence d'un tribunal belge. Nous savons, en effet, que la compétence du *forum contractus* n'est que subsidiaire, passe après celle du *forum domicilii*. Si, donc, ce qui est le cas le plus ordinaire, l'industriel français est domicilié en France, c'est encore un tribunal français qui connaîtra de la contestation soulevée par l'accident. Il n'y avait donc plus à redouter les « rigueurs de la justice belge », et la « garantie » résultant du refus de l'autorité de chose jugée aux jugements belges, en France, pouvait être supprimée sans inconvénients.

locale. L'autorité chargée de délivrer cette formule exécutoire ne doit, d'ailleurs, le faire qu'après examen des conditions nécessaires pour que le jugement rendu dans l'autre pays ait autorité de chose jugée (art. 11).

L'art. 12, alin. 1 ajoute : *Les décisions belges rendues exécutoires en France n'y entraîneront pas hypothèque judiciaire.* En l'absence de ce texte, on aurait pu se demander si les jugements belges ne devaient pas produire en France l'hypothèque judiciaire, une fois revêtus de l'*exequatur*. Voici la cause du doute qui aurait pu s'élever : d'une part, l'hypothèque judiciaire a été supprimée en Belgique par la loi hypothécaire du 16 décembre 1851 : dans ce pays, les jugements ne sont donc pas munis de l'hypothèque judiciaire ; mais, d'autre part, nous avons dit que l'hypothèque judiciaire était, conformément à la tradition, considérée comme l'accessoire de la force exécutoire, engendrée par l'authenticité donnée au jugement par une autorité française. On peut donc soutenir qu'ayant force exécutoire en vertu d'un ordre donné par une autorité française, le jugement, même non pourvu de l'hypothèque judiciaire dans le pays où il a été rendu, doit cependant en être muni en France.

Avant la conclusion du traité de 1899, et étant donné le système de la *revision* admis par la jurisprudence française, il ne nous paraît pas douteux que les jugements belges devaient produire en France l'hypothèque judiciaire : en effet, c'est une véritable décision française que rend le tribunal chargé d'accorder l'*exequatur*. Le traité admettant l'autorité de la chose jugée pour les jugements belges en France, la question eût été plus douteuse ; car le jugement belge, revêtu de l'*exequatur* en France, ne perd pas sa qualité de décision prise par un tribunal belge. Néanmoins on eût dû, selon nous, lui accorder hypothèque judiciaire en France ; car ce n'est pas au jugement qu'est attachée l'hypothèque judiciaire, mais à la force exécutoire, laquelle émane d'un tribunal français. Les négociateurs du traité n'ont pas voulu que cette conséquence se produisît. L'hypothèque judiciaire est unanimement condamnée par la doctrine, qui voit en elle un privilège exorbitant. Toutes les occasions de lui faire obstacle doivent donc être saisies. De plus, les jugements français en Belgique n'étant pas munis de l'hypothèque judiciaire, il n'y aurait pas eu réciprocité dans la situation accordée, dans chaque pays, aux décisions judiciaires rendues dans l'autre. Tels sont les motifs qui justifient la disposition de l'art. 12, al. 1 *in fine*.

Quelle est l'autorité chargée d'accorder l'*exequatur* ? Quelle est la procédure à suivre en vue de son obtention ? De droit commun, on décide généralement que la demande d'*exequatur* doit être portée devant les tribunaux civils d'arrondissement, encore que la sentence à exécuter émane d'un tribunal de commerce étranger[1]. Cette solution doit être approuvée ; car il s'agit, non de juger à nouveau une affaire, mais de rendre exécutoire une sentence rendue précédemment. Or, tout ce qui concerne l'exécution des jugements est de la compétence des tribunaux civils (arg. art. 442, C. pr.). Mais nous ferons remarquer que cette décision ne cadre pas avec la position prise par la jurisprudence sur la question

1. Demolombe, *op. cit.*, t. I, n° 263 ; Aubry et Rau, t. VIII, p. 419 ; Bonfils, *op. cit.*, § 277 ; Paris, 16 avril 1855 : S. 55, 2, 336 ; Dijon, 17 nov. 1874 : *Recueil des arr. de la Cour de Dijon*, 9e année, p. 332 et s. ; Rennes, 26 déc. 1879 : S. 81, 2, 81.

de savoir quels sont les pouvoirs du tribunal chargé d'accorder l'*exequatur*. En effet, elle lui reconnait le droit de reviser, c'est-à-dire, de juger à nouveau le procès. S'agissant donc d'une affaire commerciale, un tribunal de commerce devrait être compétent.

On décide aussi que le tribunal d'arrondissement est compétent même si la décision à rendre exécutoire émane d'une juridiction étrangère supérieure, d'une Cour d'appel, par exemple[1]; sauf, bien entendu, le cas où la solution inverse aurait été consacrée par un traité (V. *infrà: Traité franco-italien*).

S'agit-il d'obtenir l'*exequatur* d'une décision de juridiction gracieuse, il faudra aussi, selon nous, conformément à l'art. 2123, C. civ., s'adresser au tribunal civil d'arrondissement, alors même que cette décision émanerait, non du tribunal étranger tout entier, mais d'un seul juge, ou que l'autorité compétente en France, pour un pareil acte de juridiction, serait, non le tribunal tout entier, mais son président[2].

Quant à la procédure, on décide, de droit commun, que l'instance en *exequatur* est introduite par la voie de l'*assignation*[3]. On applique d'ailleurs l'art. 173, C. pr. sur les nullités d'exploits ou d'actes de procédure[4]. Pourtant, il a été jugé que, lorsque la sentence rendue à l'étranger aurait pu l'être en France sur simple *requête*, la demande d'*exequatur* en France pourra être formée par voie de *requête*[5]. Enfin, les

1. Aix, 8 juill. 1840: S. 41, 2, 263. V. cep. *Contrà* : Nancy, 6 juill. 1877 : S. 78, 2, 129.

2. *Contrà* : Paris, 2 fév. 1869, *Bulletin de la Cour de Paris*, 1869, p. 86.

3. Cass. 30 janv. 1867, S. 67, 1, 117.

4. Nancy, 7 déc. 1872, S. 73, 2, 33, Clunet, 1874, p. 242.

5. Douai, 14 août 1845, S. 46, 2, 303; Paris, 30 nov. 1886, *La Loi*, 24 déc. 1886.

voies de recours ordinaires ou extraordinaires sont admises contre le jugement accordant ou refusant l'*exequatur*[1].

Le traité de 1899 a eu principalement pour but, en ces matières, de rendre la procédure de l'*exequatur* aussi simple et aussi rapide que possible. C'est qu'en effet, il ne s'agit pas de juger un litige, mais d'examiner, dans un jugement précédemment rendu, certains points bien délimités.

L'autorité compétente pour accorder l'*exequatur* est toujours le tribunal civil du lieu où l'exécution est poursuivie, quelle que soit la juridiction dont émane la sentence qu'on veut rendre exécutoire, tribunal de commerce ou Cour d'appel. D'ailleurs, l'*exequatur* ainsi délivré produit ses effets, non seulement dans le ressort du tribunal qui l'a accordé, mais dans toute l'étendue du territoire belge ou français. Ces diverses solutions résultent de l'art. 12, alin. 2, ainsi conçu : *L'*exequatur *est accordé par le tribunal civil du lieu où l'exécution doit être poursuivie. Il a effet dans toute l'étendue du territoire.*

Le tribunal statue comme en matière sommaire et urgente (art. 404-414, C. pr.), et se borne à examiner si le jugement qui lui est soumis réunit les conditions nécessaires pour qu'il ait autorité de chose jugée en France ou en Belgique. C'est la disposition de l'art. 12, alin. 3.

Le traité ne dit pas de quelle manière sera introduite l'instance en *exequatur*. Il faut donc appliquer le droit commun: elle le sera par voie d'*assignation*. D'ailleurs on appliquera l'art. 72, C. pr.

1. V. Vincent et Penaud, *Dictionn.*, v° *Jugement étranger*, n° 239. Aix 25 nov. 1858, S. 59, 2, 605 ; Paris, 5 févr. 1883, Clunet, 1883, p. 299 ; Aix, 8 févr. 1839, S. 39, 2, 307 ; Cass. 21 août 1882, S. 83, 1, 255, Clunet, 1882, p. 624

Il est possible que la loi française exige, pour la catégorie des décisions judiciaires à laquelle appartient le jugement belge qu'il s'agit de rendre exécutoire, des mesures de publicité (jugements déclaratifs de faillite, jugements prononçant une interdiction, nommant un conseil judiciaire). Ces mesures pourront être prises en France, en vertu de l'art. 13, d'après lequel : *en accordant l'*exequatur, *le juge ordonne, s'il y a lieu, les mesures nécessaires pour que la décision étrangère reçoive la même publicité que si elle avait été prononcée dans le ressort où elle est rendue exécutoire.*

Quelles sont, d'après le traité franco-belge, les voies de recours admises contre le jugement statuant sur la demande d'*exequatur?* D'après l'art. 14 : *Le jugement qui statue sur la demande d'*exequatur *n'est pas susceptible d'opposition. Il peut toujours être attaqué par la voie de l'appel dans les quinze jours qui suivent la signification à partie. L'appel est jugé sommairemement et sans procédure.* Ainsi, la voie de l'opposition n'est pas ouverte contre la sentence d'*exequatur,* encore qu'elle ait été rendue par défaut. Le traité a voulu que ces questions d'*exequatur* fussent réglées rapidement. La possibilité de faire opposition eût été contraire au but poursuivi. Une disposition analogue est insérée dans la convention franco-suisse de 1869 (art. 17). D'ailleurs, la voie de l'appel étant *toujours* ouverte, les intérêts des parties sont suffisamment garantis. Voici, à cet égard, comment s'exprime le Rapport de MM. de Paepe et Van den Bulcke : « L'art. 14 est une disposition qui a été proposée par les délégués français. Actuellement, en Belgique, la voie de l'opposition est ouverte lorsque le jugement d'*exequatur* est rendu par défaut ; et quant à l'appel, il est soumis aux règles qui déterminent le ressort. Le projet élaboré par la Commission extra-parlementaire pour la revision du Code de procédure civile, supprime complètement la voie de l'opposition. Aussi, les délégués belges ont-ils accepté la disposition proposée par leurs collègues français. Il n'y a aucun danger à fermer la voie de l'opposition si celle de l'appel est toujours ouverte. »

Ainsi, la voie de l'appel est toujours ouverte, encore que le montant de l'intérêt engagé soit inférieur à 1500 francs[1]. Cette extension de la voie de l'appel était nécessaire, du moment qu'on supprimait celle de l'opposition. Mais, toujours dans un but de célérité, le traité décide que l'appel doit être interjeté dans un délai de quinze jours à compter de la signification à partie, et qu'il sera jugé sommairement et sans procédure.

Le traité ne parle pas des autres voies de recours (recours en cassation, tierce opposition, requête civile). Elles doivent être autorisées contre le jugement accordant ou refusant l'*exequatur*.

On peut se demander quelle autorité il faut accorder à la décision du tribunal français accordant ou refusant autorité de chose jugée et force exécutoire à un jugement belge ? La réponse à cette question doit être cherchée dans le rôle du tribunal : il se borne à constater que le jugement belge a ou

1. La jurisprudence, de droit commun, n'admet la possibilité de l'appel que si le montant de la condamnation prononcée à l'étranger est supérieur à 1500 francs ; Cass. 21 août 1882, S. 83, 1, 255, Clunet, 1882, p. 624. C'est conforme au système de la revision. D'après le système que nous avons admis, comme il ne s'agit que de statuer sur la délivrance ou le refus de la formule exécutoire, la décision qui intervient est indéterminée, donc toujours susceptible d'appel.

n'a pas autorité de chose jugée, à décider qu'il aura ou non force exécutoire en France. Il ne soulève pas à nouveau le fond même du litige. Ceci posé, si le tribunal français accorde autorité et exécution au jugement belge, la décision de ce tribunal n'a aucune autorité par elle même quant au fond ; mais la décision rendue en Belgique a en France la même autorité qu'un jugement français et, par exemple, nos tribunaux ne pourraient accorder l'*exequatur* à un jugement étranger rendu en sens contraire. Que si le tribunal français refuse autorité et exécution au jugement belge, ces effets ne se produiront pas. Mais, à l'inverse, le jugement français qui refuse l'*exequatur* n'a pas lui-même force de chose jugée en ce qui concerne le fond du litige que le juge n'a pas dû connaître. Et, par exemple, le défendeur qui bénéficie de ce qu'on ne peut pas exécuter le jugement contre lui, ne pourra pas, de son côté, se prévaloir du refus du tribunal pour opposer l'exception de chose jugée à des poursuites qu'intenterait contre lui le demandeur devant un tribunal français, pour faire à nouveau statuer au fond. Seulement l'*exequatur* ne pourra être demandé à nouveau par le demandeur à un tribunal français, à moins qu'il ne se soit, au préalable, adressé à la juridiction belge pour faire couvrir les vices du premier jugement [1].

D'après l'art. 11 : « Les *décisions des Cours et Tribunaux* rendues en matière civile ou en matière commerciale dans l'un des deux États, ont dans l'autre l'autorité de la chose jugée...... » et la même formule générale est employée par l'art. 12.

1. V. sur ces divers points : Paris, 17 mars 1883, Clunet, 1883, p. 515 ; Paris, 1er avr. 1865, *Bull. Cour Paris*, 1865, p. 358; Seine, 7 mai 1885, *Droit*, 13 mai 1885.

C'est intentionnellement que ces articles ont employé cette formule, Les négociateurs du traité ont voulu que toutes les décisions, émanant d'une autorité judiciaire belge ou française quelconque, fussent soumises aux mêmes conditions, soit quant à l'autorité de la chose jugée, soit quant à l'obtention de l'*exequatur*. Cela a été formellement entendu au cours de la discussion des dispositions du traité, ainsi que le rapportent les Exposés des motifs des lois belge et française portant approbation de la convention franco-belge.

Ainsi, les art. 11 à 15 s'appliquent non seulement aux juge ments proprement dits, rendus en matière civile ou commerciale, mais aussi aux décisions de la juridiction gracieuse, aux ordonnances rendues par un magistrat isolé, par exemple, à l'ordonnance prononçant l'envoi en possession d'un légataire universel, institué par un testament olographe[1]. La formule employée par les art. 11 et 12 est aussi celle de l'art. 10 de la loi du 25 mars 1876; or, voici comment s'exprimait M. Allard, dans son Rapport à la Chambre des Représentants[2], à ce sujet : « Pour éviter toute équivoque, nous avons substitué au mot « jugements », que renfermait la rédaction primitive, l'expression générique « décisions judiciaires » pour bien marquer notre intention d'y comprendre aussi les ordonnances rendues par un magistrat isolé. Cela est d'autant plus opportun que tout récemment un arrêt de la Cour de Paris (du 2 févr. 1869, précité) a déclaré, au contraire, que, dans un pareil cas, il faudrait s'adresser, non au tribunal civil, mais à son président pour obtenir l'*exequatur*. La Commission considère cette doctrine comme erronée dans le

1. Cpr. Cass., 9 mars 1853, S. 53, 1, 269.
2. § XXII (Cloes, *Comment.*, n° 38, p. 36).

présent; elle verrait d'ailleurs de graves inconvénients à la consacrer pour l'avenir; les questions d'*exequatur* peuvent éminemment intéresser l'ordre public; il ne faut pas qu'elles soient soumises à un seul magistrat ». Sous l'empire des art. 11 et 12, la même solution n'est pas douteuse.

Il faudrait aussi donner la même solution en ce qui concerne les décisions rendues par les juridictions consulaires françaises dans les Pays d'Orient: une pareille décision ayant été rendue contre un Français, au profit d'un Belge ou d'un autre Français, si ceux-ci ont intérêt à la faire déclarer exécutoire en Belgique — où le Français condamné aurait une partie de ses biens — ils le pourront, aux mêmes conditions qui sont exigées pour les jugements français ordinaires. Il y a une *décision* d'une juridiction française, comprise dans la formule générale des art. 11 et 12. Il ne faut pas s'arrêter aux termes mêmes employés par ces articles : s'ils parlent de décisions « rendues dans l'un des deux États » c'est qu'ils n'ont eu en vue que le *plerumque fit*. Il faut s'attacher à l'intention évidente des rédacteurs du traité de comprendre dans ses dispositions toutes décisions judiciaires belges ou françaises, en quelque lieu qu'elles aient été rendues.

# CHAPITRE II

## AUTORITÉ ET EXÉCUTION DES SENTENCES ARBITRALES[1]

## SECTION PREMIÈRE

### LES PRINCIPES. LÉGISLATIONS ET JURISPRUDENCES BELGES ET FRANÇAISES

### § 1er. — *Autorité des sentences arbitrales.*

D'après l'art. 2123, alin. 3, C. civ., « les décisions arbitrales n'emportent hypothèque qu'autant qu'elles sont revêtues de l'ordonnance judiciaire d'exécution » et, en vertu de l'art. 1020, C. pr., « le jugement arbitral sera rendu exécutoire par une ordonnance du président du tribunal de première instance dans le ressort duquel il a été rendu ». Ces deux articles visent les sentences arbitrales françaises, dit-on ordinairement; les sentences arbitrales étrangères restent en dehors de leurs prévisions.

Mais, dans quel cas une sentence arbitrale sera-t-elle ré-

1. Nous ne parlons ici que des sentences arbitrales volontaires; l'arbitrage forcé a, en effet, été supprimé en Belgique comme en France. De droit commun, on assimile les sentences étrangères qui sont le résultat d'un arbitrage forcé à des jugements étrangers.

putée française, dans quel cas sera-t-elle considérée comme étrangère ? D'après M. Demangeat[1], une sentence arbitrale étrangère serait celle « rendue par des arbitres étrangers, ou par des arbitres dans la nomination desquels est intervenue une autorité étrangère ». Ce serait donc à la nationalité des arbitres qu'il faudrait s'attacher. Mais cette manière de voir nous semble contredite par l'art. 1020, C. pr. Cet article fait allusion à une sentence rendue en France et déclare qu'elle sera déclarée exécutoire par une ordonnance du président du tribunal de première instance dans le ressort duquel elle a été rendue ; rien, dans ce texte, qui fasse pressentir une distinction tirée de la nationalité des arbitres.

Partant de là, faut-il dire que la sentence arbitrale étrangère est celle qui a été rendue en pays étranger ? Si l'on adopte cette manière de voir, on se heurte à une objection : une sentence rendue à l'étranger par un arbitre français peut-elle être considérée comme étrangère ? Qu'importe le pays où elle a été rendue ? Comme l'a très bien dit M. Larombière[2] : « l'arbitrage, considéré comme convention, appartient au droit des gens et établit entre les contractants un lien obligatoire de droit. L'arbitre, quel qu'il soit, et en quelque lieu qu'il rende sa sentence, juge, non point en magistrat revêtu d'une autorité publique quelconque, mais en simple particulier investi de la confiance des parties, et en vertu du mandat privé qu'il en a reçu. Il n'a ainsi aucune espèce de juridiction publique ni territoriale ». Quand un jugement est-il réputé étranger? Lorsqu'il émane de juges qui tiennent leurs pouvoirs d'une souveraineté étrangère. Le plus souvent, il

1. Demangeat sur Fœlix, *op. cit.*, t. II, p. 159, note *a*.
2. Larombière, *Obligations*, t. V, sur l'art. 1351, n° 7.

est vrai, les juges exerceront leurs pouvoirs sur le territoire même soumis à la souveraineté qui les institue. Mais il n'en est pas toujours ainsi; et, par exemple, les juges consulaires français en Orient rendent des jugements français. C'est donc, non le territoire où s'exerce la juridiction, mais la souveraineté dont elle émane qu'il faut considérer. Or, en matière de sentences arbitrales, aucune souveraineté n'intervient : il s'agit d'un contrat d'ordre privé. Il ne peut y avoir, à proprement parler, de *sentences arbitrales françaises ou étrangères*, mais seulement des *sentences arbitrales rendues en France ou à l'étranger*, ce qui est tout différent.

Aussi bien, la question n'a, en tant du moins qu'il ne s'agit que de l'autorité de ces sentences, aucun intérêt : tout le monde s'accorde, en doctrine et en jurisprudence, à reconnaître aux sentences arbitrales, en quelque lieu et par quelque personne qu'elles aient été rendues, autorité en France. « Les arbitres, dit M. Laurent [1], n'exercent pas une fonction qui leur est dévolue par la puissance souveraine. Ce sont des personnes particulières et privées qui tiennent leur mission de la volonté des parties..... Ceux qui nomment des arbitres pour décider de leurs différends se soumettent à leur décision d'une façon absolue, en ce sens qu'ils n'entendent pas limiter leur confiance au territoire de l'État où les arbitres sont constitués ; cela n'aurait pas de sens. » Et, par exemple, celui en faveur de qui une décision arbitrale aura

1. Laurent : *Principes*, t. XX, p. 9, n° 4; *Sic* : Aubry et Rau, t. VIII, § 769 *ter*, p. 418-419 ; Bonfils, *op. cit.*, p. 264 et s. ; Weiss, *op. cit.*, p. 963, note 1 ; Despagnet, *op. cit.*, p. 345 ; Massé, *op. cit.*, t. II, n° 816 ; Ch. Daguin, *Autorité et exécution des jugements étrangers*, thèse Paris, 1887, p. 149 et s. — V. cep. Dalloz, *Répert.*, v° *Droit civil*, n° 428 — Droit des gens : Fœlix, *op. cit.*, t. II, p. 148 et s.

été rendue à l'étranger par un arbitre étranger, devra, certes, pour pouvoir l'exécuter en France, en demander l'*exequatur* à l'autorité française compétente ; mais celle-ci ne pourra reviser au fond la sentence. Elle devra se contenter d'examiner si la sentence réunit les conditions de forme nécessaires, et si elle ne contrevient pas à l'ordre public en France [1].

### § 2. — *Force exécutoire.*

Toute sentence arbitrale doit être rendue exécutoire en France avant de pouvoir y être mise à exécution. Si la décision a été rendue en France, pour pouvoir être exécutée il faut, d'après l'art. 1020, C. pr., s'adresser, à cet effet, au président du tribunal de première instance, dans le ressort duquel la sentence a été rendue.

Que décider s'il s'agit, nous ne dirons pas d'une sentence arbitrale étrangère, mais d'une sentence arbitrale rendue à l'étranger ? La délivrance de la formule exécutoire française est nécessaire pour que la sentence puisse être exécutée sur notre territoire. Seule l'autorité française peut donner des ordres aux officiers publics chargés de prêter main-forte aux particuliers. Mais, d'une part, est-il suffisant que l'autorité française délivre un permis d'exécuter, sans que la sentence ait été, au préalable, rendue exécutoire à l'étranger ; et, d'autre part, quelle est cette autorité française chargée de délivrer le permis d'exécuter ?

En ce qui concerne la première question, nous croyons

1. Caen, 21 mars 1892, Clunet, 1892, p. 977 ; Douai, 5 mai 1892, Clunet, 1895, p. 572.

que la sentence arbitrale rendue à l'étranger doit avoir été rendue exécutoire à la fois à l'étranger et en France pour pouvoir être mise à exécution sur le territoire français. Deux arguments peuvent être invoqués à l'appui de cette solution : et d'abord, la demande d'*exequatur*, s'appliquant à une décision arbitrale rendue à l'étranger, équivaut à un acte d'exécution. La sentence arbitrale doit donc être rendue exécutoire à l'étranger d'abord, en France ensuite. De plus, cette solution n'est que l'application de la règle : *locus regit actum*. En Belgique, par exemple, où l'art. 1020, C. pr. est applicable, la sentence arbitrale qui y est rendue est imparfaite, quant à la forme, tant que le président du tribunal, dans le ressort duquel elle est intervenue, ne l'a pas déclarée exécutoire. Nous devons reconnaître que l'opinion commune est contraire à cette solution. La plupart admettent qu'on peut demander l'*exequatur* d'une décision arbitrale non exécutoire à l'étranger. Mais, peut-on dire que, dans notre hypothèse, une sentence arbitrale rendue en Belgique et déclarée exécutoire en France seulement et par le président du tribunal du lieu d'exécution, selon l'opinion commune, satisfasse aux conditions de l'art. 1020, C. pr. ? Nous ne le croyons pas. On s'accorde à reconnaître que l'autorité française doit, avant de délivrer le permis d'exécuter, examiner si les prescriptions de la loi du pays, où le compromis a été conclu et exécuté, ont été observées [1]. C'est l'application de la règle sur la forme des actes. Pourquoi ne pas l'appliquer dans toutes ses conséquences ?

La deuxième question, qui est celle de savoir quelle est

1. Cass. 28 nov. 1892, Clunet, 1894, p. 90.

l'autorité compétente, en France, pour délivrer le permis d'exécuter est très controversée.

Certains auteurs, et la majorité des décisions de jurisprudence, veulent que ce soit toujours le président du tribunal civil de l'arrondissement où l'exécution doit être poursuivie (arg. art. 1020, C. pr.)[1].

D'autres exigent l'intervention du tribunal tout entier, surtout si la sentence a été rendue exécutoire à l'étranger. Ils appliquent l'art. 546, C. pr., relatif aux jugements étrangers[2].

Pour nous, la sentence arbitrale doit toujours avoir été rendue exécutoire à l'étranger. Mais, cependant, nous repoussons la deuxième opinion, qui fait aux sentences arbitrales l'application d'un article rédigé en vue des jugements étrangers. Nous objecte-t-on que, la sentence ayant été rendue exécutoire à l'étranger, il y a un véritable jugement qui doit être rendu exécutoire en France d'après l'art. 546, C. pr.? nous répondrons que ce qu'il s'agit de rendre exécutoire c'est la décision de l'arbitre et non l'ordonnance du juge étranger. Si celle-ci est, comme nous le prétendons, néces-

1. Bonfils, *op.* et *loc. cit.* ; Daguin, *op.* et *loc. cit.* ; Montpellier, 21 juill. 1882, Clunet, 1884, p. 70.

2. Dalloz, *Répert.*, v° *Arbitrage*, n°s 1196 et s. ; Thévenet (thèse Paris, 1880, n° 106) ; Paris, 7 janv. 1833, S. 33, 2, 145 ; Seine, 3 juill. 1880, Clunet, 1882, p. 615; Seine 16 mars 1899, p. 743, et la note. Le jugement, longuement motivé est très important et constitue un véritable revirement de jurisprudence. — M. Lainé (Clunet, 1899, p. 641 et s.) se prononce dans le même sens. Il repousse l'assimilation au mandat, sur laquelle se basent les auteurs qui soutiennent l'opinion contraire. Quant à nous, nous déduisons notre solution de ce qu'il n'y a pas de sentences arbitrales étrangères ; à toute sentence arbitrale s'applique l'art. 1020, C. pr., sauf que le président du tribunal différera selon que la sentence aura été rendue en France ou à l'Etranger ; — M. Massé, *op.* et *loc. cit.* exige l'intervention du tribunal entier seulement au cas où la sentence a été rendue exécutoire à l'étranger par un tribunal et non par un seul juge.

saire, c'est uniquement par application de la règle *locus regit actum*. Cela ne change en rien la nature intime de l'acte, qui reste une décision arbitrale. S'agissant d'exécuter cette décision en France, on doit s'adresser à l'autorité compétente pour rendre exécutoire les sentences arbitrales, donc au président du tribunal civil. Ce sera, tout naturellement, celui du lieu où l'exécution est poursuivie.

En Belgique, comme en France, on accorde autorité aux sentences arbitrales rendues en pays étranger. « La chose jugée par les sentences arbitrales » disait M. le Procureur général Leclercq devant la Cour de cassation[1], « a partout autorité en vertu du consentement non contesté des parties compromettantes ». Mais ces sentences doivent, pour être mises à exécution, avoir été rendues exécutoires par une ordonnance du président du tribunal de première instance du lieu d'exécution [2]. La question de savoir quelle autorité est compétente pour délivrer le permis d'exécuter n'est pas controversée en Belgique.

## SECTION II

### SOLUTIONS DU TRAITÉ

D'après l'art. 15, alin. 1 : *Les sentences arbitrales rendues dans l'un des deux États ont dans l'autre autorité de la chose jugée, et peuvent y être rendues exécutoires, si elles satisfont aux conditions exigées par les nos 1, 2, 3 et 4 de l'article 11.*

Ce que le traité considère, c'est le lieu où la sentence a été

1. *Pas.* 1849, 1, 353.
2. Trib. civ., Bruxelles, 30 mars 1895 ; Clunet, 1896, p. 655, Liège, 7 nov. 1896, Clunet, 1899, p. 1041, et les renvois en note.

rendue. Peu importe la nationalité des arbitres et aussi, croyons-nous, celle des parties. Les sentences arbitrales, rendues dans l'un des deux pays, auront force de chose jugée et pourront être mises à exécution dans l'autre si elles ne contiennent rien de contraire à l'ordre public ou aux principes du droit public du pays où elles sont invoquées ; si elles sont, d'après la loi du pays où elles ont été rendues passées en force de chose jugée ; si, d'après la même loi, l'expédition qui en est produite réunit les conditions nécessaires à leur authenticité ; si, enfin, les parties ont été légalement citées, représentées ou déclarées défaillantes. Sur tous ces points, on appliquera les art. 1003 et s. du Code de procédure. Le traité tranche nettement la controverse qui règne en France sur la question de savoir quelle est l'autorité compétente pour délivrer le permis d'exécuter. La solution du traité est conforme à l'opinion reçue communément en France et unanimement en Belgique. D'après l'art. 15, alin. 2 : *l'*exequatur *est accordé par le président du tribunal civil de l'arrondissement dans lequel l'exécution est poursuivie.*

Conformément à l'opinion que nous avons soutenue en étudiant le droit commun, nous croyons que la sentence arbitrale belge, dont on demande l'*exequatur* en France, devra avoir été rendue exécutoire, au préalable, en Belgique, conformément à l'art. 1020, C. pr. qui est commun aux deux pays. Sinon, comme nous l'avons fait remarquer, la sentence arbitrale, n'étant pas parfaite d'après la loi du pays où elle a été rendue, le président du tribunal civil français du lieu d'exécution doit refuser le permis d'exécuter.

Enfin, on fait application aux sentences arbitrales de l'art. 18 de la convention.

# IIIe PARTIE

## EXÉCUTION DES ACTES AUTHENTIQUES. — HYPOTHÈQUES CONVENTIONNELLES

« Nous n'avons jamais pu nous expliquer » dit M. Renault [1], « pourquoi les traités relatifs à l'exécution des jugements, qui auraient, du reste, besoin d'une revision attentive, ne disent rien de l'exécution des actes dressés par des officiers publics ». La même critique ne peut être adressée au traité de 1899. Il vise en effet expressément, dans son art. 16, les conditions requises pour l'exécution des actes authentiques passés en France ou en Belgique. Quant à l'art. 17, il a une très grande importance au point de vue pratique : il contient abrogation, dans les rapports de la France et de la Belgique, de l'art. 2128 du Code civil [2].

Quoique cette matière de l'exécution des actes authentiques étrangers et celle des effets, sur notre territoire, des hypothèques consenties par un acte passé en pays étranger [3],

1. *Revue critique*, 1881, p. 486.

2. Outre le traité de 1899, le traité franco-sarde de 1760, art. 22 (v. Weiss, *op. cit.*, p. 793 ; Le Bourdellès : Clunet, 1882, p. 391 et s.) et le traité franco-suisse du 28 mai 1877 (v. Cass. 10 mai 1831, S. 31, 1, 195) dérogent au principe posé dans l'art. 2128, C. civ. — *Adde* : Fœlix et Demangeat, *op. cit.*, t. II, n° 476, p. 222 note *a*.

3. Nous employons cette expression ; car nous n'entendons viser que le *plerumque fit*. Les règles que nous allons examiner ne sont pas applicables aux actes

ne rentrent pas exactement dans le cadre de notre étude, nous avons tenu à donner les solutions admises par le traité franco-belge, afin qu'on pût se faire de celui-ci une idée générale. Dans le but de constater les progrès accomplis, nous indiquerons d'abord rapidement le droit commun en étudiant concurremment les actes authentiques et les hypothèques conventionnelles, ces deux matières ayant entre elles des biens intimes.

reçus par nos agents consulaires à l'étranger. V. *Instruct. ministér.*, 30 nov. 1833. Un certain nombre de conventions consulaires attribuent aux consuls français le droit de recevoir des actes intéressant même des étrangers; ces actes, quoique reçus à l'étranger, sont soumis aux mêmes règles que les actes authentiques français.

## CHAPITRE PREMIER

### LE DROIT COMMUN

D'après l'art. 546, C. pr. : « Les jugements rendus par les tribunaux étrangers, et les actes reçus par les officiers étrangers, ne seront susceptibles d'exécution en France que de la manière et dans les cas prévus par les articles 2123 et 2128 du Code civil. »

Cet article renvoie donc à l'art. 2123 pour l'exécution des jugements et à l'art. 2128 pour celle des actes reçus par des officiers étrangers. L'art. 2128 dispose : « Les contrats passés en pays étranger ne peuvent donner d'hypothèque sur les biens de France, s'il n'y a des dispositions contraires à ce principe dans les lois politiques ou dans les traités. »

Il résulte de la combinaison de ces articles que l'exécution des actes reçus par les officiers étrangers, ne peut avoir lieu en France, pas plus que les hypothèques résultant de contrats passés en pays étranger ne peuvent produire effet sur les biens de France. Les rédacteurs du Code civil ont donc réuni la force exécutoire et la force hypothécaire, pour refuser l'une et l'autre à des actes passés à l'étranger. L'origine de cette réunion, nous dirons même de cette confusion, est toute traditionnelle. « Les rédacteurs du Code sont évidemment partis de l'idée, très fausse assurément, que la constitution d'hypothèque est un acte d'exécution, d'exécution forcée, et comme, dans l'ancienne jurisprudence, les actes notariés en France emportaient de plein droit hypothèque, et que ces actes étaient, ainsi qu'ils le sont encore aujourd'hui, exécutoires sans jugement, on a conclu de là que des actes reçus en pays étranger ne devaient point donner hypothèque en France [1]. »

Ainsi, la force hypothécaire et la force exécutoire devraient être dissociées. En ce qui concerne la première, en bonne théorie, on devrait admettre que les actes reçus par des officiers publics étrangers, et contenant constitution d'hypothèque sur des immeubles français, produiront effet sur notre territoire. La vente d'un immeuble, passée à l'étranger, ne produit-elle pas tous ses effets en France? Bien plus, « est-ce que » dit M. Renault [2], « la vente d'un immeuble situé en France, constatée par un acte reçu en pays étranger, ne conférerait pas au vendeur sur l'immeuble vendu un privilège qui n'est autre chose qu'une hypothèque privilégiée ? » On peut discuter sur le point de savoir si une hypothèque, constituée conformément à la loi étrangère et sans les formes exigées par la loi française, devrait produire effet en France [3]; mais, en tous cas, il est inadmissible qu'une hypothèque constituée valablement dans un pays, avec les mêmes formes et garanties exigées par la loi française, produise tous ses effets dans ce pays et n'en puisse produire aucun en France. Aussi bien, tous les auteurs [4] critiquent cette disposition de

1. Duranton, cité par Valette : *Mélanges*, t. II, p. 576.

2. *Revue critique*, 1881, p. 486.

3. Cpr. Vincent et Penaud : *Diction.*, v° *Privilèges et hypothèques*, n°s 91 et s.

4. V. Discours de M. Valette. *Mélanges*, t. II, p. 573 et s. ; Weiss, *op. cit.*,

l'art. 2128, C. civ. A la suite d'un discours, prononcé par M. Valette à l'Assemblée nationale, le 26 décembre 1850, préconisant la réforme de l'article 2128, la disposition suivante fut adoptée : « Les contrats passés en pays étranger dans les formes authentiques déterminées par la loi du pays, ne peuvent conférer d'hypothèque sur les biens de France qu'autant qu'ils ont été légalisés par les agents diplomatiques de la France à l'étranger, et vérifiés par le président du tribunal de la situation des biens. » Et l'avant-projet, rédigé par la sous-commission juridique du cadastre, dispose dans son article 47 : « l'hypothèque, constituée en pays étranger selon les formes requises par la loi du lieu pour les actes authentiques, produit effet sur les biens situés en France ».

De droit commun, une hypothèque sur des biens français ne pourra, en aucune façon, être constituée à l'étranger, même par le ministère des officiers publics compétents dans ce pays. Tout ce que le créancier pourra faire à l'étranger, c'est d'obtenir un jugement de condamnation contre son débiteur ; il fera rendre ce jugement exécutoire en France et aura ainsi une hypothèque judiciaire [1].

En ce qui concerne la force exécutoire, on peut s'étonner à bon droit que les actes reçus par les officiers publics étrangers ne puissent recevoir exécution en France. Qu'il faille, pour les mettre à exécution, demander à une autorité fran-

p. 791 ; Demangeat sur Fœlix, *op. cit.*, t. II, p. 221 note *a* ; Fiore, *Droit int. privé*, p. 377 et p. 379.

1. Cela ne sera pas toujours possible ; par exemple, en Belgique les jugements n'emportent pas hypothèque judiciaire et on pouvait discuter avant le traité de 1899 sur le point de savoir si le jugement français, rendant exécutoire un jugement belge, avait cet effet. En tout cas, le traité décidant que cet effet ne se produirait pas, il était nécessaire de sanctionner les constitutions d'hypothèque sur des biens français, consentis en Belgique.

çaise de délivrer la formule exécutoire française, soit ; mais ce n'est pas là seulement, à notre avis, la portée des articles 546, C. pr. et 2128, C. civ. combinés. « En l'absence de traités, » dit M. Boitard [1], « les actes qui constatent ces conventions ne sont pas sans doute considérés chez nous comme non avenus lorsque leur authenticité ne sera pas déniée, ou lorsque, déniée par une partie, elle aura été établie, prouvée par l'autre ; ces actes vaudront comme constituant, comme établissant une créance ; mais ils n'auront jamais chez nous la force exécutoire qui ne peut pas leur appartenir. — La partie qui voudra obtenir, en France, l'exécution d'une convention passée devant un officier public étranger, se pourvoira devant les tribunaux français, non pas pour faire déclarer par eux cette convention exécutoire, non pas pour obtenir une ordonnance d'*exequatur*, mais pour obtenir contre son adversaire une condamnation qui puisera ses motifs dans l'existence de cette convention..... Le tribunal français rendra une condamnation ; mais ce qu'on exécutera, ce sera le jugement français et non pas la convention étrangère rendue exécutoire ». Tel est le système de la loi. Il est désastreux ; surtout si l'on admet, avec la jurisprudence, l'incompétence des tribunaux français à l'égard des étrangers. S'il s'agit, en effet, d'un acte authentique où sont en cause deux étrangers, le créancier devra poursuivre son débiteur dans le pays où l'acte a été passé, puis faire déclarer le jugement exécutoire en France ! Et pourtant, en dehors

1. Boitard, 15e édit., par Glasson, t. II, n° 801 ; en ce sens, Bonfils, *op. cit.*, nos 287 et s. ; Demangeat sur Fœlix, *op. cit.*, t. II, p. 220 note *a* ; Massé, *Droit com.*, t. II, n° 822 ; Lyon-Caen, note dans S 80, 1, 257 ; Renault, *Revue critique*, 1881, p. 485 ; Weiss, *op. cit.*, p. 797, note 2.

de la force exécutoire (et hypothécaire) ces actes authentiques étrangers produisent en France tous leurs effets. Leur appliquant la règle *locus regit actum,* on leur accorde de faire partout preuve complète des faits qu'ils constatent. Ce qui manque au créancier, c'est un permis d'exécuter en France, une formule exécutoire, et on lui délivre..... un jugement. Aussi, la pratique, tournant la loi, a-t-elle été amenée à décider que les actes authentiques étrangers pourraient être mis à exécution en France, après avoir été revêtus de la formule exécutoire [1]. Quelle est, d'après cette jurisprudence, l'autorité qui délivrera le permis d'exécuter ? Ce sera, non pas le président du tribunal, mais le tribunal tout entier [2] qui, d'ailleurs, n'aura pas pour mission de juger un litige, mais de délivrer un *exequatur.* Il devra donc se contenter d'examiner si l'acte qui lui est soumis réunit les conditions de forme voulues, et s'il ne contient pas de disposition contraire à l'ordre public ou aux bonnes mœurs. Dans cette opinion, on applique aux actes reçus par des officiers publics étrangers l'art. 2123, C. civ. auquel renvoie l'art. 546, C. pr. Mais nous croyons qu'on interprète mal ces articles : l'art. 546, C. pr. renvoie à l'art. 2123, C. civ., non pour les actes authentiques, mais pour les jugements. Pour les premiers, c'est à l'article 2128, C. civ. qu'il faut se référer. En l'état actuel des textes, on peut donc dire que notre législation n'est pas, sur ce point, différente de ce qu'elle était sous l'empire de l'art. 121 de l'Ordonnance de 1629, d'après lequel : « les con-

1. Cass. 25 nov. 1879, S. 80, 1, 257 ; Grenoble, 11 mai 1881, S. 81, 2, 225, et la note de M. Labbé dans le même sens; Trib. Seine, 4 mars 1885, *La Loi,* 18 mai 1885.

2. Cass. 25 nov. 1879, précité. *Sic* : Lainé, Clunet 1899, p. 643.

trats ou obligations reçus en royaumes et souverainetés étrangères, pour quelque cause que ce soit, n'auront aucune hypothèque ni exécution en France, mais tiendront lieu de simples promesses ».

A ce double point de vue de la force hypothécaire et de la force exécutoire des actes authentiques passés en pays étranger, la législation belge est beaucoup plus libérale que la nôtre.

D'après l'art. 52 de la loi du 25 mars 1876, les étrangers pourront être assignés devant les tribunaux du royaume, soit par un Belge, soit par un étranger... 7° « s'il s'agit de faire déclarer exécutoire en Belgique les décisions judiciaires rendues ou les actes authentiques passés en pays étranger ». Ainsi, même antérieurement au traité, les actes authentiques français pouvaient être exécutés en Belgique, moyennant l'obtention d'un *exequatur* délivré par le tribunal tout entier [1].

De plus, il résulte de l'art. 77 de la loi hypothécaire belge du 16 décembre 1851 que les hypothèques consenties en pays étranger n'auront d'effet, à l'égard des biens situés en Belgique, que lorsque les actes, qui en contiennent la stipulation, auront été revêtus du *visa* du président du tribunal civil de la situation des biens. D'après cette disposition, les hypothèques constituées sur des biens situés en Belgique par acte notarié français produisaient effet en Belgique, une fois cet acte revêtu du *visa* du président du tribunal civil de la

1. Cette solution est consacrée en Belgique malgré l'arrêté du 9 sept. 1814, d'après lequel « les contrats passés en France n'auront aucune exécution en Belgique et y tiendront lieu de simples promesses ». Cette disposition est considérée comme abrogée par la loi du 25 mars 1876. V. *suprà*.

situation des biens. La loi belge de 1851 supprimant l'hypothèque judiciaire, l'insertion de cette disposition était nécessaire, sous peine de dénier aucun effet même indirect à la constitution, en France, d'une hypothèque sur des biens situés en Belgique : en effet, le créancier français n'aurait plus eu la ressource qu'a, en France, le créancier étranger, ressource consistant à obtenir une condamnation d'où résultera une hypothèque judiciaire. Cpr. *suprà*.

## CHAPITRE II

### SOLUTIONS DU TRAITÉ

§ 1er. — *Exécution des actes authentiques.*

D'après l'art. 16, alin. 1, du traité : *Les actes authentiques, exécutoires dans l'un des deux pays, peuvent être déclarés exécutoires dans l'autre par le président du tribunal civil de l'arrondissement où l'exécution est demandée.*

Désormais, les actes authentiques belges pourront être exécutés en France. Il suffit de demander au président du tribunal civil, dans l'arrondissement duquel on veut exécuter, une ordonnance d'exécution. L'art. 16 de la convention va plus loin même que la législation belge. En effet, d'après l'art. 52, 7° de la loi de 1876 c'est au tribunal tout entier que le créancier doit s'adresser. Il suffit, d'après le traité, d'une ordonnance rendue par le président. La raison en est que l'examen auquel celui-ci doit se livrer est facile et bien délimité. D'après l'art. 16, alin. 2 : *ce magistrat vérifie si les actes réunissent les conditions nécessaires pour leur authenticité dans le pays où ils ont été reçus et si les dispositions dont l'exécution est poursuivie n'ont rien de contraire à l'ordre public ou aux principes du droit public du pays où l'*exequatur *est requis.* Il n'y a pas besoin d'exiger l'intervention de tout le tribunal, n'y ayant pas à vérifier s'il y a chose jugée, si les droits de la défense ont été respectés, si l'on a observé certaines règles de compétence. Les conditions de forme de l'acte doivent être examinées exclusivement d'après la loi du pays où il a été reçu ; c'est l'application de la règle *locus regit actum*. Il faut, d'ailleurs, que l'acte passé en Belgique y soit exécutoire pour qu'il puisse s'agir d'en demander l'exécution en France et réciproquement.

Comme les art. 11 et 12, l'art. 16 emploie une formule très générale : *les actes authentiques exécutoires dans l'un des deux pays*. Il nous semble résulter de cette formule que la nationalité des parties doit rester indifférente. Ce que l'on considère seulement c'est le lieu où l'acte a été passé. Ainsi, un acte passé en Belgique en la forme authentique requise par la loi locale, même entre Anglais, devrait être déclaré exécutoire en France dans les conditions de l'art. 16. Il y a ici une raison analogue à celle que nous avons donnée, en faveur de la même solution, en matière de jugements. Il s'agit de donner effet à des actes publics dans la confection desquels intervient une autorité belge ou française ; la confiance qu'on a dans cette autorité doit-elle être différente selon la nationalité des parties intervenantes ? C'est en quelque sorte à la forme en usage dans chacun des deux pays qu'on accorde confiance. Peu importent ceux qui ont employé cette forme. Le traité franco-belge aura ainsi une heureuse répercussion. On applique à l'ordonnance, rendue par le président du tribunal civil en vertu de l'article 16, la disposition de l'art. 18 ainsi conçu : *dans les cas prévus par les articles 15, 16 et 17, la décision du président a effet dans toute l'étendue du territoire. Elle est susceptible d'appel. La Cour statue comme en matière d'appel de référé.*

### § 2. — *Hypothèques conventionnelles.*

D'après l'art. 17, alin. 1 : *Les hypothèques consenties dans l'un des deux pays n'auront d'effet à l'égard des immeubles situés dans l'autre que lorsque les actes qui en contiennent la stipulation auront été rendus exécutoires par le président du tribunal civil de la situation des biens.*

Ce texte ne distingue pas entre les effets qu'on veut faire produire à l'hypothèque : dans tous les cas, il faudra s'adresser, pour lui faire produire un effet quelconque dans l'autre pays, au président du tribunal du lieu de la situation des biens qui *rendra exécutoire* l'acte contenant stipulation d'hypothèque. L'art. 17 ne se contente pas, comme l'art. 77 de la loi du 16 décembre 1851 d'un simple *visa* du président ; il exige une ordonnance d'*exequatur*, c'est-à-dire, une décision contradictoire et motivée. A la rigueur, on aurait pu concevoir qu'on n'exigeât l'intervention du président qu'au cas seulement où on aurait voulu procéder à des actes d'exécution. En effet, une vente d'immeubles français, consentie à l'étranger, ne produit-elle pas effet en France sans aucune intervention d'une autorité française ? Pourquoi n'en serait-il pas de même d'une constitution d'hypothèque ? Néanmoins, la convention n'a pas adopté cette manière de voir. A l'appui de sa solution on peut dire : le plus souvent il y aura lieu, en vertu de l'hypothèque, de procéder à des actes d'exécution. N'est-il pas plus simple, du moment que le président doit intervenir, ne fût-ce que pour apposer un *visa*, de faire revêtir, de suite, de la force exécutoire l'acte constitutif d'hypothèque ? Quant à l'intervention du président elle serait nécessitée par les considérations suivantes : il peut y avoir, dans l'acte constitutif d'hypothèque, des clauses contraires à l'ordre public ou aux principes du droit public du pays où les biens sont situés ; ce contrôle d'un magistrat sur les actes constitutifs d'hypothèques permettra une plus grande stabilité du crédit réel immobilier.

D'après l'art. 17, alin. 2 : *ce magistrat vérifie si les actes et procurations qui en sont le complément réunissent toutes les conditions nécessaires pour leur authenticité dans le pays où ils ont été reçus.* On applique donc à la constitution d'hypothèque la règle *locus regit actum*. D'ailleurs, l'application de cette règle ne soulevait pas de difficultés dans les rapports de la France et de la Belgique, des conditions d'authenticité étant exigées dans les deux pays pour la constitution d'hypothèque (Cpr. art. 2127, C. civ. et art. 76, loi belge du 16 décembre 1851).

Les effets de l'hypothèque s'exerceront, dans chaque pays, conformément à la loi locale (arg. art. 3, al. 2, C. civ.).

Nous ferons sur l'art. 17 la même observation qu'à propos de l'art. 16 : les termes très généraux qu'il emploie prouvent que l'intention des rédacteurs du traité a été que cette disposition s'appliquât aux hypothèques consenties dans l'un des deux pays [1] sans distinction tirée de la nationalité des parties contractantes.

Enfin, l'art. 18 est applicable à la décision du président du tribunal civil de la situation des biens statuant conformément à l'art. 17 : c'est qu'en effet, il s'agit ici, nous l'avons vu, non pas d'un simple *visa*, mais d'une ordonnance d'exécution

1. Rappelons que le bénéfice du traité doit être étendu aux actes reçus par nos consuls à l'étranger et réciproquement.

motivée et contradictoire, de la même nature que celle qu'il rend en vertu de l'art. 16.

*Dispositions générales et transitoires.*

D'après l'art. 19, alin. 1, la convention « ne sera applicable qu'aux décisions rendues par les Cours et Tribunaux postérieurement au jour où elle sera devenue obligatoire dans les deux pays ». Cette disposition a pour but de respecter les droits antérieurement acquis. Une décision rendue avant la mise en vigueur de la convention par un tribunal ou une Cour belge ou française n'acquerra l'autorité de chose jugée et ne pourra être exécutée en France ou en Belgique qu'aux conditions exigées d'après le droit commun, c'est-à-dire, d'après la jurisprudence des deux pays, qu'après revision au fond du litige. Au contraire, la convention s'appliquera immédiatement aux sentences arbitrales, aux actes authentiques, et constitutifs d'hypothèques.

D'après l'art. 19, alin. 2 : « elle (la convention) ne déroge pas à la convention internationale conclue, à La Haye, le 14 novembre 1896, et relative à la procédure civile. » Nous avons montré que la convention de 1899 et celle de 1896 se compléteraient très heureusement.

D'après l'alinéa 3 du même article, la convention « n'enlève aux Français aucun des droits que leur confère la loi belge du 25 mars 1876, tant qu'elle sera en vigueur ». Nous avons fait l'application de cette disposition en ce qui concerne le droit, pour les Français, d'invoquer en Belgique la compétence du *forum contractus*. Cpr. art. 2, alin. 2.

# IVe PARTIE

## CRITIQUE DES TRAITÉS FRANCO-ITALIEN ET FRANCO-SUISSE[1]

### CHAPITRE PREMIER

#### TRAITÉ FRANCO-ITALIEN

Le traité de limites et de juridiction conclu à Turin, le 24 mars 1760, entre la France et la Sardaigne, disposait dans son art. 22, § 3 :« *Pour favoriser l'exécution réciproque des décrets et jugements, les Cours suprêmes déféreront de part et d'autre à la forme du droit aux réquisitions qui leur seront adressées à ces fins même sous le nom desdites Cours.* »

Ce texte ayant paru et étant, en effet, peu clair, une Déclaration intervint à Turin, le 11 septembre 1860, ainsi conçue : « *Désirant écarter à l'avenir toute espèce de doute et de difficulté dans l'application que les Cours des deux pays sont appelées à en faire (de l'art.* 22, § 3*), les gouvernements de France et de Sardaigne, à la suite d'explications mutuelle-*

1. Nous n'avons pas l'intention d'étudier ici en détail toutes les dispositions de ces traités en les comparant à celles du traité franco-belge de 1899. Nous voulons seulement marquer les positions générales prises par eux, et faire porter la critique et la comparaison sur les points les plus importants.

*ment échangées, sont convenus qu'il doit être interprété de la manière suivante. Il est expressément entendu que les Cours, en déférant à la forme du droit aux demandes d'exécution des jugements rendus dans chacun des deux Etats, ne devront faire porter leur examen que sur les trois points suivants :*

» 1° *Si la décision émane d'une juridiction compétente ;*

» 2° *Si elle a été rendue, les parties dûment citées et légalement représentées ou défaillantes ;*

» 3° *Si les règles du droit public ou les intérêts de l'ordre public du pays où l'exécution est demandée ne s'opposent pas à ce que la décision du tribunal étranger ait son exécution.*

» *La présente déclaration servira de règle aux tribunaux respectifs dans l'exécution du* § 3 *de l'article* 22 *du traité de* 1760. »

Des difficultés peuvent d'abord se présenter en ce qui concerne l'existence même de ce traité de 1760-1860, comme régissant les rapports de la France et de l'Italie[1]. Ordinairement, d'ailleurs, ces difficultés ne sont pas soulevées dans la pratique. Mais, de plus, différentes critiques peuvent être adressées à ce traité :

1° Et surtout, *cette convention ne vise que l'exécution des jugements.* L'exécution des sentence arbitrales, des actes authentiques n'est pas prévue par elle. On devra donc appliquer le droit commun, et nous savons combien ce droit commun est contraire à la facilité des relations internationales en ce qui concerne, du moins, l'exécution des actes authentiques.

Mais cette première critique est plus grave encore à un

1. V. sur les différentes questions qui peuvent être soulevées à ce point de vue, Ch. Lachau et Chr. Daguin : *Exécution des jugements étrangers*, p. 158 à 170 et la note de M. L. Renault sous Paris, 1er déc. 1879, S. 81, 2, 145.

autre point de vue : ce traité laisse complètement en dehors de ses prévisions la question de *compétence*. Il en résulte que l'on doit appliquer le principe de notre jurisprudence sur les contestations entre étrangers. Les tribunaux français ne pourront donc pas, en règle générale, connaître des contestations s'élevant entre Italiens, alors même que le défendeur serait domicilié en France [1]. Il y a plus ; il résulte de cette absence de dispositions sur la question de compétence que les art. 14 et 15 du Code civil sont maintenus dans les rapports de la France et de l'Italie. En théorie, la coexistence de ces articles avec un traité accordant l'autorité de chose jugée aux jugements italiens est un non-sens. En pratique, le maintien de ces articles rendra souvent inefficaces les dispositions du traité sur l'autorité et l'exécution des jugements [2].

2. V. Trib. Lyon, 7 juin 1888, Clunet, 1891, p. 489.

1. Les mêmes critiques peuvent être adressées à la Convention consulaire et d'établissement relative à la Tunisie, conclue à Paris, le 28 sept. 1896, entre les Gouvernements français et italien, ratifiée le 25 janv. 1897, promulguée par décret beylical du 1er févr. 1897. L'art. 11 de cette convention décide que : « Les jugements et arrêts en matière civile et commerciale prononcés en Tunisie par les tribunaux français et dûment légalisés auront en Italie, et ceux prononcés en Italie par les tribunaux italiens et dûment légalisés auront en Tunisie, lorsqu'ils auront acquis la force de chose jugée, la même valeur que les jugements et arrêts prononcés par les tribunaux du pays. Néanmoins, lesdits jugements et arrêts ne pourront être exécutés qu'après que le tribunal compétent du pays où ils doivent recevoir leur exécution les aura déclarés exécutoires, à la suite d'un jugement prononcé dans la forme sommaire et dans lequel il sera constaté qu'ils ont été prononcés par une autorité judiciaire compétente, les parties dûment citées et régulièrement représentées, ou légalement déclarées défaillantes, et qu'ils ne contiennent aucune disposition contraire à l'ordre public et au droit public de l'Etat. » V. le texte de cette convention dans de Clercq, *op. cit.*, t. XX, p. 602.

Le traité franco-badois du 16 avril 1846, étendu à l'Alsace-Lorraine par l'art. 18 de la convention du 11 décembre 1871, a pour but, comme le traité

Et tout d'abord, le maintien de ces articles ne se comprend plus dans les rapports de la France et de l'Italie. En effet, si l'on accorde aux jugements italiens en France l'autorité de chose jugée, c'est parce que l'on a pensé que l'on pouvait avoir pleine et entière confiance dans les juridictions italiennes. Or, quel est le but des art. 14 et 15, C. civ. ; dans quel esprit ont-ils été édictés ? Leur but, c'est d'empêcher que des tribunaux étrangers puissent statuer sur une question où un Français est en cause, soit comme demandeur, soit comme défendeur (V. *suprà* notre interprétation de l'art. 15, C. civ.). Ces articles sont le résultat d'un esprit de défiance

franco-italien, de régler l'exécution des jugements. Pourtant, à la différence de celui-ci, dans les dispositions qu'il consacre à l'exécution des jugements, le traité de 1846 détermine d'après quelles règles on appréciera la compétence du tribunal qui a rendu le jugement dont on demande l'*exequatur* (art. 2). Par exemple est réputé compétent *le tribunal dans l'arrondissement duquel le défendeur a son domicile ou sa résidence.* Un jugement rendu par un tribunal français, compétent en vertu de l'art. 14, C. civ. ne pourrait donc être rendu exécutoire dans le Grand-Duché de Bade. Il semble donc que les mêmes critiques, que nous adressons au traité franco-italien, puissent être reproduites au sujet de la Convention franco-badoise. Cependant, on peut se poser la question suivante : l'attribution de compétence, faite par l'art. 2, au tribunal du domicile du défendeur, encore qu'elle ne se rapporte directement qu'à une question d'exécution des jugements, n'emporte-t-elle pas, indirectement, abrogation de la règle de compétence de l'art. 14, C. civ.? Nous ne le croyons pas. Cette interprétation se heurte au principe d'interprétation stricte qui régit les traités (Cpr. : Colmar 11 déc. 1861 : S. 62.2.205 ; Lyon, 16 déc. 1868 : Jurispr. Cour Lyon 1869, p. 144). L'art. 14, C. civ. subsiste donc ; mais, d'autre part, les jugements rendus en vertu de cet article ne pourront pas être exécutés dans le pays de Bade ou en Alsace-Lorraine. Pour partie, le traité de 1846, comme la Convention franco-italienne est donc inopérant. L'art. 2 ne fait que rendre plus flagrante la contradition qu'il y a, au point de vue des principes, à vouloir régler l'exécution des jugements, sans, en même temps, poser des règles formelles de compétence. Voy. sur le traité de 1846 : Ludovic Beauchet : *De l'exécution des jugements français en Alsace-Lorraine :* Clunet 1888, p. 466 et s. Voy. *eod.* p. 470, un arrêt de la Cour de Colmar du 5 nov. 1885, refusant l'*exequatur* à un jugement du trib. de la Seine, en vertu de l'art. 2, 1° du traité de 1846.

à l'égard des tribunaux étrangers. Ainsi, d'un côté nous accordons, et de l'autre nous refusons confiance aux tribunaux italiens. Nous reprenons d'une main ce que nous donnons de l'autre. Telle est la contradiction flagrante résultant du traité.

Il est rare qu'on aille impunément à l'encontre des principes. Ici, le résultat pratique de leur violation a été, dans de nombreux cas, l'inefficacité des dispositions du traité en ce qui concerne l'autorité et l'exécution des jugements. Un jugement a été rendu en France entre un Français demandeur et un Italien défendeur, celui-ci ayant son domicile en Italie, mais pouvant être traduit devant les tribunaux français en vertu de l'art. 14, C. civ. Le Français, ayant obtenu gain de cause, s'adresse à une Cour italienne pour qu'elle rende le jugement exécutoire. Or, parmi les points sur lesquels portera l'examen de la Cour, d'après la Déclaration de Turin, il y a celui de savoir si la décision émane d'une juridiction compétente. Le tribunal français, statuant en vertu de l'art. 14, C. civ., sera-t-il considéré en Italie comme compétent ? Certes la question de compétence doit être examinée, par l'autorité chargée d'accorder l'*exequatur*, conformément à la loi du lieu où le litige a été jugé, à la *lex fori*. Mais cette solution, exacte en règle générale, ne peut être maintenue en tant qu'elle enlève à ses juges naturels une personne qui, d'après sa loi nationale, devrait être jugée par eux. L'application de la *lex fori*, pour juger la question de compétence, n'est que relative ; elle a lieu lorsque les juridictions qui ont statué étaient compétentes, considérées dans leur ensemble, au point de vue de la loi internationale telle qu'elle est entendue dans le pays où l'on demande l'*exequatur* du jugement rendu ; mais non pas lorsque, d'après cette loi ainsi entendue, les juridictions de l'État où l'on requiert l'*exequatur* auraient dû être compétentes. Dans ces conditions, la Cour italienne refusera l'*exequatur*. Le traité sera donc lettre morte dans ce cas[1]. Il n'aura d'utilité qu'au cas où il s'agira de litiges jugés en France en dehors des règles exorbitantes des art. 14 et 15, C. civ.

A ce propos, tout un mouvement très curieux de notre jurisprudence s'est produit, sorte d'offre de paix de la part des juridictions françaises aux juridictions italiennes. Nous savons que, par mesure de représailles, la jurisprudence italienne retourne contre nous l'art. 14 du Code civil, en se fondant sur l'art. 105, n° 3, du Code de procédure civile italien. Il semblerait donc que les jugements italiens, rendus dans ces conditions, ne puissent être revêtus de l'*exequatur* en France, pas plus que ne peuvent l'être, en Italie, les jugements français rendus en vertu de l'art. 14, C. civ. Mais la jurisprudence française, en vue de désarmer la jurisprudence italienne, qui, d'ailleurs, n'a pas répondu à ses avances, a admis les jugements, ainsi rendus en Italie, au bénéfice de l'*exequatur*[2]. La jurisprudence italienne persistant à

1. Brescia, 14 déc. 1875, Clunet, 1879, p. 211 et 306 ; Catane, 22 mars 1879, Clunet, 1881, p. 542 ; Naples, 30 déc. 1883, Clunet, 1885, p. 464 et la note ; Cf. Norsa : Clunet, 1874, p. 174 ; Milan, 17 déc. 1889, Clunet, 1892, p. 294 ; Catane, 21 avr. 1890, Clunet, 1892, p. 293 ; Palerme, 11 avril 1893, S. 95, 4, 21 et la note ; Palerme, 4 août 1893, solut. implic., Clunet, 1894, p. 918 ; Gênes, 15 oct. 1895, Clunet, 1896, p. 908.

2. Paris, 1er déc. 1879, S. 81, 2, 145, et la note de M. L. Renault, Clunet, 1879, p. 545 ; 13 févr. 1883, Clunet, 1883, p. 286 et la note ; Trib. Havre, 8 janv. 1885, Clunet, 1885, p. 293. Il semble d'ailleurs qu'un revirement se soit produit, à cet égard, dans la jurisprudence française : Voy. Montpellier, 29 mars 1891, Clunet, 1893, p. 404 ; Grenoble, 7 juillet 1894, Clunet, 1895, p. 1047.

refuser l'*exequatur* aux jugements français rendus conformément à l'art. 14, C. civ., le besoin de reviser le traité de 1760-1860 se fait donc vivement sentir.

2° Un deuxième ordre de critiques peut être adressé au traité franco-italien : en ce qui concerne la procédure de l'instance d'*exequatur*.

La juridiction compétente pour accorder l'*exequatur* est la Cour d'appel. De droit commun, c'est le tribunal civil d'arrondissement. Nous pensons que ce droit commun devrait être rétabli dans les rapports de la France et de l'Italie. Pourquoi exiger l'intervention d'une Cour d'appel pour une instance relativement simple et facile à liquider ?

L'instance en *exequatur* est introduite par voie d'assignation [1] ; mais on exige, de plus, que le jugement ou arrêt dont on demande l'*exequatur* soit accompagné de *lettres rogatoires*, adressées à la Cour chargée d'accorder le permis d'exécuter [2]. Et l'on discute même sur le point de savoir si la transmission des *lettres rogatoires* ne doit pas se faire par la voie diplomatique [3]. Cette formalité surannée devrait disparaître dans une refonte du traité.

1. V. cep. Clunet, 1878, p. 10.

2. Féraud-Giraud : France et Sardaigne, p. 359 et s. ; Le Bourdellès : Clunet 1882, p. 396 ; Weiss, *op. cit.*, p. 975 ; Clunet, 1878, p. 7 ; Nîmes, 19 nov. 1886, S. 87, 2, 220. — *Contrà* : F. de Lachenal, *De l'inutilité des lettres rogatoires..*, *Revue pratique de droit franç.*, t. VII, 1859, p. 383 ; Trib. Havre, 8 janv. 1885, Clunet, 1885, p. 293, infirmé par Rouen, 22 déc. 1885, *Gaz. Pal.* 1886, 1er sem., p. 761 ; Milan, 27 janv. 1894, Clunet, 1899, p. 868.

3. V. Clunet, 1878, p. 9 et 141 ; Lachau et Daguin, *op. cit.*, p. 191.

## CHAPITRE II

### TRAITÉ FRANCO-SUISSE DU 15 JUIN 1869

L'objection principale que nous avons adressée au traité franco-italien ne peut être faite au traité franco-suisse. En effet, ce traité statue à la fois sur la compétence et sur l'exécution des jugements. Ce n'est pas à dire, d'ailleurs, que ce traité soit irréprochable. Pas plus que la Convention franco-italienne il ne parle de l'exécution des actes authentiques. Mais, surtout, dans les dispositions qu'il a consacrées à la compétence il y a la source de nombreuses difficultés qui font qu'on en réclame à bon droit la revision. Nous indiquerons seulement les critiques principales, lesquelles peuvent se grouper sous quatre chefs principaux[1].

1° *Critique des solutions du traité en ce qui concerne la désignation du tribunal compétent de droit commun.*

D'après l'art. 1er de la convention de 1869 : *Dans les contestations en matière mobilière et personnelle, civile ou de commerce qui s'élèveront soit entre Français et Suisses, soit entre Suisses et Français, le demandeur sera tenu de poursuivre son*

1. Sur le traité franco-suisse, voy. Vincent : *Revue pratique de droit intern. privé* ; Roguin : *Conflits des lois suisses* ; Ch. Brocher : *Commentaire pratique et théorique...*

*action devant les juges naturels du défendeur. Il en sera de même pour les actions en garantie, quel que soit le tribunal où la demande originaire sera pendante. Si le Français ou le Suisse défendeur n'a point de domicile ou de résidence connus en France ou en Suisse, il pourra être cité devant le tribunal du domicile du demandeur.....* Quel est d'après l'art. 1er, alin. 1, le *juge naturel* du défendeur? Il ne nous paraît pas douteux que ce soit le tribunal de son domicile. Il est le juge naturel parce qu'ordinairement le défendeur sera domicilié dans sa patrie. S'il en était autrement, c'est au domicile du défendeur et non à sa nationalité qu'il faudrait se référer. Enfin, à défaut de domicile de celui-ci en France ou en Suisse, le tribunal du lieu de sa résidence sera compétent [1]. En un mot, les art. 14 et 15 du Code civil sont supprimés, et la règle *actor sequitur forum rei* est rétablie, en principe, dans les rapports entre Français et Suisses. Mais, l'abrogation de ces articles ne résultant pas d'une disposition spéciale et formelle du traité, on a pu se demander, comme nous le verrons, s'il n'y avait pas des cas où ils devaient être appliqués [2]. De plus, il est résulté du vague de ces mots « *juges naturels du défendeur* », employés par le traité, un certain nombre de difficultés dont voici les principales :

*a*) Etant reconnu, par exemple, que le défendeur, de nationalité suisse, a son domicile en France, il en résulte que les tribunaux français sont compétents. Mais quel est le tribunal français compétent? Selon nous, il faut appliquer les principes généraux : la compétence se détermine d'après la *lex fori ;* ce tribunal pourra donc être, non seulement celui

1. Cpr. Trib. com. Seine, 5 mars 1889, *La Loi*, 24 mars 1889.
2. Cpr. Chambéry, 5 févr. 1889 : D. 90, 2. 125.

du domicile, mais aussi celui qui, de droit commun, serait compétent aux termes des alinéas 2 et 3 de l'art. 420, C. pr. L'opinion contraire a été soutenue, sur le fondement des termes mêmes de l'art. 1er, qui, dit-on, impliquent que le juge compétent est nécessairement celui du domicile du défendeur [1].

*b*) En matière de société, pour les contestations entre associés ou entre des tiers et des associés, quel est le *juge naturel*? Ne doit-on pas dire : le but de la convention ayant été de rétablir des règles de compétence normale, le juge naturel, en pareille matière, est, en France, celui du siège social [2] (arg. art. 59, § 5, C. pr.) ? Une opinion soutient pourtant que, la convention n'édictant pas une règle de compétence spéciale en matière de société, le droit commun de l'art. 1er doit être maintenu : le juge naturel, d'après cette opinion, est le juge du domicile du défendeur et non celui du siège social de la société [3].

Même difficulté en ce qui concerne la compétence au cas de pluralité de défendeurs (art. 59, § 2, C. pr.) [4].

*c*) Enfin, un défendeur Suisse, domicilié en Suisse, peut-il être cependant traduit devant un tribunal français, compétent aux termes de l'art. 420, C. pr., alin. 2 et 3 ? En faveur

1. Roguin, *op. cit.*, n° 545. *Sic* Chambéry, 19 nov. 1891, *R. P. D. I. P.*, 1892, p. 235.

2. Cass. 25 févr. 1879, Clunet, 1879, p. 396 ; Paris, 13 déc. 1881, Clunet, 1882, p. 315 ; Nice, 16 déc. 1889, *Gaz. Trib.*, 27 janv. 1890 ; Trib. com. Seine, 25 avr. 1891, *R. P. D. I. P.*, 1890-91, p. 409 et la note.

3. Roguin, *op. cit.*, nos 567, 606 ; Cpr. Annecy, 25 avril 1884, Clunet, 1885, p. 430. Cpr. Trib. com. Marseille, 11 févr. 1897, Clunet, 1899, p. 537.

4. Voy. Besançon, 29 juin 1885, S. 86, 2, 229 ; Nice, 16 déc. 1889, *Gaz. Trib.* 27 janv. 1890 ; Paris, 17 févr. 1892, *Gaz. Trib.*, 2 mai 1892. Ces décisions appliquent l'art. 1er du traité en écartant l'art. 59, § 2. C. pr. ; *Contrà* : Cass. 1er avril 1873, D. 73, 1, 101 ; Seine, 6 janv. 1891, *Droit*, 25 janv. 1891.

de l'affirmative, on a dit qu'il serait singulier que le défendeur Suisse « fut mieux traité que les Français eux-mêmes »[1]. Certaines décisions de jurisprudence ont cependant statué en sens contraire, toujours sur le fondement des termes de l'art. 1er[2].

Ce n'est pas seulement l'expression de « *juges naturels du défendeur* » qui prête à controverses dans l'art. 1er de la convention franco-suisse, c'est aussi celle de « *contestations en matière mobilière et personnelle, civile ou de commerce* ». Cette formule comprend-elle les contestations en matière d'état des personnes ? La jurisprudence française s'est décidée en faveur de la négative, et, de plus, par interprétation de l'art. 11 de la convention, elle décide que ces contestations, ne rentrant pas dans les art. 1 et 2, sont soustraites aux règles de compétence posées par eux et de la compétence exclusive du juge national. Pour tout autre juge il y a incompétence absolue[3].

D'après quelques rares décisions, ces litiges ne seraient pas soumis à un régime exceptionnel, mais au régime de droit commun des art. 1 et 2 de la convention[4].

D'après un troisième système, ces actions concernant l'état des personnes n'ont pas été visées par le traité ; on doit donc appliquer le droit commun, c'est-à-dire les règles de l'incompétence relative facultative[5].

1. Lyon-Caen et Renault, *op. cit.*, 2e édit., t. I, p. 398. *Sic* Cass. 29 janv. 1883 : voy. Vincent, *op. cit.*, p. 11.

2. Trib. com., Seine, 22 août 1885, *Droit*, 4 sept. 1885.

3. Paris, 28 avril 1882, Clunet, 1882, p. 547 ; Seine, 29 févr. 1892, *R. P. D. I. P.* 1892, p. 177 ; Paris, 26 mars 1889, Clunet, 1893, p. 374 ; Seine, 29 fév. 1892, Clunet, 1893, p. 573.

4. V. Cass. 1er juill. 1878, Clunet, 1878, p. 450 ; Paris, 29 mars 1897, Clunet, 1898, p. 1060.

5. Rouen, 12 mai 1875 ; S. 77, 2, 105 ; Besançon, 18 déc. 1896 ; Clunet, 1898,

D'après la jurisprudence suisse, en pareille matière les tribunaux suisses sont incompétents à l'égard des Français, ces actions ne rentrant pas dans les termes du traité; cette jurisprudence écarte d'ailleurs l'art. 11 pour appliquer le droit commun (art. 56 loi fédérale du 24 décembre 1874; voy. aussi art. 43)[1].

2° *Critique des dispositions du traité en matière de succession* (art. 5).

Les termes employés par l'art. 5 ont engendré les opinions les plus diverses en ce qui concerne le règlement des successions. Le juge compétent pour celui-ci est, d'après cet article, non pas le juge du domicile du *de cujus*, mais le juge de son dernier domicile dans son pays d'origine, ce qui suppose que le *de cujus* avait un domicile dans le pays dont il n'est pas le national. D'où diverses questions, parmi lesquelles celle, très importante, de savoir si l'art. 5 s'applique lorsque le Français ou le Suisse est décédé dans son pays où il avait son domicile? D'après une opinion cet article devrait être écarté et l'on appliquerait, en France, les art. 59, § 6, C. pr. et les art. 14 et 15, C. civ.

De même, en ce qui concerne les successions de tiers étrangers donnant lieu à des contestations entre Suisses et Français, doit-on appliquer l'art 5 ou l'art. 1er du

p. 355. — A quelques mois de distance, la même chambre (4e) du tribunal de la Seine a décidé, d'abord que les tribunaux français sont incompétents pour prononcer le divorce entre époux suisses domiciliés en France, puis qu'ils sont compétents : 4 janv. 1896, 30 avril 1896, Clunet, 1896, p. 603 ; Cpr. Trib. civ., Seine, 10 mai 1897, Clunet, 1898, p. 115.

1. Trib. fédér. 12 oct. 1878, rapporté par Lachau, *op. cit.*, p. 381, cassant Genève, 21 janv. 1878, D. 79, 2, 145 ; Trib. fédér., 15 nov. 1886, Clunet, 1887, p. 111 ; Roguin, *op. cit.*, p. 117.

traité, ou encore l'art. 59, § 6, C. pr. et l'art. 14, C. civ.[1] ?

Enfin, le traité ne posant pas de règles de compétence à l'égard des actions des créanciers héréditaires, la question se pose de savoir si on doit leur appliquer dans chaque pays le droit commun (en France l'art. 59, § 6, C. pr.) ou les art. 1 et 2 de la convention[2] ?

Une controverse plus grave encore s'est élevée au sujet de l'art. 5 du traité. Il ne s'agit rien moins que de savoir s'il consacre l'unité de juridiction pour le règlement des successions. D'après une opinion, la liquidation et le partage de la succession immobilière d'un Français ou d'un Suisse appartiennent au *forum rei sitæ* (tribunal de la situation de l'immeuble)[3]. Une autre opinion adopte le système de l'unité de juridiction : le tribunal unique compétent serait celui du lieu de l'ouverture de la succession (lieu d'origine en Suisse, dernier domicile en France)[4].

Certaines décisions tiennent même compte de la nationa-

1. Cpr. Seine, 8 déc. 1891, *Droit*, 9 déc. 1891, R. P. D. I. P., 1892, p. 69 et la note ; Roguin : *R. P. D. I. P.* 1892, Variétés, p. 95 et s.

2. Dans le sens de l'application des art. 1 et 2 : Cass. 11 juin 1879, D. 80, 1, 22 ; et la jurisprudence suisse : Trib. fédéral, 5 déc. 1890, *R. P. D. I. P.*, 1892, p. 62. — Dans le sens de l'application de l'art. 59, § 6, C. pr. : Lyon, 26 avril 1879, Vincent, *op. cit.*, n° 103 ; Cpr. : Vincent, *op. cit.*, n°s 102 et s. et Roguin, n° 270.

3. Versailles, 21 avril 1886 et Paris, 29 juin 1888, *Droit*, 18 sept. 1888, D. 89, 2, 277 ; Cpr. Poitiers, 4 juill. 1887 et Cass. 11 févr. 1890, *R. P. D. I. P*, 1890-91, 1, p. 3 ; Cpr. Roguin : Clunet, 1886, p. 566. *Adde*, Trib. civ. Seine, 13 août 1894 ; Clunet, 1895, p. 95.

4. Seine, 12 déc. 1889 et Paris, 30 juil. 1890, *R. P. D I. P.*, 1890-91, 1, p. 106 et la note; Trib. civ. Alger, 19 juin 1897, Clunet, 1898, p. 571. — Cpr. Trib. civ. Gex, 16 juill. 1895, Clunet, 1896, p. 352. — Voy. Wahl, *op. cit.* Clunet, 1895, p. 730 et les renvois.

lité des héritiers[1]. En Suisse, pas plus qu'en France, l'entente ne s'est faite sur cet art. 5[2].

3° *Critique des dispositions du traité en matière de faillite* (art. 6 et s).

Après certaines hésitations, on a consacré, par interprétation de l'art. 6, alin. 1, le système de l'unité de juridiction en matière de faillite. Un arrêt du tribunal fédéral, du 22 juillet 1889[3] résume très nettement cette jurisprudence : « La convention de 1869 » dit le tribunal, « a eu pour but d'assurer l'unité de la faillite dont la déclaration doit être prononcée par le tribunal du domicile ; le principe de l'unité de la faillite n'est point restreint au cas particulier prévu à l'art.6, lequel vise le cas où un ressortissant d'un des deux pays a son établissement commercial dans l'autre, tout en possédant des biens dans son pays d'origine ; il doit s'appliquer également au cas où le Suisse ou le Français a son principal établissement dans son pays d'origine, mais possède des biens dans l'autre des pays contractants avec ou sans succursale..... » Le débiteur, dont la faillite a été ouverte dans l'un des deux pays, ne peut plus être déclaré en faillite dans l'autre[4].

Mais nous avons fait observer, en étudiant les dispositions consacrées à la faillite par le traité franco-belge, qu'à l'unité

1. Rennes, 24 mars 1890, *R. P. D. I. P.*, 1890-91, 1, p. 289.

2. En faveur de l'unité de juridiction : Trib. fédér., 10 juill. 1885; Trib. Genève, 28 décembre 1886 : Vincent, *op. cit.*, n° 92 ; d'autres décisions donnent compétence au tribunal de la situation, sauf sursis jusqu'à la liquidation de la succession mobilière : Genève, 19 déc. 1887, *eod.* ; trib. fédéral, 31 mars 1888, *eod.* Une décision récente du trib. fédéral revient au système de l'unité de juridiction : 14 avril 1898, Clunet, 1898, p. 787. *Adde :* Genève, 7 janv. 1899, Clunet 1899, p. 876.

3. *Droit,* 6 oct. 1889.

4. Cass. 17 juill. 1882, D. 83, 1, 67.

de la faillite doit être liée son universalité. Donc, le jugement déclaratif de faillite prononcé, par exemple, en Suisse devrait produire de plein droit ses effets en France, en tant, du moins, qu'ils ne consistent pas en des actes d'exécution. Or, d'après l'art. 6, alin. 2 de la convention franco-suisse : « La production du jugement de faillite dans l'autre pays donnera au syndic ou représentant de la masse, *après, toutefois, que le jugement aura été déclaré exécutoire* conformément aux règles établies en l'art. 16 ci-après, le droit de réclamer l'application de la faillite aux biens meubles et immeubles que le failli possédera dans ce pays ».

Est-ce à dire qu'avant la délivrance de l'*exequatur*, le jugement déclaratif de faillite rendu dans l'un des deux pays ne produira aucun effet dans l'autre, alors même qu'il ne s'agirait pas de mesures d'exécution ? S'il en était ainsi, le traité de 1869 ferait, en France, à ces jugements suisses une situation plus rigoureuse même que celle qu'accorde la jurisprudence aux jugements déclaratifs de faillite rendus dans un pays avec lequel aucun traité n'a été conclu ! Pourtant, il y a en ce sens des décisions de la jurisprudence française : par exemple, les syndics d'une faillite suisse ne pourraient prendre, en France, aucune mesure, même conservatoire, avant la délivrance de l'*exequatur*[1]. La même observation et la même critique s'appliquent à l'art. 8, d'après lequel : « En cas de concordat, l'abandon fait par le débiteur failli des biens situés dans son pays d'origine et toutes les stipulations du concordat produiront, par la production du jugement d'homologation, *déclaré exécutoire conformément à*

1. Paris, 8 juill. 1880, Clunet, 1880, p. 581 ; *Contrà*, Dubois sur Carle, *op. cit.*, note 92, VIII.

*l'art.* 16, tous les effets qu'il aurait dans le pays de la faillite[1] ».

4° *Difficultés qui se sont élevées sur le caractère des règles de compétence consacrées par le traité.*

Sur ce point des controverses se sont élevées auxquelles il conviendrait de mettre fin Leur source est dans l'art. 11, ainsi conçu : *Le tribunal francais ou suisse devant lequel sera portée une demande qui, d'après les articles précédents, ne serait pas de sa compétence, devra d'office, et même en l'absence du défendeur, renvoyer les parties devant les juges qui en doivent connaître.* Une jurisprudence, se prévalant des termes de cet article, prétend que les règles de compétence posées par le traité sont d'ordre public. En dehors des cas prévus par la convention, le tribunal devrait donc se déclarer incompétent d'office. Il en serait ainsi, comme nous l'avons vu, en matière d'état des personnes[2]. Si tel est le système admis par la convention franco-suisse, une revision est urgente ; car, souvent, cette jurisprudence engendrerait pour les Suisses en France une situation moins bonne que celle accordée, de droit commun, aux étrangers. Aussi bien, nous croyons que cette solution n'est pas celle du traité. Certes, il y a un cas où les tribunaux devront se dessaisir d'office s'ils sont incompétents : c'est celui où le défendeur est absent. Mais, en dehors de cette hypothèse, l'incompétence n'est que relative, doit donc être proposée *in limine litis*, peut être couverte par la volonté des parties. S'il en était autrement, le résultat serait désastreux : un traité sur la compétence doit avoir en vue les con-

1. Cpr. Dubois sur Carle, *op. cit.*, note 118.

2. Paris, 8 juill. 1870, D. 71, 2, 11 ; Seine, 30 janv. 1889, *Droit*, 10 févr. 1889 ; 12 déc. 1889 et Paris, 30 juill. 1890, *Droit*, 23 oct. 1890. *Adde suprà.*

venances des parties et non leur imposer des règles qui peuvent, selon les circonstances, être contraires à leurs intérêts [1].

Il est encore bien d'autres points, sur lesquels le besoin d'une revision du trait de 1869 se fait sentir [2]. Nous nous sommes contentés d'indiquer les parties essentielles à modifier. Les réformes à opérer peuvent être ainsi résumées : 1° poser comme principe l'assimilation aux nationaux, dans chacun des deux pays, des ressortissants de l'autre. Ainsi, toutes les difficultés qui ont pu s'élever à propos des art. 1 et 2 disparaîtront ; 2° établir par un texte précis l'unité de juridiction en matière de succession, même si la succession, ouverte dans un pays, comprend des immeubles situés dans l'autre ; 3° consacrer avec toutes ses conséquences logiques l'unité et l'universalité de la faillite ; 4° préciser que les règles de compétence édictées par le traité sont des règles de compétence d'intérêt privé. Enfin, une revision du traité permettra de comprendre dans ses dispositions certaines institutions que la convention de 1869 n'a pu prévoir (liquidations [3], sursis concordataires [4]), et qui ont avec la fail-

1. *Sic.* Trib. Lyon, 19 nov. 1880, Clunet, 1882, p. 419; Lyon, 12 août 1881, *La Loi*, 1er janv. 1882; Chambéry, 19 mars 1888, *Droit*. 10 avril 1888 ; *Adde*, Rouen, 12 mai 1875, précité, S. 77, 2, 105. — La jurisprudence suisse est en ce sens : Trib. Genève, 29 juin 1888, *R. P. D. I. P.*, 1890-91, 1, 95 ; Genève, 18 févr. 1889, *Droit*, 20 nov. 1889 ; *Adde*, les arrêts cités *suprà* en matière d'état des personnes.

2. Par exemple, en ce qui concerne l'article 2, l'exigence que le demandeur et le défendeur soient tous deux domiciliés ou aient un établissement de commerce en France ou en Suisse. Cpr. Bourges, 19 janv. 1899, Clunet 1899, p. 996.

3. V. Trib. com. Nantes, 10 mai 1884, Clunet, 1885, p. 179.

4. V. Seine, 21 nov. 1883, Clunet, 1883, p. 620 et Renault ; *Revue critique*, 1884, p. 733.

lite un lien intime. Il y aurait lieu aussi, au cas où l'on reviserait le traité, de consacrer, dans les rapports de la France et de la Suisse, la compétence du *forum contractus*, sans les restrictions auxquelles la soumet l'art. 1$^{er}$, alin. 2.

# CONCLUSION

En entreprenant cette étude, nous nous sommes proposé un double but : d'abord, montrer les progrès accomplis par traité du 8 juillet 1899, non seulement sur le droit commun, mais même sur le droit conventionnel, considéré dans deux de ses manifestations les plus importantes : la convention franco-italienne et la convention franco-suisse. Et, à ce point de vue, nous avons reconnu la nécessité d'une revision de ces traités.

Nous avons voulu aussi déterminer quelle est la position prise par le traité franco-belge au point de vue des principes, la place qu'il occupe dans le « progrès » du droit international privé. C'est dire que nous avons fait surtout œuvre théorique. Il s'agissait de montrer, au point de vue limité de la compétence et de l'exécution des jugements, dans quelle mesure les souverainetés de deux peuples peuvent se concilier ; et nous avons fait cette constatation : que ces souverainetés trouvent un terrain d'entente dans les nécessités du commerce international. L'entente se traduit, quant à la compétence, par l'adoption de règles rationnelles, basées sur la nature des intérêts en cause, sur les convenances des parties, en dehors de toute considération tirée de leur nationalité, sur la nécessité d'une prompte administration de la justice. Et nous avons vu que, pour atteindre ce but, les souverainetés devaient opérer entre elles une répartition des tâches : c'est, en un mot, la suppression de la vieille idée d'absolue indépendance, la fusion de deux souverainetés, presque de deux territoires, au point de vue des intérêts privés. — Quant à l'exécution des jugements, l'entente sur le terrain des nécessités du commerce international se traduit par la possibilité de se prévaloir des décisions de la justice, en quelque pays qu'elle ait été rendue, partout où il y a intérêt à le faire, sauf certaines restrictions ayant principalement pour but de permettre à la souveraineté, à qui l'on demande de prêter son concours à une décision étrangère, de veiller à sa propre conservation. Ici encore l'idée d'indépendance est battue en brèche et fait place à une coopération des souverainetés en vue de l'exécution des sentences judiciaires.

Le traité franco-belge tient donc une place primordiale dans le développement du droit international privé : il montre qu'il y a un besoin de justice, commun à toutes les nations, qui appelle une action commune. Nul doute que son influence ne soit considérable, et il est permis d'espérer que les bienfaits qu'il réalisera dans la pratique rendront plus sensible le besoin de semblables conventions avec d'autres peuples. A la longue, il s'opère nécessairement entre les nations une sorte de nivellement, aboutissant à une « communauté de droit », suivant l'expression du jurisconsulte allemand. Et comment en serait-il autrement, puisque ces nations sont unies par les liens d'une *solidarité* intime ? A ce point de vue encore, le traité franco-belge ne tardera pas à produire ses effets.

# APPENDICE

## CONVENTION

**Entre la France et la Belgique sur la compétence judiciaire, sur l'autorité et l'exécution des décisions judiciaires, des sentences arbitrales et des actes authentiques.**

LE PRÉSIDENT DE LA RÉPUBLIQUE FRANÇAISE ET SA MAJESTÉ LE ROI DES BELGES désirant régler les rapports entre la France et la Belgique sur la compétence judiciaire, sur l'autorité et l'exécution des décisions judiciaires, des sentences arbitrales et des actes authentiques, ont résolu de conclure une convention à cet effet et ont nommé pour leurs plénipotentiaires, savoir :

LE PRÉSIDENT DE LA RÉPUBLIQUE FRANÇAISE,

Son excellence M. Th. DELCASSÉ, député, Ministre des Affaires Étrangères ;

ET SA MAJESTÉ LE ROI DES BELGES,

M. le Baron d'ANETHAN, son envoyé extraordinaire et Ministre plénipotentiaire près le Président de la République Française.

Lesquels, après s'être communiqué leurs pleins pouvoirs, trouvés en bonne et due forme, ont convenu des dispositions suivantes.

## TITRE I

### *De la Compétence.*

### Article premier.

§ 1er. — En matière civile et en matière commerciale, les Français en Belgique et les Belges en France sont régis par les mêmes règles de compétence que les nationaux.

§ 2. — Toutefois les Belges ne peuvent invoquer en France l'article 14 du Code civil pour traduire d'autres étrangers devant les tribunaux français que s'ils ont été autorisés par le Gouvernement français à établir leur domicile en France, et tant qu'ils continuent d'y résider.

§ 3. — L'article 15 du Code civil cesse d'être applicable dans les rapports entre les Français et les Belges.

### Art. 2.

Si le défendeur n'a ni domicile ni résidence en France ou en Belgique, le demandeur Belge ou Français peut saisir de la contestation le juge du lieu où l'obligation est née, a été ou doit être exécutée.

Les Belges conservent en France les droits que leur confère, en matière commerciale, l'article 420 du Code de procédure civile, aussi longtemps que cette disposition restera en vigueur.

### Art. 3.

§ 1er. — Lorsqu'un domicile attributif de juridiction a été élu dans l'un des pays pour l'exécution d'un acte, les juges du lieu du domicile élu sont seuls compétents pour connaître des contestations relatives à cet acte.

Si cependant le domicile n'a été élu qu'en faveur de l'une des parties contractantes, celle-ci conserve le droit de saisir tout autre juge compétent.

§ 2. — Tout industriel ou commerçant, toute société civile ou commerciale de l'un des deux pays, qui établit une succursale dans l'autre est réputé faire élection de domicile, pour le jugement de toutes les contestations concernant les opérations de la succursale, au lieu où celle-ci a son siège.

Art. 4.

§ 1er. — Les tribunaux de l'un des États contractants renvoient, si l'une des parties le demande, devant les tribunaux de l'autre pays les contestations dont ils sont saisis quand ces contestations y sont déjà pendantes ou quand elles sont connexes à d'autres contestations soumises à ces tribunaux. Ne peuvent être considérées comme connexes que les contestations qui procèdent de la même cause ou portent sur le même objet.

§ 2. — Le juge devant lequel la demande originaire est pendante connaît des demandes en garantie et des demandes reconventionnelles, à moins qu'il ne soit incompétent à raison de la matière.

Art. 5.

Le juge Français ou Belge, compétent pour statuer sur la demande en validité ou en mainlevée d'une saisie-arrêt, l'est également pour connaître de l'existence de la créance, à moins qu'il ne soit incompétent à raison de la matière, et sauf le cas de litispendance.

Art. 6.

Toutes les contestations relatives à la tutelle des mineurs ou des interdits sont portées devant le juge du lieu où la tutelle s'est ouverte.

Art. 7.

§ 1er. — Seront, dans chaque pays, portées devant le juge du lieu de l'ouverture de la succession, les actions en pétition d'hérédité, les actions en partage et toutes autres entre cohéritiers jusqu'au partage, les actions contre l'exécuteur testamentaire, les actions en nullité ou en rescision de partage et en garantie des lots, les actions des légataires et des créanciers contre les héritiers ou l'un d'eux.

§ 2. — La compétence relative à ces actions est limitée en Belgique suivant l'article 47 de la loi du 25 mars 1876.

Art. 8.

§ 1er. — Le tribunal du lieu du domicile d'un commerçant français ou belge dans l'un ou l'autre des deux pays, est seul compétent pour déclarer la faillite de ce commerçant. Pour les sociétés commerciales françaises ou belges ayant leur siège social dans l'un des deux pays, le tribunal compétent est celui de ce siège social.

Les commerçants des deux nations, dont le domicile n'est ni en France, ni en Belgique, peuvent être néanmoins déclarés en faillite dans l'un des deux pays, s'ils y possèdent un établissement commercial. Dans ce cas, le tribunal compétent est celui du lieu de l'établissement.

§ 2. — Les effets de la faillite déclarée dans l'un des deux pays, par le tribunal compétent d'après les règles qui précèdent, s'étendent au territoire de l'autre. Le syndic ou curateur peut, en conséquence, prendre toutes mesures conservatoires ou d'administration, et exercer toutes actions comme représentant du failli ou de la masse. Il ne peut, toutefois, procéder à des actes d'exécution qu'autant que le jugement en vertu duquel il agit a été revêtu de l'*exequatur*, conformément aux règles édictées par le Titre II ci-après. Le jugement d'homologation du concordat, rendu dans l'un des deux pays, aura autorité de chose jugée dans l'autre et y sera exécutoire d'après les dispositions du même Titre II.

§ 3. — Lorsque la faillite déclarée dans l'un des deux pays comprend une succursale ou un établissement dans l'autre, les formalités de publicité exigées par la législation de ce dernier pays sont remplies, à la diligence du syndic ou du curateur, au lieu de cette succursale ou de cet établissement.

§ 4. — Les effets des sursis, concordats préventifs ou liquidations judiciaires, organisés par le tribunal du domicile du débiteur dans l'un des deux États, s'étendent, dans la mesure et sous les conditions ci-dessus spécifiées, au territoire de l'autre État.

Art. 9.

Les mesures provisoires ou conservatoires organisées par les législations française et belge peuvent, en cas d'urgence, être requises de chacun des deux pays, quel que soit le juge compétent pour connaître du fond.

Art. 10.

Pour tous les cas où la présente convention n'établit pas de règles de compétence commune, la compétence est réglée dans chaque pays par la législation qui lui est propre.

## TITRE II

### *De l'autorité et de l'exécution des décisions judiciaires des sentences arbitrales et des actes authentiques.*

Art. 11.

Les décisions des Cours et Tribunaux rendues en matière civile ou en matière commerciale dans l'un des deux États ont dans l'autre l'autorité de la chose jugée, si elles réunissent les conditions suivantes :

1° Que, la décision ne contienne rien de contraire à l'ordre public ou aux principes du droit public du pays où elle est invoquée ;

2° Que d'après la loi du pays où la décision a été rendue, elle soit passée en force de chose jugée ;

3° Que, d'après la même loi, l'expédition qui en est produite réunisse les conditions nécessaires à son authenticité ;

4° Que les parties aient été légalement citées, représentées ou déclarées défaillantes ;

5° Que les règles de compétence rendues communes aux deux pays par la convention n'aient pas été méconnues.

Art. 12.

Les décisions des cours et tribunaux, rendues dans l'un des

deux États, peuvent être mises à exécution dans l'autre État, tant sur les meubles que sur les immeubles, après y avoir été déclarées exécutoires. Les décisions belges rendues exécutoires en France n'y entraîneront pas hypothèque judiciaire.

L'*exequatur* est accordé par le tribunal civil du lieu où l'exécution doit être poursuivie. Il a effet dans toute l'étendue du territoire.

Le tribunal saisi de la demande d'exécution statue comme en matière sommaire et urgente. Son examen ne porte que sur les points énumérés dans l'article précédent.

Art. 13.

En accordant l'*exequatur*, le juge ordonne, s'il y a lieu, les mesures nécessaires pour que la décision étrangère reçoive la même publicité que si elle avait été prononcée dans le ressort où elle est rendue exécutoire.

Art. 14.

Le jugement qui statue sur la demande d'*exequatur* n'est pas susceptible d'opposition. Il peut toujours être attaqué par la voie de l'appel dans les quinze jours qui suivent la signification à partie. L'appel est jugé sommairement et sans procédure.

Art. 15.

Les sentences arbitrales rendues dans l'un des deux États ont dans l'autre l'autorité de la chose jugée, et peuvent y être rendues exécutoires, si elles satisfont aux conditions exigées par les n^os^ 1, 2, 3 et 4 de l'article 11

L'exequatur est accordé par le président du tribunal civil de l'arrondissement dans lequel l'exécution est poursuivie.

Art. 16.

Les actes authentiques, exécutoires dans l'un des deux pays, peuvent être déclarés exécutoires dans l'autre par le président du tribunal civil de l'arrondissement où l'exécution est demandée.

Ce magistrat vérifie si les actes réunissent les conditions nécessaires pour leur authenticité dans le pays où ils ont été reçus et si les dispositions dont l'exécution est poursuivie n'ont rien de contraire à l'ordre public ou aux principes de droit public du pays où l'*exequatur* est requis.

Art. 17.

Les hypothèques consenties dans l'un des deux pays n'auront d'effet à l'égard des immeubles situés dans l'autre que lorsque les actes qui en contiennent la stipulation auront été rendus exécutoires par le président du tribunal civil de la situation des biens.

Ce magistrat vérifie si les actes et les procurations qui en sont le complément réunissent toutes les conditions nécessaires pour leur authenticité dans le pays où ils ont été reçus.

Art. 18.

Dans les cas prévus par les articles 15, 16 et 17, la décision du président a effet dans toute l'étendue du territoire. Elle est susceptible d'appel.

La cour statue comme en matière d'appel de référé.

Art. 19.

La présente convention ne sera applicable qu'aux décisions rendues par les cours et tribunaux postérieurement au jour où elle sera devenue obligatoire dans les deux pays.

Elle ne déroge pas à la convention internationale conclue, à La Haye, le 14 novembre 1896, et relative à la procédure civile.

Elle n'enlève aux Français aucun des droits que leur confère la loi belge du 25 mars 1876, tant qu'elle sera en vigueur.

Art. 20.

La présente convention est conclue pour cinq ans à partir du jour de l'échange des ratifications. Dans le cas où aucune des Hautes Parties contractantes n'aurait notifié, une année avant l'expiration de ce terme, son intention d'en faire cesser les effets, la convention continuera d'être obligatoire encore une année et ainsi de suite, d'année en année, tant que l'une des Parties ne l'aura pas dénoncée.

Art. 21.

La présente convention sera soumise à l'approbation des pouvoirs législatifs.

Les ratifications en seront échangées à Paris aussitôt que faire se pourra, et la convention entrera simultanément en vigueur dans les deux pays au jour fixé par les Parties contractantes.

En foi de quoi les plénipotentiaires respectifs ont signé la présente convention, qu'ils ont revêtue de leurs cachets.

Fait à Paris, en double exemplaire, le 8 juillet 1899.

(L. S.) *Signé :* DELCASSÉ.

(L. S.) *Signé :* Baron d'ANETHAN.

# TABLE DES MATIÈRES

Pages.

### Deuxième partie. — De l'autorité et de l'exécution des décisions judiciaires et des sentences arbitrales.



### Troisième partie. — Exécution des actes authentiques. Hypothèques conventionnelles.



### Quatrième partie. — Critique des traités franco-italien et franco-suisse.



---

Châteauroux. — Typ. et Stér. A. Majesté et L. Bouchardeau, A. Mellottée, Succr.

CHATEAUROUX. — Imprimerie A. MELLOTTÉE.

www.ingramcontent.com/pod-product-compliance
Ingram Content Group UK Ltd.
Pitfield, Milton Keynes, MK11 3LW, UK
UKHW020102200726
13856UKWH00002B/333

9 782011 917744